# 工程倫理

## （第二版）

張一岑　編著

全華圖書股份有限公司

# 目錄

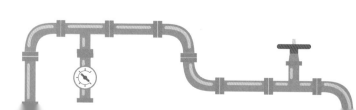

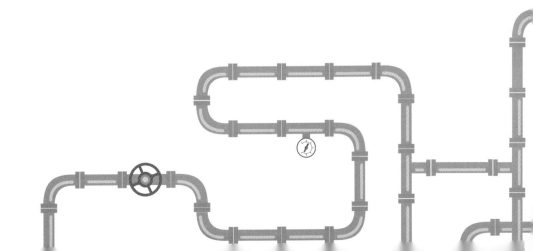

# Chapter 01 導論

**工程倫理為工程專業人員所應遵守的道德及權利，
與個人所應擁有的理想及義務。**
——麥克·馬丁（Mike W. Martin）與諾蘭·勳津格（Roland Schinzinger）

1876 年 12 月 29 日，美國俄亥俄州阿什塔比拉河（Ashtabula River）鐵路大橋意外崩塌，火車墜入河中，造成 92 位乘客死亡。事故調查結果指出，橋梁結構不僅設計不當，而且並未經過嚴格的檢查[1]（圖 1-1、1-2）。

圖 1-1　正常通過阿什塔比拉河大橋的火車

圖 1-2　阿什塔比拉河大橋在火車通行時意外崩塌的模擬圖

1879 年 12 月 28 日，英國蘇格蘭丹地市泰河（River Tay）鐵路大橋在暴風雨中倒塌。當時橋上正在通過的一列火車因此墜入河中，列車上七十多位乘客與服務人員全部罹難。泰河鐵路大橋由鑄鐵製成並以 85 個磚頭橋墩支撐，全長約 3 公里，是當時世界上最長的橋。為了讓船隻方便通過，橋的中央部分以高架橋的形式設計，這也是此次倒塌的區段。倒塌的原因有材料質量不佳、整體設計未妥善計算橫向風荷載度、橋墩橫向穩定性不足、橋墩連接處不完善、施工過程的監管鬆散以及後續維護不周等[2]（圖 1-3、1-4）。這些重大工程災難發生後，工程公司與工程師的名譽掃地，社會大眾開始懷疑工程師的操守與倫理。

圖 1-3　泰河鐵路大橋的高架橋因無法承受暴風雨而崩塌掉入水中

圖 1-4　重建後的泰河鐵路大橋

# 1-1
## 工程倫理是什麼？

工程是專業之一，工程倫理是專業倫理的一種，屬於應用倫理學的範疇。從應用倫理學的角度來看，「工程倫理」可以被視為「一種將倫理學理論應用到實際執行工程專業時所遇到的問題或狀況上的處理方式」。

麥克‧馬丁（Mike. W. Martin）與諾蘭‧勳津格（Roland Schinzinger）在其共同著作《工程倫理》（Ethics in Engineering）一書中，將「工程倫理」一詞界定為[3]：

1. 工程專業人員所應遵守的道德及權利，與個人所應擁有的理想及義務。

2. 工程實務與研究上的道德決策、政策與價值觀等相關議題的探討。

蓋兒‧寶拉（Gail D. Baura）在其《工程倫理》（Engineering Ethics）一書中則將「工程倫理」定義為「工程師設計產品、系統或提供顧問服務時，應用於判斷與行為上的哲學與道德系統」[4]。

維基百科對「工程倫理」的定義則是[5]：

1. 應用於工程技藝的道德原則系統，是一種應用倫理。工程倫理審查與設定工程師對於專業、同事、僱主、客戶、社會、政府、環境所應負擔的責任。

2. 與科學哲學、工程哲學、科技倫理學等密切相關。

MBA智庫百科則界定「工程倫理」為「工程技術人員在工程活動中，包括工程設計和建設，以及工程運轉和維護中的道德原則與行為規範的研究。它是從『工程問題』提出來的。把這些問題提到道德高度，既有助於提高工程技術人員的道德素質和道德水準，又有助於保證工程品質，最大限度地避免工程風險[6]。

## ▌關鍵說明▐

「應用倫理學」顧名思義即是將倫理學的理論應用於解決日常生活的困境，同樣的倫理困境透過不同的倫理理論分析時會得到不同的結論，可幫助個人在判斷時能有較宏觀的思考。

行政公共工程委員會所出版的《工程倫理手冊》則認為「工程倫理」的首要意義為「建立專業工程人員應有的認知與實踐的原則，及工程人員之間或與團體及社會其他成員互動時，應遵循的行為規範」[7]。其探討的內容有：

關鍵說明
中華民國行政院公共工程委員會全球資訊網 -工程倫理手冊（第二版）

1. 說明工程人員應維護及增進其專業之正直、榮譽及尊嚴。

2. 增進工程人員對職業道德認識，使其個人以自由、自覺的方式遵守工程專業的行為規範。

3. 利用所學之專業知識及素養提供服務，積極結合群體的智慧與能力，善盡社會責任，達成增進社會福祉的目的。

綜合以上論述，我們可以得到下列結論：

1. 「工程倫理」是專業倫理學與應用倫理學下的一支，與醫學倫理、商業倫理、科學哲學工程哲學、科學與學術倫理等領域有密切的關聯性。

2. 「工程倫理」是一種將倫理學理論應用到實際執行工程專業時所遇的問題或狀況上的處理方式。

3. 「工程倫理」是以增進工程人員與組織的職業道德為目的，期使工程人員與組織能具備「道德自治」的能力，並以自由、自覺的方式遵守工程專業的行為規範。

4. 「工程倫理」探討的內容有工程師或工程組織在執行專業任務時所面臨的道德議題、行為模式、理想、價值觀與決策。

5. 「工程倫理」是工程專業人員所應遵守的道德及權利，與個人所應擁有的理想及義務。

6. 「工程倫理」是工程專業人員自身必需具備的認知與實踐原則。

7. 「工程倫理」是工程專業人員之間或與團體及社會中其他組織互動時，所應遵循的行為規範。

# 1-2
## 誰要學工程倫理？

工程為現代文明不可或缺的一部分，它是以科學原理為基礎，所模擬、設計、開發、建構或操作結構、機械設備、裝置、生產程序或上列的組合的創新應用[8]。工程活動則以建造為核心，基本任務為設計與建設實體產品，例如道路、橋樑、汽車、手機、或電腦等。

由於工程倫理是工程專業人員所應遵守的道德及權利，與個人所應擁有的理想及義務，因此凡任何從事與工程活動相關的專業領域，如企業管理、採購、建築與景觀設計、產品開發、運籌、都市計畫、交通等專業人員也應涉獵工程倫理或修習相關課程，以免在日後的工作中，因價值觀或道德觀與業主要求牴觸而產生困擾，或是在與工程師的溝通上產生衝突。

# 1-3
## 為什麼要研習工程倫理？

在說明為什麼要研習工程倫理之前，可以先從為什麼要研習專業倫理的積極面與消極面來探討專業倫理的重要性。

從消極面來說，研習專業倫理可以預防弊端的發生。任何領域的專業對社會帶來的影響深遠，因此專業人士的品德間接與社會的發展息息相關。各個領域的專業人士在其生涯中都會面臨複雜且難度不容小覷的挑戰，如必須在有限的資源、時間與合法的條件下，完成雇主或客戶的委託。當專業人士面臨倫理問題時，如果缺乏倫理素養，而做出不適當的決策時，極可能導致嚴重的後果，輕則個人或企業身敗名裂、財產損失，重則社會動盪不安或是發展停滯。為了維護專業的品質與績效，任何一個國家在允許專業人士執行專業時，除了嚴格要求專業人士應具備基本的學、經歷並通過考試等資格之外，也會期望專業人士具有較高的道德標準。

由積極面而言，研習專業倫理可以提升專業人士的道德素養，進而達到「道德自治（Moral Autonomy）」的境界。「道德自治」是一種能獨立批判及思考道德議題的能力，也是一種實際應用道德思考於解決專業生涯中所遭遇到的兩難局面的能力。專業倫理課程的目的即在於培養專業人士道德自治與分析倫理問題的技能，並能在發生倫理困境時，以最恰當的心態進行處理。

工程是專業的一種，社會上舉凡食衣住行到育樂皆與工程有關；因此，工程師所下的決定對現代社會可說是牽一髮而動全身。如果工程師缺乏倫理素養，無法在關鍵的倫理困境出現時做出適當的決策，對社會造成的損失將遠大於其他專業領域。如果律師或會計師出現不道德的行為時，可能會造成企業的財產或名譽損失，醫師失德則可能導致病人的壽命減少；然而，如果工程師在計算建築結構時出現錯誤或選擇了不當的建築材料，增加建築物崩塌的風險，極可能對成千上萬人的性命造成危害。

工程師在其幾十年的專業生涯中，可能會遇到的複雜無比的倫理問題，而這些問題有可能與他們心中的道德理想互相衝突。以環境汙染防制設施為例，具有高度道德感與強烈環保意識的人會認為，任何工商業建築都不應該排放汙染物，其汙染防制設施必須達到「零汙染」或「零排放」的標準。

然而，要達到「零汙染」或「零排放」，不僅在經濟層面上的可行性低，要克服的技術層面更是難上加難，況且「零汙染」或「零排放」追根究柢並無實質意義可言，因為環境中本來就存在著低量對人體具有輕微危害的汙染物，過份強調「零汙染」或「零排放」，只會降低企業投資的意願而

**關鍵說明**

「零排放」（net zero），全稱為「淨零排放」，又稱「淨零」、「淨零碳排」，指的是溫室氣體的排放量接近零值。與「零排放」接近的減碳目標有：

1. 碳中和（Carbon Neutral）：透過減碳手段抵消自身產生的二氧化碳或溫室氣體排放量。
2. 負碳排（Carbon Negative）：減除的二氧化碳或溫室氣體含量遠超過所排放的。
3. 氣候中和（Climate Neutral）：二氧化碳或溫室氣體排放量達到「淨零」，使大氣的溫室氣體含量可與大氣中的其他氣體達到平衡。

造成經濟發展的阻礙；因此，各國環境保護單位的環境汙染物排放標準皆以可接受的「環境或健康風險」值作為基準來訂定。由消極的觀點而論，工程師只要設計出符合法規標準的工廠即可，但對具有高度道德感的工程師來說，法規只是道德的最低標準。如何設法在經濟與技術的可行範圍內，盡可能降低汙染物的排放量，確保社會大眾的福祉才是更重要的事情。

另外一個與環境保護同樣重要的倫理議題為「安全」。對消費者而言，商品能否達到百分之百的安全程度是購買時的首要考量；然而，事實上，百分之百安全的商品不太可能存在。若產品在設計之初，將安全放在第一順位而忽視其他因素，將會產出消費者無法負擔高價商品。以汽車為例，若要將汽車外殼設計成即便遭高速追撞也能毫髮無傷時，恐怕價格會增加十倍以上；因此，如何在法律規範、性能安全、大眾所能負擔的費用、銷售量以及利潤等眾多考量之間取得平衡，是工程師必須面臨的挑戰。

資訊不足也是執行工程專案時經常遭遇的倫理議題——工程師經常發現他們在設計工程的過程中，無法全然得知必要的資訊。工程設計的本質是創造嶄新的器具與產品。開發新產品時，工程師必須將產品性能、安全與風險、未來會對消費者產生的影響與對社會引起的衝擊等列入考量，但這些又僅僅只有一小部分有明確答案。因此，工程師的工作有極高比例是在管理未知事務。通常工程師會如何管理未知事務呢？由工業發展歷史可知，沒有一個工程師可以確保他的設計會對或不會對消費者或社會產生哪些影響。工程師除了應盡可能在資源、時間與法規等眾多限制下，不斷改善與測試設計，讓產品可以安全運轉外，更要藉由產品的特性，做出產品上市後可能會對消費者或社會產生哪些影響的預測，但這些也都只是預測並非保證。

以上議題都將在本書有所討論；然而本書的目的並非為了訓練讀者去做正確的事或選擇，而是希望讀者能在理解理論與實務之間培養出分析問題的能力，日後能以最適當的倫理心態解決實際的工程問題。

# 1-4
## 工程師面臨的倫理衝突有哪些方面？

工程師在執行專業時，可能面臨的衝突大致為下列五類[7]：

1. 明顯違反道德上的「善」的問題。

2. 灰階區域內不黑不白的道德問題。

3. 明顯違反法律與道德，但積久成習的陋規問題。

4. 不容於法律，但不易被察覺或不便依法執行的問題。

5. 關係利害衝突造成抉擇兩難的問題。

又可依工程業務利害相關人的關係，將衝突區分為下列八類[7]：

1. 個人：因循苟且、公物私用、違建、執照租(借)、身份衝突等。

2. 專業：職業忠誠、智慧財產權、勝任、隱私權、業務機密、永續發展等。

3. 同儕：主管領導、部署服從、群己利益衝突、爭功諉過等。

4. 雇主／組織：忠誠、兼差、文件簽署、虛報及謊報、銀行超貸、侵占等。

5. 業主／客戶：人情壓力、綁標、利益輸送、貪瀆、機密或底價洩露、合約簽署、據實申報、據實陳述、業務保密、智財權歸屬等。

6. 承攬商：贈與餽贈、回扣、圍標、搶標、工程安全、工程品質、惡性倒閉、合約管理等。

7. 社會：黑道介入、民代施壓、利益團體施壓、不法檢舉、歧視、公衛公安、社會秩序等。

8. 環境：污染、生態失衡、資源浪費等。

# 1-5
## 從何時開始有工程倫理？

工業革命對工程發展有著深遠的影響。19世紀末至20世紀初，許多重大土木工程如埃及蘇伊士運河（1859-1869）、太平洋鐵路（1863-1869）、巴黎艾菲爾鐵塔（1887-1889）與紐約帝國大廈（1929-1931）如雨後春筍般紛紛出現（圖1-5、1-6）。

### 一、十九世紀初期

19世紀初期，機械學開始受到重視，被列入巴黎工程學院的正式課程。通過深入有系統的理論研究，人類得以精確分析各種機械的結構。19世紀後期，內燃機引擎經過不斷改良，成為輕薄短小、效率高且易於操縱的原動機，被廣泛應用於工作母機、汽車、卡車、農業機械、船舶與飛機上。

1882年，德國達姆施塔特工業大學（Darmstadt University of Applied Sciences）先設立電機工程學教授席位，美國麻省理工學院（Massachusetts Institute of Technology, MIT）物理系則推出電機工程學士學程。次年，達姆施塔特工業大學成立世界第一個電機工程系。19世紀末期，隨著路上及海底電纜與無線電報的出現，整個世界的快速通訊也日漸被建構而成。

1882年，愛迪生（Thomas Alva Edison）建立了全世界第一個大型電力網路，提供110伏特的直流電給59位紐約曼哈頓顧客。1884年，查理斯·帕森斯爵士（Sir Charles Parsons）發明了可將熱源轉化為機械能的蒸氣渦輪發動機。

圖 1-5　艾菲爾鐵塔僅耗時兩年完工，塔身結構為鋼架鏤空，由 12000 個金屬部件、7000 噸鋼材、250 萬顆鉚釘所組成。塔高 300 公尺，總高為 320 公尺。在紐約帝國大廈落成前，保持了 45 年世界最高建築物的地位。

圖 1-6　紐約帝國大廈曾是世界最高的大樓之一，從設計到完工只費時二十個月，1903 年 4 月 7 日才架設了第一批結構支柱，短短六個月以後，86 層樓的鋼構架已經架設完成，提早 5 個月完工啟用，工程經費甚至減少了 10%。

由於工業與經濟發展繁榮、發達，促使愈來愈多的人進入工程專業領域。為了增進專業知識交流度、提升技術水準與制定工程標準與規範，各國工程從業人員陸續組織同業學（協）會，如：

1. 1818年，英國第一個專業土木工程師組織（Institution of Civil Engineers, ICE）成立。

2. 1847年，英國機械工程師學會（Institution of Mechanical Engineers, IMechE）成立。

3. 1852年，美國土木工程師學會（American Society of Civil Engineers, ASCE）成立。

4. 1856年，德國工程師協會（Verein Deutscher Ingenieure, VDI）成立。

5. 1871年，美國採礦工程師學會（American Institute of Mining, Metallurgical, and Petroleum Engineers, AIME）成立。

6. 1880年，美國機械工程師學會（American Society of Mechanical Engineers, ASME）成立。

7. 1884年，美國電機工程師學會（American Institute of Electrical Engineers, AIEE）成立。

當時，工程倫理普遍被認為屬於私領域，只與個人操守、責任及榮譽有關，不應受任何公司、組織或團體的規範所限制；因此在這個時期，各組織皆未明文制定工程倫理守則。

圖 1-7　波士頓蜜糖儲槽爆炸現場

## 二、二十世紀初期

　　19世紀末期，歐美各國接連發生多起重大橋梁崩塌事件，這些巨大的工程災難除了對工程師的名譽與信心造成嚴重衝擊，也促使整個工程界積極檢討技術與營建工程所存在的缺失，以及思考制定倫理守則的必要性。美國電機工程師學會（AIEE）首先於1912年訂定並實行工程倫理守則。兩年後，美國土木工程師學會（ASCE）與美國機械工程師學會（ASME）也隨之實施倫理守則[9]。然而，美國採礦工程師學會（AIME）始終都沒有自訂或採用任何學會的倫理守則。

　　1919年1月15日，美國麻薩諸塞州波士頓North End住宅區內的一座巨大糖蜜儲槽因氣溫過高導致槽內壓力升高而爆炸，大量糖蜜以每小時56公里的速度沖往周圍的街道與住宅，造成21人死亡，150人受傷與大量建築物損壞的慘況[10]（圖1-7）。

　　此起意外發生後，波士頓房管局開始要求工程師與建築師不僅必須在工程計畫書中列出工程計算過程，也必須在設計圖上簽名以示負責。不久之後，美國許多州級與加拿大部分省級的工程主管機關除了通過類似的要求並修改專業工程師證照的相關法規，更明令建築許可只能頒發給具有證照的工程師或建築師所簽署的營建專案計畫。

　　此時期制定倫理守則的主要目的有二：一是為了獲取社會大眾對於工程專業的認可，二則是為了保護工程專業的市場，防止其他行業的專業人士進入工程領域。

　　1912年，美國電機電子工程師學會（AIEE）首先頒佈專業行為原則守則（Code of Principles of Professional Conduct.）。之後兩年內，美國化學工程師學會（AIChE）、土木工程師學會（ASCE）與美國機械木工程師學會（ASME）參考美國電機電子工程師學會的守則內容，分別公布自己的倫理守則。這些早期的守則僅界定工程師對於雇主與其他工程師的責任，並未考量「公共福祉」及社會責任與義務，僅限教育與溝通而已。一直到1947年，美國土木工程師學會將「公共福祉」列入倫理守則後，「公共福祉」才成為工程師最主要的責任與義務。

　　美國國家專業工程師協會（National Society of Professional Engineers, NSPE）是1934年由持有證照的專業工程師（professional engineer, PE）所組成的專業組織。它的宗旨在於保障專業工程師的權益、加強會員之間的聯繫、提高工程技術水準與發揚服務精神，其性質與我國的工程技師協會類似。它先於1946年發表「工程師倫理準則」（Canons of Ethics for Engineers），再於1957年將「專業行為規則」（Rules of Professional Conduct）列於「工程師倫理準則」的附錄中。

　　雖然美國主要的工程師學會如電機電子（Institute of Electrical and Electronics Engineers, IEEE）、土木（ASCE）、機械（ASME）、化工（AIChE）在此時期皆公布該學會的倫理守則，並要求會員遵守，但守則往往淪為裝飾學會門面的工具，並未發生實際效用。主要原因有下列三點：

1. 擁有正式會籍的工程師僅占工程從業人員的一小部分，這些人又多為學者或研究人員，對工程實務的影響力低。

2. 許多會員輕忽倫理守則的重要性，有些會員甚至不知道守則的存在。

3. 守則內容簡短，條文空洞，雖具教育與規範意義，但既無獎勵也無罰則，難以讓會員主動遵守。

# 三、二十世紀中期至今

## （一）美國

1950-60年代，技術的創新與進步大幅提升人類的生活水準，但對環境與生態的負面影響也日漸顯現。此時部分工程師重新省思工程師對社會的任務與責任，並積極參與公共事務與環境保護運動。他們認為工程師固然要對「雇主」與「客戶」忠誠，認真執行委託，但考量工程產品或服務會對社會產生無遠弗屆的影響，工程師在執行任務時，應將公共福祉視為最重要的責任。美國哥倫比亞大學電腦與電機工程系教授史蒂芬・安格爾（Steven H. Unger）認為倫理守則內容不應僅限於規範工程師的權利、責任與義務，更應擴展至環境、公共安全與福祉等議題。1974年，美國土木工程師學會（ASCE）將「堅持公共安全、衛生與福祉」列為倫理守則中最主要的準則，後來亦為其他工程師學會所採用。

1976年，美國專業工程師協會（NSPE）建議將工程倫理列入大學課程內，同年1月起，美國國家工程倫理學會（National Institute for Engineering Ethics, NIEE）開始每月定期刊登與工程倫理相關議題[11]的論文。自2000年起，美國工程及技術教育認證委員會（Accreditation Board for Engineering and Technology, ABET）將專業倫理列入工學院認證規範之中後，工程倫理也逐漸受到各大學的重視。

20世紀末，部分大學哲學系與工程系教授組成跨領域研究團隊，共同探討倫理與工程等相關議題——如1983年出版的「《工程倫理》（Ethics in Engineering）」與1994年出版的「《工程倫理：概念與案例》（Engineering Ethics: Concepts and Cases）」就是典型跨領域合作的成果。前者是美國加州查普曼大學（Chapman University）的哲學系教授麥克・馬丁（Mike W. Martin）與加州大學厄溫分校（University of California, Irvine）的電機與資訊工程系教授諾蘭・勳津格（Roland Schinzinger）合著的傑作，後者則是由美國德州農工大學（Texas A&M University）的哲學系教授查理斯・哈里斯（Charles E. Harris）、機械工程系教授麥克・羅賓斯（Michael J. Rabins）與西密西根大學（Western Michigan University）哲學系教授麥克・普里查德（Michael S. Pritchard）共同執筆。

此時工程倫理相關課程陸續在大學開設，相關工程倫理教科書也逐一出版，如：

1. Unger, S. H. (1994) Controlling Technology: Ethics and the Responsible Engineer. Holt, Rinehart and Winston.

2. Whitbeck, C. (1998) Ethics in Engineering Practice and Research. Cambridge University Press.

3. Fleddemann, C. B. (1999) Engineering Ethics. Prentice Hall, Upper Saddle River.

4. Gorman, M. E., Werhane, P. H.& Mehalik, M. M. (2000) Ethical and Environmental Challenges to Engineering. Prentice Hall, Upper Saddle River, N.J.

5. Baura, G. D. (2006) Engineering Ethics: An Industrial Perpective.Academic Press.

多所美國大學如伊利諾理工學院（Illinois Institute of Technology）、壬色列理工學院（Rensselaer Polytechnic Institute）、德克薩斯理工大學（Texas Technology University）、麻省理工學院、聖塔克拉拉大學（Santa Clara University）、德州農工大學與加州州立大學富勒頓分校（California State University, Fullerton）在此時皆有設立工程或應用倫理研究中心或網站。

1989年，美國、英國、加拿大、愛爾蘭、澳大利亞與紐西蘭六國的工程專業團體簽署通過《華盛頓協定（Washington Accord）》。協定宗旨為「會員國需通過系統的工程專業認證，來保證工程教育的質並互相承認工程師資格。」而工程倫理便是《華盛頓協定》下工程專業教育認證制度中的課程之一。自1996年起，工程倫理也被納入美國專業工程師考試「工程基礎」的範圍中。美國國家工程院的報告指出，倫理標準將是未來工程師應具備的基本素質之一。

雖然有許多協會及《華盛頓協定》在推波助瀾工程倫理的相關教育，但直到20世紀末期，全美70%的大學工學院皆未強制學生修習任何與倫理有關的課程，而僅有17%提供倫理或哲學課程。2000年後，部分大學如聖荷西州立大學（San Jose State University）、俄勒岡州立大學（Oregon State University）的化學工程系將「工程倫理」與「製程安全」開設為同一門課一併講授。

## （二）德國

二次世界大戰後，德國社會反思工程專業在執行任務的過程中，可能是因為只注重任務如何完成而不顧及相關的倫理問題，才進而淪為戰爭的幫兇。因此，後來的德國工程師普遍認為執行工程專業時，也必須善盡與社會相關的倫理責任。德國工程師協會（VDI）在1947年年會即以「技術是倫理與文化的任務」作為座右銘，以鼓勵會員。1950年，德國工程師協會則成為德國第一家公布工程師相關責任文件的協會，並於2002年通過「工程專業倫理守則」。

## （三）英國

英國皇家工程學院（Royal Academy of Engineering）受到倫敦國王學院（King's College London）工程法律系教授約翰·鄔夫（John Uff）在皇家工程學院刊物《工程（Ingenia）》上發表一系列工程倫理論文所影響，於2003年成立專業倫理小組，進行工程倫理的相關議題探討，並於2005年舉辦工程倫理研討會及公布其倫理準則。2003年，英國國際工程與科技學會（Institution of Engineering and Technology, IET）公布了工程師行為準則（Rules of Conduct）。其他學會如土木工程學會（Institution of Civil Engineers, ICE）、顧問與工程師學會（Association for Consultancy and Engineering, ACE）也在之後設置了倫理守則。

## （四）日本

日本工程師組織直到二十世紀末期才著手制定倫理守則，如日本資訊處理學會（日本情報處理協會，Information Processing Society of Japan, IPSJ）首先於1996年公布其守則，在之後七年間，其他主要的工程師學會如電子、資訊與通訊、電機、電子、專業、土木、機械、化工、原子能等工程師學會皆陸續訂定相關倫理守則。日本土木學會（Japan Society of Civil Engineers, JSCE）則是在2003年制定出「土木技術人員倫理案例分析手冊」。

## （五）中華民國

中國工程師學會（Chinese Institute of Engineers, CIE）早在1933年（民國22年）即參考美國土木工程師學會（ASCE）與電機工程師學會（AIEE）的倫理守則，公布了《中國工程師信條》，經過1940、1976與1996年三次修正後，演化為現行版本。然而，一直到1990年代，我國的工程倫理教育才開始受到關注。

1990年，清華大學與中原大學率先開設工程倫理課程。1991年，全國科技會議召開，與會專家及學者皆建議大學各校開設工程倫理相關課程，台大、交大、台師大與逢甲等校便隨之設立。1992年，國科會補助的「大學工程倫理課程的教學設計之研究」計畫完成研究後，更多的大專院校也陸續設置工程倫理的相關課程。

2004年（民國93年），教育部認可的專業評鑑機構——中華工程教育學會（Institute of Engineering Education, Taiwan, IEET）成立後，即積極規劃與執行符合國際標準的工程教育（EAC）、資訊教育（CAC）、技術教育（TAC）、建築教育（AAC）及設計教育（DAC）認證。截至2017年底，國內已有84所大專院校、一共546個系所參與上述相關認證。由於「專業倫理」為各認證規範中教學成效及評量中的主要項目之一，因此絕大多數的大學工學院皆開始開設「工程倫理」相關課程。我國大專院校所開設的相關工程倫理課程總數量遠勝於美國或世上任何一個國家。

2006年（民國95年），行政院公共工程委員會委託中國土木水利工程學會（Chinese Institute of Civil & Hydraulic Engineering, CICHE）辦理「強化工程倫理方案之研擬及推動」計畫，其工作內容包括「研訂工程倫理手冊提供所有工程相關人員參考，並從法規及制度面探討建議可行之推動方案，以提升我國整體工程環境品質及工程人員之專業素養，創造國家競爭力，促進國際化之接軌」。次年，中國土木水利工程學會出版工程倫理手冊，手冊編撰旨在「提供工程倫理之實用知識及事例說明，以引導工程人員建立符合倫理規範之行為準則，培養工程人員之專業情操；此外，亦針對當工程人員面臨兩難困境及抉擇課題時所需要之思慮原則及判斷思考要點與步驟加以說明」。

## （六）其他國家

　　歐盟工程師協會、南非、義大利、瑞典、澳洲、印度、加拿大、愛爾蘭、斯里蘭卡、新加坡、紐西蘭與辛巴威等工程師學會目前皆訂有工程倫理守則。韓國目前僅國家工程院（National Academy of Engineering of Korea, NAEK）設有倫理守則。在工程教育認證委員會（Accreditation Board for Engineering Education of Korea, ABEEK）於1998年成立後，大學則開始提供工程倫理相關課程。

　　中國工程院（Chinese Academy of Engineering, CAE）於2004年與日本、韓國國家工程院共同公布倫理守則。中國工程師與專業組織現今的工程倫理意識大多停留在「把工程做好即可」與「工程倫理只和個人道德操守有關」的階段，民間的工程師組織也尚未設立任何倫理相關守則。2015年，全國工程專業學位研究生教育指導委員會組織清華大學、北京理工大學、北京協和醫學院、大連理工大學與浙江大學等多所院校的十幾位專家合編寫《工程倫理》教材，並錄製相關開放（MOOC）課程。2016年，中國成為《華盛頓協定》的正式會員後，多所大學隨之開設相關課程。

# Review
## 重點整理

### 1. 工程倫理的定義

　　「工程倫理」可以被視為「一種將倫理學理論應用到實際執行工程專業時所遇到的問題或狀況上的處理方式」。

### 2. 工程倫理的重要性

(1) 消極面：預防弊端的發生。當專業人士面臨倫理問題時，如果缺乏倫理素養，而做出不適當的決策時，極可能導致嚴重的後果。

(2) 積極面：研習專業倫理可以提升專業人士的道德素養，進而達到「道德自治（Moral Autonomy）」的境界。

### 3. 工程師可能面臨的倫理衝突

(1) 明顯違反道德上的「善」的問題。

(2) 灰階區域內非黑非白的道德問題。

(3) 明顯違反法律與道德，但積久成習的陋規問題。

(4) 不容於法律，但不易被察覺或不便依法執行的問題。

### 4. 工程師學會與工程倫理的發展

| 時代 | 發展 |
|---|---|
| 十九世紀初期 | 1. 1818 年，英國第一個專業土木工程師組織（ICE）成立。<br>2. 1847 年，英國機械工程師學會（IMechE）成立。<br>3. 1852 年，美國土木工程師學會（ASCE）成立。<br>4. 1856 年，德國工程師協會（VDI）成立。<br>5. 1871 年，美國採礦工程師學會（AIME）成立。 |

| 時代 | 發展 |
|---|---|
| 十九世紀初期 | 6. 1880 年，美國機械工程師學會（ASME）成立。<br><br>7. 1884 年，美國電機工程師學會（IEE）成立。 |
| 二十世紀中期 | 1. 1912 年，美國電機工程師學會（AIEE）首先訂定並實行工程倫理守則。<br><br>2. 1914 年，美國化學工程師學會（AIChE）、土木工程師學會（ASCE）與美國機械木工程師學會（ASME）參考美國電機電子工程師學會的守則內容，分別公布自己的倫理守則。<br><br>3. 1947 年，美國土木工程師學會將「公共福祉」列入倫理守則。<br><br>4. 美國國家專業工程師協會（NSPE）於 1946 年發表「工程師倫理準則」（Canons of Ethics for Engineers），再於 1957 年將「專業行為規則」（Rules of Professional Conduct）列於「工程師倫理準則」的附錄中。 |
| 二十世紀中期至今 | 1. 美國<br>(1) 1989 年，美國、英國、加拿大、愛爾蘭、澳大利亞與紐西蘭六國的工程專業團體簽署通過《華盛頓協定（Washington Accord）》。<br>(2) 1996 年起，工程倫理也被納入美國專業工程師考試「工程基礎」的範圍中。<br>(3) 2000 年起，美國工程及技術教育認證委員會（ABET）將專業倫理列入工學院認證規範之中後，此時工程倫理相關課程陸續在大學開設，相關工程倫理教科書也逐一出版。<br><br>2. 德國<br>(1) 1950 年，德國工程師協會（VDI）成為德國第一家公布工程師相關責任文件的協會。<br>(2) 2002 年德國工程師協會（VDI）通過「工程專業倫理守則」。<br><br>3. 英國<br>(1) 英國皇家工程學院（Royal Academy of Engineering）2003 年成立專業倫理小組，進行工程倫理的相關議題探討，並於 2005 年舉辦工程倫理研討會及公布其倫理準則。<br>(2) 2003 年，英國國際工程與科技學會（IET）公布了工程師行為準則（Rules of Conduct）。 |

| 時代 | 發展 |
|---|---|
| 二十世紀中期至今 | 4. 日本<br><br>(1) 日本資訊處理學會（日本情報處理協會，IPSJ）首先於 1996 年公布其守則，在之後七年間，其他主要的工程師學會皆陸續訂定相關倫理守則。<br><br>(2) 日本土木學會（日本土木學會，JSCE）則是在 2003 年制定出「土木技術人員倫理案例分析手冊」<br><br>5. 中華民國<br><br>(1) 中國工程師學會（CIE）在 1933 年公布了《中國工程師信條》<br><br>(2) 1990 年，清華大學與中原大學率先開設工程倫理課程。<br><br>(3) 1991 年，台大、交大、台師大與逢甲等校開設工程倫理相關課程。<br><br>(4) 1992 年，國科會補助的「大學工程倫理課程的教學設計之研究」計畫完成研究後，更多的大專院校也陸續設置工程倫理的相關課程。<br><br>(5) 2004 年，中華工程教育學會（IEET）成立。<br><br>(6) 截至 2017 年底，國內已有 84 所大專院校，一共 546 個系所參與上述相關認證，我國大專院校所開設的相關工程倫理課程總數量遠勝於美國或世上任何一個國家。<br><br>(7) 2006 年，行政院公共工程委員會委託中國土木水利工程學會（CICHE）辦理「強化工程倫理方案之研擬及推動」計畫。<br><br>(8) 2007 年，中國土木水利工程學會出版工程倫理手冊。<br><br>6. 其他國家<br><br>(1) 歐盟工程師協會、南非、義大利、瑞典、澳洲、印度、加拿大、愛爾蘭、斯里蘭卡、新加坡、紐西蘭與辛巴威等工程師學會目前皆訂有工程倫理守則。<br><br>(2) 韓國目前僅國家工程院（NAEK）設有倫理守則，在工程教育認證委員會（ABEEK）1998 年成立後，大學則開始提供工程倫理相關課程。<br><br>(3) 2016 年，中國成為《華盛頓協定》的正式會員後，多所大學隨之開設相關課程。 |

# Chapter 02 倫理理論

**一個人的倫理行為應當有效地建立在同情心、教育、社會聯繫與需要上。**

——愛因斯坦（Albert Einsteinn）

在探討「倫理理論」之前，首先介紹三個案例來說明倫理如何在工程實務上發揮作用。

## ◎花旗中心（Citicorp Center，現為 The Citigroup Center）

1970 年代中期，美國著名的結構工程師威廉・拉瑪蘇維埃（William Lemessurier）替花旗公司設計總部「花旗中心」時，因原址的路德教派教堂（Lutheran Church）無法拆遷，於是威廉・拉瑪蘇維埃最後選擇將「花旗中心」懸空在教堂上興建。威廉・拉瑪蘇維埃將大樓的支撐柱設計在大樓底部四邊的中心點而非常見的角落上，整棟 59 層的「花旗中心」就這樣被 4 根 9 層樓高的支柱所撐起。由於懸空在教堂上，「花旗中心」底部空蕩，整棟大樓的重量較相同高度的建築物輕，因此為了抵擋住強風，威廉・拉瑪蘇維埃還另外設計了一套由 48 個鋸齒型鋼結構焊接而成的擋風支柱系統安裝在大樓上，並在此系統頂端裝置了美國第一座 400 噸重的質量調諧阻尼器（tuned mass damper），來抵銷或減緩建築物本身的晃動（圖 2-1、2-2）。

1978 年，一名工學院的女學生發現，由於「花旗中心」的建築結構特殊，側面吹來的風所產生的張力會比正面吹來的風高出 40%。

圖 2-1　花旗中心外觀

圖 2-2　左下建築物為聖彼得路德教會，花旗中心則位於圖片中間。

　　威廉‧拉瑪蘇維埃在重新計算後，驗證了這位女學生的質疑——威廉‧拉瑪蘇維埃發現承攬花旗中心擋風支柱系統鋼結構部分的伯利恆鋼鐵公司將超級結構體中必須以焊接接合的部份全部改用螺絲栓接替代。由於螺絲栓接的穩固程度並無法抵擋紐約每 16 年就會形成的暴風的強度，這也使得整座大廈的安全堪虞。當時 52 歲的結構大師威廉‧拉瑪蘇維埃面臨人生最大的危機，如果他無法妥善解決，不僅一生的名譽將毀於一旦，更有可能會面臨牢獄之災。最後拉瑪蘇維埃選擇向花旗銀行誠實以對，緊急集合相關團隊，連日在原本的螺絲栓接處焊上鋼板，才總算讓危機落幕。

**關鍵說明**
花旗中心事件
動畫

## ◎美國福特斑馬汽車

福特斑馬汽車（Ford Pinto）是 1970 至 1980 年間，美國福特汽車公司為了爭取小型轎車市場所生產的 4 汽缸轎車。此車款在十年間一共銷售了 317 萬輛；然而由於油箱位於車尾處且在設計上有所缺陷，車尾在遭受撞擊而導致起火的意外也產生了數十件，另外與此相關的法律訴訟案件更高達 117 件（圖 2-3）。

福特公司內的設計部門其實早就知道斑馬汽車設計上有此缺陷，事後也精算出每輛車僅需花費 11 美元的成本就可以改善，但是因為汽車失事所賠償的金額遠低於總體的改善成本，所以福特公司並沒有進行任何補救的作業就讓斑馬汽車上市了。

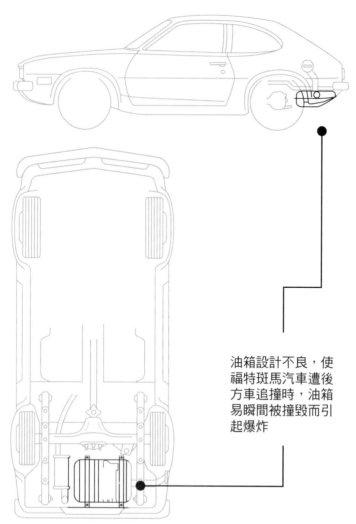

油箱設計不良，使福特斑馬汽車遭後方車追撞時，油箱易瞬間被撞毀而引起爆炸

**┃關鍵說明┃**

福特斑馬汽車內部測試起火畫面

圖 2-3　福特斑馬汽車設計圖

## ◎德國福斯汽車公司

　　2014 年，美國西維吉尼亞大學科學家曾接受國際清潔運輸協會委託，對福斯所生產的 Passat、Jetta 柴油車款與 BMW 的 X5 系列進行道路氮氧化物排氣測試。他們發現 BMW X5 系列的車款所排放的氮氧化物接近其宣稱值，但 Jetta 柴油車款的排放值卻遠遠超出 BMW 好幾倍。次年 9 月，美國環保署對福斯發出違法通知，指出福斯近六年所售出的柴油車款的引擎控制模組有作弊的程式碼，導致柴油車款的引擎在送進實驗室測試時會自動開啟汙染控制程序，但其餘時間皆處於自動關閉汙染控制設施的狀態──後來福斯坦承全球約有 1100 萬柴油車輛都安裝了這個作弊軟體。

　　以上三個案例皆清楚地點出倫理對於決策的重要性。第一個案例中，威廉·拉瑪蘇維埃選擇勇敢面對問題，向花旗公司坦承過失並協助後續改善。他的倫理抉擇不但讓他度過一生中最大的危機，還替他贏得專業倫理典範的美譽。第二個案例中，福特的工程師起先在設計福特斑馬車款時，拘泥於成本與效益，忽略了公共安全的重要性，事後福特不願意花錢補救，更是導致福特陷入商譽損失與「草菅人命」的惡名的最後一根稻草。第三個案例的福斯罔顧環境品質，在車輛中安裝可讓柴油汽車行駛時自動關閉汙染防治設備的軟體。當作弊行為被揭發後，福斯不僅付出百億美元以上的賠償金，股價更在兩天內狂跌 30% 以上。英國廣播公司（BBC）引用一家德國報紙的報導，宣稱這是「汽車史上代價最高的愚蠢行徑」。

　　從這些案例可知，倫理與工程實務的關係密不可分。任何一個企業、組織或個人都不該漠視專業倫理，否則將導致難以挽回的人員傷亡、財產損失與環境破壞。在討論專業倫理之前，首先將從道德與倫理定義與理論談起。

# 2-1
## 倫理思想

### 一、道德定義

　　道德英文「Morality」一字起源於拉丁語「Moralis」，「Moralis」的意思是行為、性格與正當行為。《牛津英語字典》（Oxford English Dictionary）將「Morality」解釋為：

1. 一種特殊的行為原則與價值觀系統。

2. 區分行為對、錯及好、壞的標準。

　　儒家認為道德具有普遍性，如《禮記‧大學》：「自天子以至於庶人，壹是皆以修身為本。其本亂而末治者否矣；其所厚者薄，而其所薄者厚，未之有也」即是強調人不分差別，皆應以修身為做人處事的基本原則[1]。

　　道德是一種衡量行為是否正當的規範或標準。任何一個氏族、團體或社會皆有其公認的道德標準。涉及私人領域的道德規範稱為「私德」，而涉及公共領域的則稱為「公德」。每個人的道德觀念都是在家庭、學校教育與個人經驗長期薰陶下逐漸形成的。世界上各民族的道德觀念雖然互有共通性，卻會隨著時代有所變遷，換句話說，沒有一種道德觀念是永恆不變的。

　　道德是個人良心的自律，即使沒有他人制約，也應該自發向善。任何違背社會傳統道德觀的人，就會被冠上不仁、不義、不忠或不孝等評價，這種評價在無形之中變成約束行為的壓力。自古以來，道德一直是中國社會評價一個人價值的指標，在歷代史書中，給道德高尚但無所作為之人的評價，似乎永遠高於成就非凡但道德敗壞之人，由此可見一斑。

## 二、倫理定義

「倫」是輩分的意思，也就是許慎在《說文解字》中所提到的「倫，輩也」。「倫理」是一種探討個人與群體的相互關係、待人處世時應遵循的道理、規範與原則。倫理英文「Ethics」起源於希臘文的ethos，意思為道德學。

《牛津英語字典》將「Ethics」解釋為：

1. 行為的道德規範。

2. 探討道德原則的知識領域。

一般人在批判人或組織行為的善惡時，往往把「道德」與「倫理」混為一談。「道德」與「倫理」的意義雖然相近，但「道德」是一種「反求諸己」的自我規範，強調個人的主觀意志，「倫理」則是一種「對待他人」的原則。在《禮記‧大學》篇提到「誠意、正心、修身、齊家、治國、平天下」中，前三者屬於「道德」範疇，後三者則為「倫理」範疇。

西方哲學家對「道德」與「倫理」的定義也截然不同。德國哲學家康德（Immanuel Kant，1724-1804）視「道德」為對個人行為的要求，「倫理」為全體社會應遵守的規範。黑格爾（G.W.F. Hegel，1770-1831）將「道德」界定為個人的主觀意志，「倫理」為與家庭、社會、國家有關的客觀意志。也就是說，「道德」是一種個人的自我提昇，屬於「私德」範圍，而「倫理」則是群己互動關係，屬於「公德」領域。

### 關鍵說明

康德是啟蒙運動時期最後一位主要哲學家，被認為是繼蘇格拉底、柏拉圖和亞里斯多德後，西方最具影響力的思想家之一。

康德統整了早期的現代理性論與經驗論，為十九與二十世紀的哲學設定了基調，其影響力持續到今天的形上學、知識論、政治哲學、美學以及許多其他領域。

以下為康德介紹動畫：

「道德」與「倫理」既然如此重要，應該如何學習呢？「道德」與「倫理」和微積分、流體力學或結構工程等知識性學問不同，無法經由課堂講授、習題練習或試題測驗等一般教學方式就能學成並達到一定的效果。這從社會上許多為非作歹、貪贓枉法的人不乏是國內外著名大學的畢業生，就可以得到明顯的答案。「道德」與「倫理」只能透過哲學式的思辯與案例討論的方式，也就是所謂的「道德自治」來學習。吾人必須藉由說服自己、建立個人行為準則及反覆討論、思辨等「內化」與「深化」的過程中，培養出個人獨立判斷與思考道德議題的能力，才有可能將道德思考應用於生活或專業生涯所遇到難題上。如果只是輕描淡寫地瀏覽道德案例或相關書籍，卻不培養獨立判斷與思考的能力，在未來職業生涯中就極有可能會為了個人、公司或機關的利益而向現實妥協，進而違反道德、倫理或法律。

## 三、倫理、道德與法律

由人類的發展歷史可知，任何一個族群和社會皆試圖發展出一套規範，來約束群體成員的行為、維護群體生活的秩序與避免群體之間產生紛爭及衝突。這些已發展出的規範可分為「社會規範」與「法律規範」兩類——「社會規範」是指風俗、宗教與倫理等等，「法律規範」則是指經由社會組織的強制力量，以規範個人行為的制度。兩者目的雖然相同，但在範圍與實踐上仍有相當大的差異。

道德、倫理隨著人類文明的發展而進步，再經過古聖先哲的影響與教化，逐漸形成出「善」的觀念來約束我們的外在行為。「法律」雖然建立在道德與倫理規範的基礎上，卻是以實用性為出發點。「法律」是由一系列規則所組成的體系，必須經由國家或社會組織強制執行，才能規範個人的行為[2]——法律體系可以說是道德的最低標準。換句話說，當某些人或群體的行為嚴重危害到他人或社會大眾時才有觸法的可能。法律條文往往跟不上社會的千變萬化，在有心人士的刻意鑽營下，任何一個社會皆存在著少數破壞法律秩序的要素[3]。

「法律」必須遵循起訴、辯護及審判等一定程序，才能具體限制人民的行為。「法律」無法涵蓋所有的道德面相，將所有的行為規範都制訂出相關律法。例如在

路上看到行動不方便的人卻冷漠經過，或在大眾運輸上不讓座給老弱婦孺以及有需要的人皆為不道德的行為，卻都不會受到任何法律的制裁。從另一方面來看，合法也不一定就合乎道德。我國的《優生保健法》中第九條明文規定：「懷孕婦女經診斷或證明有下列情事之一，得依其自願，施行人工流產：……六、因懷孕或生產，將影響其心理健康或家庭生活者。」只要懷孕的當事人同意就可以墮胎。因此，貪圖魚水之歡而不肯盡養育的責任者可以合法墮胎，但卻不合乎大多數人對於道德規範的認知。

一般而言，道德規範的範圍遠比法律規範廣泛，守法只是符合道德規範的最低限度。不犯法但不遵守道德規範的人，雖然不會受到法律的制裁，卻會被社會多數的群眾所唾棄，這點可以從一些政客或藝人因為做出收賄或出軌等違背道德規範的行為被揭發後，就會陷入職業生涯的困境可以看出。

有些法律規範制定的目的是避免不必要的衝突，與道德並沒有任何的關係。例如，全世界72%國家的道路通行制度規定行人與車輛必須靠右邊行走，然而英國、香港、日本等地卻規定行人及車輛靠左邊行走。我國也曾在戒嚴時期，制定許多限制人民自由的法律，例如不得上街遊行、研究共產主義或參加共產黨、一貫道等等。這些法律都只與當時的政治背景有關，與道德毫無關聯。排放有毒物質到大氣中是不道德的行為，但是如果這項行為並未列入環保或公共安全的法規管制之內，就不算犯法。

有些行為雖然違法卻未違背道德或倫理。最明顯的例子就是將一樣現行法律定義對人體有害，但後來經科學證明為無害的物質加入所研發的產品時，就會面臨這種局面。即便科學界已證實此物質對人體無害，但是由於法律尚未與時俱進修改或未明文規定可以合法使用這些物質，就算你的行為並未違反倫理，仍然會受到法律的制裁[4]。

「倫理」與「法律」雖然都屬於針對群體社會行為所做的規範，主要目的都是維護社會安定與秩序，然而如果想要建立真正公平、公正的社會秩序，首先必須加強倫理教育，提升國民的道德水準。嚴刑峻法只能預防犯罪，卻未必能提升道德的品質。

# 2-2
# 倫理簡史

## 一、西方倫理思想

　　西方倫理思想主要起源自猶太教經典如「摩西五書」、《舊約聖經》與古希臘哲學家如蘇格拉底（Socrates）、柏拉圖（Plato）與亞里斯多德（Aristotle）等人的思想，再經過長期不斷的演變，發展出現今的許多學說與理論（圖2-4）。這些學說與理論所涉及的問題，大可分為下列幾類[4,5]：

1. 道德的起源、本質、原則與規範。

2. 道德性質的內容與分類。

3. 道德責任與意志自由的關係。

4. 道德情感與理性的關係。

5. 道德概念和道德判斷的價值分析。

6. 道德的教育與修養。

7. 人生生活的目的與理想的生活方式等類。

　　以上問題常在探討價值與事實或道德與利益的關係時呈現出來。

圖 2-4　希臘三哲人。由左至右分別為：
蘇格拉底、柏拉圖、亞里斯多德

希臘哲學家蘇格拉底與與柏拉圖由唯心主義的理念論出發，探討「至善」問題。亞里斯多德則創造出「倫理學」這個名詞，並發展出一個以城邦利益為原則的幸福論的思想體系。在《尼考各馬科倫理學》中，亞里斯多德試圖在各種領域中找出介於兩個極端之間的平衡點，例如正義、勇氣、財富等[6]。

他認為倫理學應強調實踐而非理論，想成為「好人」，不僅要研讀美德書籍，還要親身實踐。

中世紀倫理思想是在封建專制主義與羅馬天主教教會的神權統治下發展而成，基督教倫理學占有絕大部分的地位。資本主義興起後，思想家開始強調個人需要與利益的滿足，深入探討人的價值、尊嚴、自由、善的本質與道德評價的依據等，並提出了調解個人與他人、個人與社會之間的利益關係的道德原則。

二千多年以來，西方倫理學家們主要圍繞以下幾個問題進行探討，建立起不同的倫理思想體系——

1. 何謂善惡？善的本質、善與物質生活條件的關係是什麼？

2. 何謂正當的行為？什麼樣的品性才符合道德？有些人強調滿足個人的慾望，否認或抹煞人的行為應該受社會整體利益的制約，但也有人主張美德論或義務論。

20世紀後，倫理學者否認倫理學的規範特點，僅分析道德概念的意義與探討道德判斷的邏輯，而其它學者僅客觀地描述道德現象、人的境況及命運，與探討真實的存在與超越。

## 二、東方倫理思想

### （一）中國

中國倫理學始於先秦，當時儒、墨、道、法等諸子百家齊放，其中屬儒家影響後世最深。二十世紀初期，在西方文化的衝擊下，五四新文化運動的反傳統運動到文化大革命，儒家倫理思想被認為是中國落後與反動的象徵[7]。自1970年代起，深受儒家思想影響的臺灣、香港、新加坡、韓國「亞洲四小龍」在經濟上崛起後，儒家倫理思想再度受到世人的重視，被認為有助於經濟發展。

儒家強調道德原則與規範是行為的最高指導原則，倡導以道德作為治國、平天下的主要手段，並認為「修身」、「齊家」是「治國」、「平天下」的基礎。儒家重義輕利，孔子主張「見利思義」與「見得思義」，孟子則只談仁義，不談利益。兩人皆主張人不應為了個人利益，違反正義原則或傷害群體與他人。儒家強調道德的社會作用，如孔子以仁為核心的道德規範體系，便包含了孝悌、忠恕、信義等道德規範。儒家認為群體與個人之間相互依存的關係，個人是家庭、群體與社會的一份子，必須依賴群體才能生存，而群體則必須依賴個人的力量，才能發揮作用，因此強調群體內必須尊重個人的權利。儒家透過相互尊重的方式，在個人權利與社會需求之間取得平衡。

儒家強調的道德原則可以直接應用於工程專業上。工程專業的核心為誠信，而誠實與正直正是身為一個工程師應該具備的價值觀。工程師在決策時，必須平衡社會需求與個人權利之間的關係，這與儒家重義輕利的道德原則相符。

## （二）印度

印度宗教倫理思想不僅歷史悠久、內容豐富且獨具特色，受吠陀與佛教影響甚深，其中佛教倫理思想更是深入至亞洲乃至全世界的文化。印度倫理思想最早可見於吠陀相關經典或文獻，如《吠陀本集》與《博伽梵歌》等。《吠陀本集》中的《梨俱吠陀》出現年代最早，重要性也最高，其中有不少讚歌可以看出古代印度人的倫理思想，如要求人們友好、互助、誠實等[8]。

印度《博伽梵歌》中也提到非暴力、不暴怒、謙虛、不貪婪與慈悲眾生等美德，

> **關鍵說明**
>
> 《吠陀本集》共有四部：《梨俱吠陀》（頌神詩集）、《娑摩吠陀》（頌神歌曲集）、《夜柔吠陀》（祈禱詩文集）和《阿達婆吠陀》（巫術詩集），約產生於公元前十五世紀至公元前十世紀之間。
>
> 這些吠陀本集顯現了印度吠陀時代是崇拜神祇的時代。《梨俱吠陀》中的頌神詩主要就是向天神表達崇拜、敬畏、讚美和祈求。在印度上古初民的心目中，人間一切事業的成功都依靠天神的庇佑。

不僅與西方哲學家所探討的議題類似，也是善良的人格特質的主要成分。吠陀經典中不時可見到「理法」深植其中——「理法」是一種永恆、堅固、美好、能消除罪

惡，使生靈得到啟示，天地都屬於它的概念。「理法」一方面在吠陀經典中代表永恆的宇宙法則或秩序，另一方面也可以做為印度人行為的道德準則，遵從這種準則，人們就能得到真理，變得純淨和神聖。印度對於美德的鼓勵與惡習的避免可以與現代工程學會制定的倫理守則做對照。

佛教的倫理思想形成於古印度社會基礎上，反映了古印度部分宗教信徒對社會和人生的一種看法。佛教是東方倫理思想的基本形態之一，廣泛影響中國、日本、韓國、泰國等地人民的生活。

佛教的基本原則為平等、克己與慈悲利他[9]。佛教反對婆羅門教的種姓觀念，認為人生而平等，人的高低貴賤並不是以人的出身，而是應該以人的行為來評斷，因此出身卑賤的人一樣有機會能成為賢人。佛教也認為殺生、偷盜或邪淫都是一種對他人的侵犯行為，這種行為是建立在一種個人與他人不平等觀念上，因此佛教極度強調「不偷盜」、「不邪淫」等道德觀念。

「克己」指是指克制個人慾望、行為與意識，如對財富、權利、地位、名聲等貪慾。「慈悲利他」不僅是指要對他人慈悲，也要對一切有生命的物種慈悲，因此佛教徒不得殺生。佛教所強調的「平等」、「克己」與「慈悲利他」的基本觀念可直接應用於工程實務之上。一個不偷盜、不邪淫，能克制自己慾望的工程師自然不會為了個人利益傷害他人。尊重一切有生命、物種的人基本上也不會設計出對環境與生態具危害的工程專案。

## （三）中東地區

中東地區的倫理思想源自於穆罕默德所口述記錄的《可蘭經》。它除了繼承古希臘的哲學思想外，也吸收了猶太教與基督教的神學理論、波斯光明與黑暗的二元論與印度佛教哲學的理論，再穆罕默德經過潤飾，所以深具伊斯蘭獨特的特色。

《可蘭經》倡導守正自潔、行善、寬恕、誠實、公正、守信、互相合作、捨己救人、近賢遠惡與講究禮節等美德，反對順從私慾、傲慢自大、飲酒、賭博、淫亂、謊言、嘲笑諷刺、惡意猜探，背後非議與妒忌等惡行[10,11]。《可蘭經》中的誠實、守信與互相合作等也是工程師所應遵守的美德。

# 2-3
## 倫理理論

　　倫理學是針對人類道德所進行的系統性思考及研究的領域，它試圖從理論層面建立指導人類行為的法則或體系。當我們面臨道德爭議時，所採取的思考、評論與判斷，就是倫理學探討的議題[12]，例如：

1. 應該如何處理此類事件？

2. 為什麼要這樣處理？

3. 依據何種道德法則進行處理？

　　以下簡介在倫理學理論中，具有重要地位的四大學說：後設、規範、描述與應用倫理學。

1. 後設倫理學僅探討倫理概念的理論意義與本質，例如探討道德與不道德的涵義與分別，但不關心實際或日常生活上所遇到的問題。

2. 規範倫理學針對各種的道德觀念進行評斷，並且會對正確或錯誤的行為給予道德準則建議，也就是說，遇到道德問題時，人們應該如何處理這些問題，即屬於規範論理學的範疇。規範倫理學主要又可分為目的論（Teleological Theory）、義務論（Deontological Theory）、權利論（Rights Theory）與德行論（Virtue Ethics）四種。

3. 描述倫理學所探討的則是一社會族群共同的倫理觀，包括風俗、禮儀、法規、善惡標準等範圍。

4. 應用倫理學是一門將倫理學理論應用於生命、環境、政治或專業（醫學、法律、企業、新聞、工程及行政等）等特定領域的學說。應用倫理學的理論經常被應用於制定公共政策或解答個人所遭遇的難題上，例如：「墮胎是否屬於不道德的行為？」、「安樂死是否違反了道德？」、「平權措施究竟是對還是錯？」、「何謂人權？」、「如何界定人權？」、「動物是否該享有與人相同或部分相同的權利？」等問題。

　　工程倫理屬於應用倫理學的一種，是為了解決工程實務上的道德問題而發展出來的，工程倫理實際上應用的理論是規範倫理學中的「效益論（屬於「目的論」下的一支）」、「義務論」、「權利論」與「德行論」，與其他倫理學無關，因此本章僅討論這四種理論，而不涉及其他學說。

圖 2-5　上為傑瑞米‧邊沁，下為約翰‧彌爾

　　「目的論」注重後果，意即行為的對錯取決於後果的好壞。「義務論」注重行為本身，行為的對錯取決於行為本身及動機。「權利論」則主張人類有基本的權利。「德行論」則認為行為者的性格就是倫理行為的推動力[13]。

## 一、效益論

　　目的論也稱為後果論（Consequentialism），是以行為產生的後果決定行為是否合乎道德規範。目的論中的「效益論」（Utilitarianism）則是最常被應用於專業倫理上的理論。

　　「效益論」早期譯為「功利論」或「功利主義」，但由於「功利」一詞多具有貶意，後來便以「效益」二字取代。「效益論」主張以謀取社會大多數人的最大幸福作為道德評判的標準。

　　首先提出「效益論」的學者為19世紀的英國哲學家傑瑞米‧邊沁（Jeremy Bentham）。邊沁認為「可以讓人的快樂或幸福的行為，即為善，凡是會使人痛苦的行為，即為惡」。他的名言「道德與立法的基礎建立於大多數人的最大幸福（The greatest happiness of the greatest number is the foundation of morals and legislation.）」一直被效益論學者奉為圭臬（圖2-5）。

　　邊沁的學生約翰‧彌爾（John Stuart Mill）則延續邊沁「最大幸福原理」的理論，認為幸福的「質」比「量」重要，知識與道德上的幸福遠比物質與肉體上的更來得有價值。

## （一）「效益論」的特點

1. 行為對錯的標準在於「一件事或一個行為是否能促進最大多數人的最大幸福」。

2. 強調後果的重要性，亦即行為的後果決定了行為的對錯。

3. 任何能獲得最大多數人利益的手段都是好的手段。

## （二）效益論的「優點」[14]

### 1. 單一明確

效益論以後果來評斷行為的對錯，原則非常單一明確，容易應用於道德難題上。

### 2. 較不會產生道德衝突或困境

面對道德衝突或困境時，效益主義者依據「一件事或一個行為是否能促進最大多數人的最大幸福」原則進行思考，會得到明確的答案——「若該行為會促進最大多數人的最大幸福就應該做，反之則不做」，原則上不會出現道德困境。

### 3. 是決定公共政策的最佳原則

公共政策的制訂常常是根據對社會整體的影響結果來決定實行的內容以及是否要實行。若從效益論的角度出發，只要該政策能對社會上大多數的人帶來極大的效益，同時產生的負面效果只會影響少數人，就值得去做，如興建水庫、變電所或垃圾掩埋場等公共政策。

## （三）效益論的「缺點」

### 1. 公正原則無視私人關係

假設今天公共政策或工程的受害人是自己本身或是親朋好友，依據效益論中的「公正原則」，我們應該「大義滅親」、「犧牲小我」，忽視受害人的權益以完成對大多數人有益的公共政策或工程。

但事實上，這種行為強烈與我們的道德直覺相違。美國匹茲堡大學（University of Pittsburgh）哲學系教授尼可拉斯・雷謝爾（Nicholas Rescher, 1928-）公開反對效益論的公正原則，他認為行為者替自己親朋好友多加著想，是正確的道德行為。

### 2.消極責任限制行為者的行為

「消極責任」是指當行為者能直接或間接影響行為產生的後果時，無論他贊成或不贊成其發生，行為者都必須為產生的後果負責。效益論中的「消極責任」往往忽視其他會影響後果的因素，造成行為者並未主動促成後果產生，最後卻得負責的情況。

「消極責任」的概念不時會威脅到人格的完整性——當第三者的計劃所產生的效益較大時，「消極責任」會要求個人放棄自己的計畫。「消極責任」的概念也會對行為者的行為有所限制——效益論以「謀取社會大多數人的最大幸福」作為道德評判的標準，使得行為者不應該做出任何對大多數人無益卻對自己有益的行為，例如看電影或唱歌等。

### 3.不存在所謂超義務行為

「超義務行為」是指那些沒有道德強制力、不做也不算錯的的行為。例如，警消人員在颱風天跳進暴漲的河流中救人，以及日本311大地震發生後，堅持崗位的50名員工留守福島第一核電廠，全力阻止輻射外洩的舉動。

**關鍵說明**
福島核電廠反應爐爆炸分析

對於效益論來說，「超義務行為」是不存在的——因為效益論認為任何能夠增進社會大多數人整體效益的行為，就應該主動為之。然而，這樣的論點並不為一般人所接受。

### 4.違反分配正義

「分配正義」強調分配的公平性，由於效益論以利益最大化為導向，不在乎利益分配是否公平，常導致少數個人的基本權利或自由遭到侵害。因此，當行為涉及侵犯他人基本權利或自由時，必須審慎考量社會整體效益的優先性是否凌駕在他人的基本權利或自由之上。像是興建水庫時，政府必須徵收水庫內的土地，造成為了多數人的民生用水需求，當地少數居民不得不遷徙的現象。

另一個案例則為變電所在轉換來自發電廠的高電壓的過程中，所產生的電磁波會危害當地居民產生的健康，如中樞神經、免疫及神經系統失調，輕者恐神經衰弱、頭暈頭痛，重者恐白血球減少、生殖系統機能下降，這也是為什麼沒有人會贊同變

電所設置在自家附近。同樣的例子還有垃圾掩埋場——每個人都會製造垃圾，沒有人會反對垃圾掩埋場的設置，但是很少會有人同意垃圾掩埋場設在居家旁邊。

效益論的論點常導致社會的大多數人獲利，但某一族群卻獨自受害或承擔風險的不平等狀況；因此，應明確釐清工程專案的受益者與受害者利益得失。若最後實行工程專案會造成受害者損失巨大，如何補償受害者就是另外一件不容忽視的議題。

### 5. 成本效益分析的盲點

「成本效益分析」是效益論評估善惡的依據。估算一個工程專案的成本或既定利益並非難事，但是估算此工程專案會產生的後果或會對環境帶來的影響卻絕非易事，更不用說有些後果或影響可能要等到若干年後才會浮出檯面。此時「成本效益分析」就容易產生盲點。

有經驗的工程公司通常可以快速估算出水庫的興建成本以及預期效益，例如土地徵收、水庫設計及營建等費用與水庫蓋好後，會對人類產生的具體利益；然而，水庫對環境、生態及物種的影響卻難以估算出明確的數字。

埃及尼羅河上游的亞斯文高壩（Aswan Dam）自1970年完工後，有效降低了1973年間的洪患與1972-1973、1983-1984年間的旱災所造成的危害，使得整個非洲大陸在鬧饑荒的時候，埃及的糧食卻能自給自足（圖2-6）。

亞斯文高壩每年發電量雖高達100億度，大大改善了電力不足的情況，然而，古蹟沉沒在水庫底下的代價與移民遷建的投資遠遠超過興建亞斯文高壩後得到的效益，水壩興建後更對環境與生態產生了嚴重的衝擊——水壩攔截尼羅河上游流經的泥沙，導致水壩淤積、有效蓄水量減少、調節性能降低，也造成下游的可耕農地逐漸變得貧瘠、面積受到侵蝕，尼羅河三角洲的土地也日益下沉，進而影響該地稻米的種植情況。根據專家估計，尼羅河三角洲如果每年以大約5毫米的速度下沉，不消幾十年，埃及將會損失15%左右的可耕地，屆時上千萬的人口將不得不離鄉背井，尋找其他發展機會[15]。

關鍵說明
亞斯文高壩難題

地中海

尼羅河三角洲

內蓋夫沙漠

西奈半島

下埃及

上埃及

尼

羅

河

蘇伊士運河

亞喀巴灣

撒哈拉東部沙漠

帶

狀

綠

洲

撒哈拉西部沙漠

Wadi Hammamat

圖 2-6　埃及尼羅河上游的亞斯文水壩自
興建後不斷攔截泥沙，使尼羅河三角洲
的海岸線受海浪侵蝕而不斷向後退縮。

亞斯文
亞斯文高壩

「成本效益分析」最大的盲點在於並非所有價值都能量化，在只將可量化的價值與效益納入考量的狀況下，往往容易導致評估方向錯誤，淪為政策的背書。當代效益論者黑爾（R.M.Hare）主張以「直覺」加上「批判」兩個層次來進行道德思考（圖2-7）。「直覺」層次是指一般常見的道德問題，依賴習以為常的道德原則來處理，例如誠實、守信與守法等。當道德問題非「直覺」層次可以解決時，就會進入到「批判」層次。當道德問題進入到「批判」層次時，由於「批判」層次是依據效益論進行思考，道德問題到最後通常都可以解決[16]。

圖 2-7　當代效益論者黑爾

## 二、義務論

「義務論」又稱為「道義論」，為德國哲學家伊曼努爾‧康德（Immanuel Kant）所提倡（圖2-8）。「義務論」強調動機的純潔性與至善性，主張義務來自人的內在理性，也就是責任[17]。

### （一）義務論的特點

#### 1. 道德價值的關鍵在於動機

圖 2-8　義務論提倡者康德

只有出於「善」的行為才有道德價值。換句話說，行為的動機是為了履行道德義務。

#### 2. 道德對錯的關鍵在於行為本身的特性

道德上對的行為必須能通過「定言令式」（categorical imperative）的檢驗。

「定言令式」又稱絕對命令，是指不管行為的目的是什麼，都要這麼做的絕對道德規則，如「不管對方是誰，你都不可以殺人、食言及背信」。「定言令式」常以「無論如何，你都應該……」的狀態呈現。「假言令式」則是指出於對目的的需求，所以才會採取此行為的手段[18,19]。

## （二）義務論的優點 [18、19]

### 1. 普遍性

義務論認為道德規則要能適用於每種情境，例如「任何人都不能殺人」無論何種狀況都適用。

### 2. 公正性

義務論要求以相同的道德法則對待每個人，沒有人可以要求特別的待遇。

### 3. 對人的尊重

義務論肯定個人擁有終極價值與內在價值，道德法則不能被當成達到社會整體效益的手段或工具。

## （三）義務論的缺點

1. 義務論的普遍性並非能適用於所有情況，無法普遍化的例外在不同的狀況下也會被實踐。

2. 義務論過於強調理性，忽略感性可以驅使行為，更不用說理性並不一定是行為的唯一目的。

3. 義務論以動機判斷行為是否合乎道德，這樣的作法並未提供實質的基礎。因為除了當事人之外，沒有人能明確知道其行為的動機。

4. 義務論有可能支持不道德的行為——義務論的普遍性使得道德法則有極大程度依賴個人的主觀意識，驅使自身的準則成為所有人採用的行為依據。而這種主觀性可能導致某些道德法則允許令人厭惡的行為。例如，「殺光所有黑人」或「謀殺所有猶太人」都是被某些種族主義者普遍化而產生的。

## 三、權利論

英國哲學家約翰・洛克（John Locke）是權利論的提倡者（圖2-9）。他認為人皆有生命、自由與財產權的基本權利，政府只有在取得人民的同意，並且保障人民擁有這些基本權利時才有正當性。這些權利在1776年美國獨立時，被美國開國元勳列入獨立宣言之內。權利論主張不僅人人有基本權利，而且他人也有義務尊重這些基本權利。

圖 2-9　權利論提倡者洛克

當一個人或是一個族群的基本權利與社會上大多數人的基本權利互相衝突時，應該如何決定誰有優先的基本權利呢？如興建水庫或高速公路等公共工程時，就必須徵收水庫或道路附近的私人土地。由於權利論主張人民的財產權是基本權利，任何人、組織或是政府皆無法剝奪他們擁有土地的權利，因此只要有一個人反對，就足以使整個水庫、公路或任何必須徵收土地的公共工程計畫停擺[3]。

## 四、德行論

德行論（Virtue Ethics）是規範倫理學中的一個理論。它聚焦於道德主體，也就是行為的推動者。換句話說，道德主體的性格就是其倫理行為的推動力。德行論不依據任何單一的標準去判斷行為是否合乎道德，而是由整體判斷。

德行論主張道德的功能在於培養人的德行，例如負責任、誠實、能力與忠心等。它主張道德該關心的問題是「我應該成為怎樣的人？」，而非「我應該做什麼樣的事？」。

德行論的重點在於做人處世的基本態度，而不是行為的對錯。德行論學者認為德行是一種道德特性與優點。一個有德行的人處處展現良好的品性，自然會做善事。德行論要求人修養品德，好讓個人與群體皆能具有完善的「做人道德」。希臘哲學家柏拉圖、亞里斯多德與中國的孔子都是德行論的代表人物[20]。

德行論重視人的性格特質，而不是道德規則或應行的義務。其主張有些德行的判斷可以單獨地確認有效性，不必訴諸行為的正當性，強調一個以善的性格為前提的行為才是對的行為。德行論比較適合用來作為個人道德的評判，而非工程、企業等專業倫理。然而，由於專業工作是由個人所執行，個人道德自然會與專業的成效或倫理有關。畢竟一個有德行的人，做人處事很難不符合美德。

## 五、理論的應用

倫理理論雖然是用來判斷行為善惡的標準，但由於倫理理論不是科學定律，並無絕對的對錯可言，更遑論每種理論的主張都大不相同。

那如何將這些理論應用於執行專業所遭遇的倫理困境呢？

當我們遭遇倫理問題時，必須先由不同的角度來剖析問題，同時探討每一個理論在這個困境所能實行的解決方案，最後綜合所有的方案，研擬出一個最適合的解決辦法。切記在使用倫理理論進行分析時，不該因為某理論對自身最有力，而選擇作為解決方案的理論基礎[3]。

以在人口密集區設置一個農藥製造工廠為例，就算它的製程與汙染物的排放符合現行環保與工安法規，然而由於其原料中含有許多高毒性與高危害性物質，萬一不小心洩漏，將會嚴重危害附近居民的健康與環境。權利論便會主張將農藥製造工廠設置在人口密集區的這種行為是不道德的，因為它存在著傷害許多居民的危機。

以效益論分析的結果則指出，此農藥工廠的設立雖然可以提高公司利潤、增加地方政府的稅收並帶給當地一、兩百人的就業機會，但是其潛在的危害的安全風險太高。

如要將風險降至最低危害的程度之內，不僅投資的廠商必須大幅增加安全設施，地方政府也必須提升消防與緊急疏散的能力。

因此，設置農藥工廠所帶來的經濟效益與在與對居民所造成的恐懼心理相比下，根本顯得微不足道。德行論認為在人口稠密地區儲存、應用與運輸高毒性與高危害性物質是一種不負責任、對每個人都有害無益的行為，這種行為從一開始就不應該被允許。在這種情況下，幾乎每個理論所得出的結論都是一樣的——人口密集區不該設置農藥製造工廠。

以興建水庫為例，不同倫理理論所得到的結論則與上述情況不同。權利論及義務論的支持者認為，興建水庫得強制徵收水庫區內的土地，但是這樣會導致當地居民的居住受到侵犯，違反了居住正義；因此權利論及義務論皆會反對興建水庫。

效益論的支持者則會贊成這個計畫，他們認為水庫興建後，不僅可以解決周遭約兩百萬人的飲水問題，再加上水庫還具備防洪與灌溉功能，對整個地區可以帶來極大的效益。遇到這種極端的狀況時，就必須非常謹慎地分析利弊得失。一般而言，應該優先考量權利論及義務論的看法，畢竟一個民主社會不應該為了整體的社會利益而犧牲、侵犯個人或少數人的權利。公正判斷利弊得失的技巧，則會在後續的章節陸續探討到。

# Review
## 重點整理

### 1. 倫理學四大學說

| 倫理學 | 定義 |
|---|---|
| 後設倫理學 | 僅探討倫理概念的理論意義與本質，例如探討道德與不道德的涵義與分別，但不關心實際或日常生活上所遇到的問題。 |
| 規範倫理學 | 針對各種的道德觀念進行評斷，並且會對正確或錯誤的行為給予道德準則建議，也就是說，遇到道德問題時，人們應該如何處理這些問題，即屬於規範論理學的範疇。規範倫理學主要又可分為目的論（Teleological Theory）、義務論（Deontological Theory）、權利論（Rights Theory）與德行論（Virtue Ethics）四種。 |
| 描述倫理學 | 探討的則是一社會族群共同的倫理觀，包括風俗、禮儀、法規、善惡標準等範圍。 |
| 應用倫理學 | 是一門將倫理學理論應用於生命、環境、政治或專業（醫學、法律、企業、新聞、工程及行政等）等特定領域的學說。應用倫理學的理論經常被應用於制定公共政策或解答個人所遭遇的難題上。 |

### 2. 目的論、義務論、權利論、德行論比較

| 規範倫理學 | 定義 |
|---|---|
| 目的論 | 注重後果，意即行為的對錯取決於後果的好壞。 |
| 義務論 | 注重行為本身，行為的對錯取決於行為本身及動機。 |
| 權利論 | 主張人類有基本的權利。 |
| 德行論 | 認為行為者的性格就是倫理行為的推動力。 |

## 3. 效益論

| 又名 | 功利論、功利主義 |
|---|---|
| 定義 | 主張以謀取社會大多數人的最大幸福作為道德評判的標準。 |
| 提出學者 | 19 世紀的英國哲學家傑瑞米・邊沁（Jeremy Bentham） |
| 特點 | 1. 行為對錯的標準在於「一件事或一個行為是否能促進最大多數人的最大幸福」。<br>2. 強調後果的重要性，亦即行為的後果決定了行為的對錯。<br>3. 任何能獲得最大多數人利益的手段都是好的手段。 |
| 優點 | 1. 單一明確<br>2. 較不會產生道德衝突或困境<br>3. 是決定公共政策的最佳原則 |
| 缺點 | 1. 公正原則無視私人關係<br>2. 消極責任限制行為者的行為<br>3. 不存在所謂超義務行為<br>4. 違反分配正義<br>5. 成本效益分析易有盲點 |
| 其他 | 邊沁的學生約翰・彌爾（John Stuart Mill）則延續邊沁「最大幸福原理」的理論，認為幸福的「質」比「量」重要，知識與道德上的幸福遠比物質與肉體上的更來得有價值。 |

## 4. 義務論

| 又名 | 道義論 |
|---|---|
| 定義 | 強調動機的純潔性與至善性，主張義務來自人的內在理性，也就是責任。 |
| 提出學者 | 德國哲學家伊曼努爾・康德（Immanuel Kant） |
| 特點 | 1. 道德價值的關鍵在於動機<br>2. 道德對錯的關鍵在於行為本身的特性 |

| 優點 | 1. 普遍性：義務論認為道德規則要能適用於每種情境。 |
|------|------|
| | 2. 公正性：義務論要求以相同的道德法則對待每個人，沒有人可以要求特別的待遇。 |
| | 3. 對人的尊重：義務論肯定個人擁有終極價值與內在價值，道德法則不能被當成達到社會整體效益的手段或工具。 |
| 缺點 | 1. 義務論的普遍性並非能適用於所有情況，無法普遍化的例外在不同的狀況下也會被實踐。 |
| | 2. 義務論過於強調理性，忽略感性可以驅使行為，更不用說理性並不一定是行為的唯一目的。 |
| | 3. 義務論以動機判斷行為是否合乎道德，這樣的作法並未提供實質的基礎。因為除了當事人之外，沒有人能明確知道其行為的動機。 |
| | 4. 義務論有可能支持不道德的行為——義務論的普遍性使得道德法則有極大程度依賴個人的主觀意識，驅使自身的準則成為所有人採用的行為依據。而這種主觀性可能導致某些道德法則允許令人厭惡的行為。例如，「殺光所有黑人」或「謀殺所有猶太人」都是被某些種族主義者普遍化而產生的。 |

## 5. 權利論

| 定義 | 主張不僅人人有基本權利，而且他人也有義務尊重這些基本權利。 |
|------|------|
| 提出學者 | 英國哲學家約翰‧洛克（John Locke） |

## 6. 德行論

| 定義 | 主張道德的功能在於培養人的德行，例如負責任、誠實、能力與忠心等。它主張道德該關心的問題是「我應該成為怎樣的人？」，而不是「我應該做什麼樣的事？」 |
|------|------|
| 特點 | 德行論比較適合用來作為個人道德的評判，而非工程、企業等專業倫理。然而，由於專業工作是由個人所執行，個人道德自然會與專業的成效或倫理有關。畢竟一個有德行的人，做人處事很難不符合美德。 |

# Chapter
# 03　工程倫理守則

**工程倫理為「工程師設計產品、系統或提供顧問服務時，應用於判斷與行為上的哲學與道德系統」。**

——蓋兒·寶拉（Gail D. Baura）

1907 年 8 月 29 日，加拿大魁北克聖勞倫斯河（Saint Lawrence River）上鐵路、公路與人行道共用的魁北克大橋崩塌，導致 75 人死亡。當時魁北克大橋長達 550 公尺，是世界上最長的橋。魁北克大橋重建後，又於 1916 年 9 月 11 日再度崩塌，造成 11 人死亡[1]（圖 3-1~3-3）。

跨越加拿大聖勞倫斯河、美國阿什塔比拉河與英國泰河等河流大橋的崩塌對工程師的名譽與信心產生深刻的衝擊。促使整個工程行業積極檢討技術與營建工程所存在的缺失，並且思考制訂倫理守則的必要性。

圖 3-1　1907 年第一次崩塌後的魁北克大橋

圖 3-2　1916 年第二次崩塌後的魁北克大橋

圖 3-3　魁北克大橋現況

# 3-1
## 倫理守則要項

倫理守則是一個專業團體、機關或企業要求其成員在執行任務時所應遵守的行為準則,其中包括使命、價值觀及道德觀,與面對並解決下列問題的態度及原則等要項:

1. 對客戶、雇主、同儕的責任與義務。

2. 合約、交易。

3. 保守業務機密。

4. 與社會的關係。

5. 爭議。

# 3-2
## 倫理守則類型

倫理守則依照內容與目的,可以分成兩種類型[2]:

### 一、承諾型或規範型(compliance based)

內容包括預防、偵測與罰則等,應用嚴格的規範與紀律以確保與督促成員遵守專業倫理原則與相關法規。此類守則有點像宗教組織或軍隊的戒律,注重於消極的「不得」或「不該」的行為,而不積極鼓勵或培養成員「道德自治」的能力,也不授權成員在面臨道德兩難時,獨立做出適當的判斷與決策。

### 二、廉正型(integrity based)

雖然也包含規範或紀律,但其重點在於宣揚或推廣適當的倫理行為與選擇,而非禁忌或戒律。此類守則強調與鼓勵積極性的倫理行為,引導與培養成員「道德自治」的能力,發揮「道德勇氣」,做正確的事。此類守則的缺點在於缺乏罰則,往往流於形式與理想。

依照篇幅的長短，倫理守則則可區分為簡短與詳盡兩類。美國土木、機械、化工與電機電子等工程師學會的倫理守則是以簡短、通則的方式呈現，每篇僅三四百字。國家專業工程師協會不僅字數多達3382，而且內容詳盡，包括前言、基本準則（6條）、實施細則（5條、19款）、專業責任（9條、29款）等。行政院公共工程委員會的守則介於兩者中間，其中含基本守則8條、實施細則32條與解說。

這兩類守則的差異與作者的哲學觀有很大的關係。簡短的守則清楚地闡明一般性的原則，具備「架構」的功能，較冗長的守則容易閱讀與理解。長篇守則可以更精確地敘述細節，並且涵蓋較為廣泛的範圍，留給個人較少的想像空間，因此，可以更有效地應用於某些特殊的案例上。然而，由於守則較長，不適於閱讀或徹底瞭解[3]。

# 3-3
# 倫理守則功能

倫理守則具有下列功能[2,4]：

## 一、正當性與權威性

專業學會的倫理守則通常必須先通過建立廣泛共識與獲得多數同意等程序，然後才可以實施，因此對於約束會員行為具有極大的正當性與權威。

## 二、啟發與指引

守則不僅啟發及激勵成員從事倫理行為、提供在面臨倫理問題時的指引，並且明確說明所應遵守的義務與責任。

## 三、鮮明的立場表示

倫理守則是白紙黑字的依據，是工程師抵擋威脅壓迫的盾牌。當專業團體成員因執奉行倫理守則而面臨雇主壓力或法律糾紛時，可以應用倫理守則作為辯解的依據。

## 四、組織紀律

倫理守則的內容大致反應了整個組織對於各種專業行為的規範標準。假若發生任何行為違反規範標準，則可以用倫理守則來維護紀律，例如停權或中止會員資格。

## 五、教育與互信

守則可以作為專業倫理的教材，以提升道德議題的討論、意見交流，並且鼓勵成員、政府或客戶之間互相信任與了解。

## 六、提升專業形象

守則可以展現專業團體的良好與正面形象，協助成員能有效地服務社會。專業團體的形象與個人或企業類似，形象良好的團體易於被社會信任與接受。

## 七、共同標準

由於團體成員眾多，道德標準與宗教信仰皆不相同，必須建立一些執行專業任務時所公認的倫理準則與標準，以避免意義的衝突與糾紛。

# 3-4
# 倫理守則內容

為了理解倫理守則的概念與功能，在此仔細探討美國土木、機械、化工、電機電子工程師學會與美國國家專業工程師協會的內容。這些守則皆包括下列部分（表3-1）：

1. 社會責任：公共安全、環境與福祉、誠實發表聲明、促進技術理解、尊重智慧財產權。

2. 與顧客關係：忠誠代理人、在能力範圍內提供服務。

3. 對同事態度：公平對待、協助進修。

4. 個人操守、能力：拒絕賄賂、接受批評、提升道德、名譽與能力。

表 3-1　美國工程師組織倫理守則彙總表

| 關係 | 內容 | 學會 | 項次 | 條文 |
|---|---|---|---|---|
| 社會責任 | 公共衛生與福祉 | IEEE | 基本準則 1 | 決策時，肩負符合公共安全、衛生與福祉的責任，並即時披露可能危害社會大眾或環境的因素。 |
| | | ASME | 基本準則 1 | 執行專業時，必須堅持公共安全、衛生與福祉為最重要的責任。 |
| | | | 基本準則 8 | 執行專業時，必須考慮環境衝擊與永續發展。 |
| | | ASCE | 基本準則 1 | 執行專業工作中，必須堅持公共安全、衛生與福祉。 |
| | | AIChE | 基本準則 1 | 視安全、衛生與社會福祉為專業的最重要職責。 |
| | | NSPE | 基本準則 1 | 視公共安全、衛生與福祉為最重要的職責。 |
| | | 工程會 | 基本守則 7 | 落實安全環保，增進公眾福祉。 |
| | | | 基本守則 8 | 重視自然生態，珍惜地球資源。 |
| | 誠實發表聲明 | IEEE | 基本準則 3 | 以誠實與真實的態度，依據現有的數據陳述或估計。 |
| | | ASME | 基本準則 7 | 以客觀誠真實的態度，發表公共聲明。 |
| | | ASCE | 基本準則 3 | 以客觀與真誠的態度發表公開聲明。 |
| | | AIChE | 基本準則 4 | 以客觀及誠實的態度，發表聲明或提供資訊。 |
| | | NSPE | 基本準則 3 | 只以客觀、真實的態度，發表公開聲明。 |
| | 促進技術理解 | IEEE | 基本準則 5 | 促進技術的理解、適用範圍與所可能產生的後果。 |
| | | ASME | 基本準則 5 | 尊重他人專利與智慧財產權，包括工程領域中慈善組織與專業協會。 |
| 與顧客關係 | 忠誠代理人 / 利益衝突 | IEEE | 基本準則 2 | 避免實際或察覺到的利益衝突，當此類情況發生時，通知所影響的單位。 |
| | | ASME | 基本準則 4 | 專業事務上，必須以忠誠的代理人或委託人的身份，代表雇主或顧客，並且避免利益衝突或類似的現象發生。 |
| | | ASCE | 基本準則 4 | 以雇主或顧客忠誠代理人或授信人身份，執行工作，並避免利益衝突。 |
| | | AIChE | 基本準則 5 | 在專業事務上，對每一個雇主、顧客，以忠誠代理人或代理人的身分工作，並且避免利益衝突。 |

| 關係 | 內容 | 學會 | 項次 | 條文 |
|---|---|---|---|---|
| 與顧客關係 | 忠誠代理人/利益衝突 | NSPE | 基本準則 4 | 以忠誠代理人或受託人的身份，代表雇主或客戶，執行專業任務。 |
| | | 工程會 | 基本守則 4 | 維護雇主權益，嚴守公正誠信。 |
| | 服務範圍 | IEEE | 基本準則 6 | 維持並提升個人的技術能力，並且只能在個人的訓練、經驗範圍內，或在公開相關限制的情況下，提供技術性任務。 |
| | | ASME | 基本準則 2 | 工程師僅能在自己勝任的領域內，提供服務。 |
| | | ASCE | 基本準則 2 | 工程師必須在他們所勝任領域中提供服務。 |
| | | AIChE | 基本準則 7 | 僅於自己勝任的領域內，執行專業服務。 |
| | | NSPE | 基本準則 2 | 只在自己能力範圍內，提供服務。 |
| | | 工程會 | 基本守則 5 | 體察業主需求，達成工作目標。 |
| 對同事態度 | 公平對待同事 | IEEE | 基本準則 8 | 公平對待所有同事與共同工作的人。 |
| | | AIChE | 基本準則 6 | 公平對待每一位同事，並認同他們獨特的貢獻及能力。 |
| | | 工程會 | 基本準則 3 | 發揮合作精神，共創團隊績效。 |
| | | | 基本準則 6 | 公平對待包商，分工達成任務。 |
| | 協助同事進修 | IEEE | 基本準則 10 | 協助同事與共同工作的人的專業發展，並且支持他們遵循倫理守則。 |
| | | ASME | 基本準則 3 | 不斷地提升專業能力，並且提供部屬提昇專業與倫理發展的機會。 |
| | | ASCE | 基本準則 7 | 不斷地進修，以提升專業能力，並且提供部屬進修的機會。 |
| | | AIChE | 基本準則 9 | 不斷進修，以提升專業能力，並且提供部屬進修的機會。 |
| 個人操守與能力 | 提升技術能力 | IEEE | 基本準則 6 | 維持並提升個人的技術能力，並且只能在個人的訓練、經驗範圍內，或在公開相關限制的情況下，提供技術性任務。 |
| | | ASME | 基本準則 3 | 在專業生涯中，必須不斷地提升專業能力，並且提供部屬提昇專業與倫理發展的機會。 |

| 關係 | 內容 | 學會 | 項次 | 條文 |
|---|---|---|---|---|
| 個人操守與能力 | 提升技術能力 | ASCE | 基本準則 7 | 必須不斷地進修，以提升專業能力，並且提供部屬進修的機會。 |
| | | AIChE | 基本準則 9 | 必須不斷進修，以提升專業能力，並且提供部屬進修的機會。 |
| | | NSPE | － | － |
| | | 工程會 | 基本守則 2 | 涵蘊創意思維，持續技術成長。 |
| | 道德、名譽 | IEEE | 基本準則 9 | 避免以虛假或惡毒的行為，傷害他人的肢體、名譽或工作。 |
| | | ASME | 基本準則 9 | 除非有充分理由，並以相關法規、政策與程序為基礎，不得對其他工程師進 行道德制裁。 |
| | | | 基本準則 6 | 只與名譽良好的個人或組織合作。 |
| | | | 基本準則 10 | 遵守憲法、法律、學會政策，發現成員違反守則時，應通知倫理審查委員會。 |
| | | ASCE | 基本準則 6 | 在服務品質上，建立自己的名譽，並且不可應用不公平的手段與他人競爭。 |
| | | AIChE | 基本準則 2 | 如發現它們的責任所引發的後果會危及同僚或社會大眾的健康與安全時，必須正視報告雇主或顧客。 |
| | | AIChE | 基本準則 10 | 不容忍騷擾。 |
| | | | 基本準則 11 | 舉止公平、高尚與尊重。 |
| | | NSPE | 基本準則 5 | 避免詐欺行為。 |
| | | | 基本守則 6 | 為人處事誠實、負責、合乎倫理、遵守法律，以提升專業榮譽、名譽。 |
| | | | 專業責任 7 | 工程師不應直接或間接地、惡毒或虛偽的損壞其它工程師的專業聲望、前景、業務或職務。 |
| | | 工程會 | 基本準則 1 | 善盡個人能力，強化專業形象。 |
| | 拒絕賄賂 | IEEE | 基本準則 4 | 拒絕接受任何形式的賄賂。 |
| | | ASME | 基本準則 4-5 | 工程師不得直接或間接地索取或接收禮物。 |

| 關係 | 內容 | 學會 | 項次 | 條文 |
|---|---|---|---|---|
| 個人操守與能力 | 拒絕賄賂 | ASCE | 基本準則 6 | 堅持與促進工程專業的榮譽、廉潔、與尊嚴，不應賄賂、貪汙與欺詐。 |
| | | NSPE | 實施細則 4-3 | 不得直接或間接地向與其所負責的工作相關的個人或單位，索取財物或其它有價的報酬。 |
| | 接受批評／認同貢獻 | IEEE | 基本準則 7 | 對技術性的工作，尋求、接受與提供誠實的批評，接受與改正錯誤，並且認同他人的貢獻。 |
| | | AIChE | 基本準則 3 | 擔負起個人行為的責任，並且認同別人的貢獻，尋求對自己工作成果的批評，並以客觀的態度批評他人的工作成果。 |

民國22（1933）年，所公布的中國工程師學會信守規條共有6條，皆以禁止不當行為的方式界定工程師對雇主、客戶與同儕的責任。1940年，學會除將中國工程師信守規條改名為中國工程師信條外，並修正為8條準則。由於當時正值對日戰爭時期，此8條準則充滿了政治語言，將「遵從國家之國防經濟建設政策，實現國富實業計畫」與「認識國家民族之利益高於一切，願犧牲自由貢獻能力」分別列為第一、二條。

1976年與1996年再次修改後，成為現行版本。1996年修訂的《中國工程師信條》，是一個內涵豐富而兼有操作性的工程師專業倫理守則，它不僅清楚地說明了工程師對社會、專業、雇主與同僚的責任，還列出實行細則：

1. 工程師對社會的責任

   (1) 守法奉獻：恪遵法令規章，保障公共安全，增進民眾福祉。

   (2) 尊重自然：維護生態平衡，珍惜天然資源，保存文化資產。

2. 工程師對專業的責任

   (1) 敬業守分：發揮專業知能，嚴守職業本分，做好工程實務。

   (2) 創新精進：吸收科技新知，致力求精求進，提升產品品質。

   (3) 互信互利：建立相互信任，營造雙贏共識，創造工程佳績。

3. 工程師對同僚的責任

    (1)  分工合作：貫徹專長分工，注重協調合作，增進作業效率。

    (2)  承先啟後：矢志自勵互勉，傳承技術經驗，培養後進人才。

    民國95年，行政院公共工程委員會參考各國工程倫理規範及實務常見問題，除建立8大構面、8個基本信條與實施外，並出版包含解說、實施細則與案例的工程倫理手冊，以供工程師參考[5]，並於民國109年更新為第二版本，使內容與時俱進：

1. 個人：因循苟且、公物私用、違建、執照租(借)、身份衝突等。

2. 專業：職業忠誠、智慧財產權、勝任、隱私權、業務機密、永續發展等。

3. 同儕：主管領導、部署服從、群己利益衝突、爭功諉過等。

4. 雇主／組織：忠誠、兼差、文件簽署、虛報及謊報、銀行超貸、侵占等。

5. 業主／客戶：人情壓力、綁標、利益輸送、貪瀆、機密或底價洩露、合約簽署、據實申報、據實陳述、業務保密、智財權歸屬等。

6. 承攬商：贈與餽贈、回扣、圍標、搶標、工程安全、工程品質、惡性倒閉、合約管理等。

7. 社會：黑道介入、民代施壓、利益團體施壓、不法檢舉、歧視、公衛公安、社會秩序等。

8. 環境：污染、生態失衡、資源浪費等。

    由表3-2所列出各國工程師組織倫理守則比較可知，各組織的重點皆不相同。公共工程委員會所綜合出的倫理守則考慮層面比較廣泛，而且均衡。

表 3-2　各國工程師組織倫理守則比較 [6]

| 國家 | 美國 | | | 日本 | | | 德國 | 新加坡 | 香港 | 中國 | 中華台北 | 中華民國 |
|---|---|---|---|---|---|---|---|---|---|---|---|---|
| | NSPE | ASCE | IEEE | JSCE | 工程師學會 | 建設顧問協會 | VDI | PEB | NSPE | 工程師學會 | APEC | 土木技師公會 |
| 個人 | 20% | 20% | 16% | 15% | 30% | 13% | 0% | 27% | 8% | 11% | 0% | 20% |
| 專業 | 34% | 28% | 16% | 30% | 30% | 32% | 66% | 22% | 25% | 16% | 25% | 35% |
| 同僚 | 2% | 6% | 16% | 10% | 20% | 10% | 0% | 2% | 6% | 20% | 25% | 0% |
| 雇主／組織 | 18% | 14% | 16% | 5% | 0% | 6% | 0% | 18% | 22% | 16% | 0% | 0% |
| 業主／客戶 | 10% | 9% | 20% | 10% | 20% | 26% | 0% | 16% | 22% | 15% | 24% | 27% |
| 承攬商 | 6% | 3% | 4% | 0% | 0% | 3% | 0% | 4% | 0% | 0% | 0% | 0% |
| 人文／社會 | 8% | 20% | 12% | 20% | 0% | 10% | 27% | 11% | 11% | 11% | 13% | 18% |
| 自然環境 | 2% | 0% | 0% | 10% | 0% | 0% | 7% | 0% | 6% | 11% | 13% | 0% |

# 3-5
# 倫理守則缺點

倫理守則有下列幾個缺點：

## 一、缺乏罰則與強制力

專業組織由會員所組成，倫理守則雖然提供會員遵守或參考的責任與處事準則，但與法律不同，沒有罰則與約束力。許多參加專業學會的工程師們，也不曉得倫理守則的存在，或者即使知道，也從未認真閱讀過。何況更多的工程師並非專業組織的會員，不知道也不理會倫理守則，自然無法強制所有的工程師遵循這些守則。守則往往淪為裝飾門面的工具。

## 二、守則條文相互衝突

守則條文相互衝突，但守則或專業組織卻未提供解決衝突的方法[6]。例如，當僱主要求或命令工程師去執行一項任務，而工程師認為不安全時，就會產生這樣的問題。很清楚的是在這樣的情況下，如果工程師不接受命令，可能就會喪失工作。依據美國國家專業工程師協會守則的第1條第4款「工程師應對其僱主負責」，工程師必須聽從僱主的要求，去執行這項不安全的任務。然而，守則的第一條第一款與導言則卻明白地宣示：「公共安全也是工程師的重要考量」。到底公共安全比較重要，還是雇主的要求呢？如何解決這樣的衝突呢？

## 三、倫理守則未必能保護員工

當員工受到僱主的壓力，從事不道德的行為，或當員工控告僱主或政府從事不道德行為時，員工可以把倫理守則當作攻擊或防禦的工具，以對抗因員工告發公司不道德行為而處罰員工的僱主，與接受從事不道德行為要求的僱主。專業學會應該主動出面支持員工；然而，這並不表示專業學會的強烈支持與工程師遵守守則的行為會在法庭上占得上風。

美國電機電子工程師學會就曾在法庭上支持因檢舉列車的控制系統設計與測試中出現瑕疵，而被灣區捷運系統（Bay Area Rapid Transit System, BART）組織免職的三位工程師。這些工程師在免職後控告灣區捷運系統，並在法庭上引述電機電子工程學院的倫理守則。然而，這幾位工程師最後並沒有贏得官司，而是被迫在法庭外和解[7]。

　　專門職業公會所制定的倫理規範中，有些條文表面上是促使會員提供較優良的專業服務，但是卻破壞了市場公平競爭原則。2013年12月16日，全美音樂教師協會（Music Teachers National Association Inc., MTNA）及加州法律協助專業協會（California Association of Legal Support Professionals, CalsPro）與美國聯邦交易委員會（FTC）達成和解協議，同意停止執行並修正協會倫理規範中有違休曼法或聯邦交易委員會法（FTC Act）規定的條款，同時亦同意從事為期5年的反托拉斯遵法（antitrust compliance）訓練[7]。

# Review
## 重點整理

### 一、倫理守則的類型

| 類型 | 內容 |
|---|---|
| 承諾型或規範型（compliance based） | 包括預防、偵測與罰則等，應用嚴格的規範與紀律以確保與督促成員遵守專業倫理原則與相關法規。 |
| 廉正型（integrity based） | 也包含規範或紀律，但其重點在於宣揚或推廣適當的倫理行為與選擇，而非禁忌或戒律。 |

### 二、倫理守則的功能

1. 正當性與權威性。

2. 啟發與指引。

3. 鮮明的立場表示。

4. 組織紀律。

5. 教育與互信。

6. 提升專業形象。

7. 共同標準。

## 三、倫理守則的內容

1. 社會責任：公共安全、環境與福祉、誠實發表聲明、促進技術理解、尊重智慧財產權。

2. 與顧客關係：忠誠代理人、在能力範內提供服務。

3. 對同事態度：公平對待、協助進修。

4. 個人操守、能力：拒絕賄賂、接受批評、提升道德、名譽與能力。

## 四、倫理守則缺點

1. 缺乏罰則與強制力。

2. 守則條文相互衝突。

3. 倫理守則未必能保護員工。

# Chapter 04 工程師的權利、責任與義務

**專業良知是工程師最基本的權利。**
——麥克‧馬丁（Mike.W. Martin）與諾蘭‧勳津格（Roland Schinzinger）

1986 年 1 月 28 日，挑戰者號太空梭進行代號 STS-51-L 的第十次太空任務。升空後 73 秒，太空梭爆炸解體墜毀，機上的 7 名太空人全部喪生。爆炸原因是由於右側固態火箭推進器上面的一個 O 型圈因溫度太低失效，導致一連串的連鎖反應。

由於機械故障與冷鋒過境等問題，第十次任務一再延遲。火箭推進器承包商莫頓賽奧科公司中的工程師代表艾倫‧麥當諾（Allan McDonald）與多位工程師試圖阻止挑戰者號災難發射，其中負責生產固體燃料推進器的兩位工程師羅傑‧博伊斯喬利（Roger Boisjoly）與阿尼‧強生（Arnie Johnson）依據 O 型圈受溫度變化的數據，判斷 O 型圈會因低溫影響而硬化，無法完全密封接合處，建議等待氣溫上升至華氏 54 度後再發射。然而，負責發射的經理未能接受他們的建議，堅持在華氏 29 度的氣溫下發射（圖 4-1）。

博伊斯喬利在國會調查委員會的聽証會上作證時，交出了莫頓賽奧科公司（Morton-Thiokol）內部設計流程的備忘錄、報告與設計過程中所面臨的問題。他的誠實舉動推翻了賽奧科公司的解釋，他也因此被同儕孤立。

1988 年，美國科學促進協會將「科學自由與責任獎」頒給羅傑‧博伊斯喬利，以表揚他所表現的誠實、廉潔與勇氣。

工程師在漫長的職業生涯中，必須理解自己的專業權利、責任與義務，否則難以順利完成任務。博伊斯喬利堅持自己的專業良知，全力阻止 1986 年挑戰者太空梭挑戰者號在惡劣的氣候下發射。如果當初管理階層接受他的建議，延緩發射，爆炸悲劇就不會發生。

**關鍵說明**
挑戰者號事件

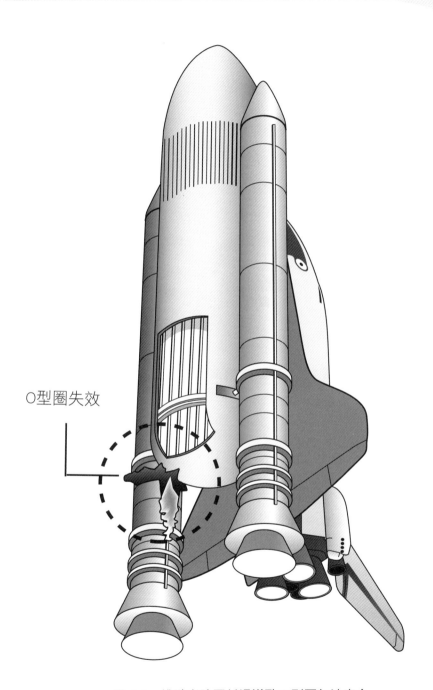

O型圈失效

圖 4-1　挑戰者號因低溫導致 O 型圈無法密合

# 4-1
## 專業權利

工程師的專業權利包括：

1. 專業良知。

2. 維護公共安全、衛生與利益。

3. 公開發表的自由（專業判斷與參與政治見解）。

4. 專業認可。

5. 提升個人能力（圖4-2）。

圖 4-2　工程師的專業權利

## 一、專業良知

專業良知是工程師最基本、也是最重要的權利，意指工程師可以依據自己的專業能力、經驗與道德良知，應用公認的工程技術標準或準則，獨立執行其專業責任。當他認為任務執行的過程或後果違反他的良知或道德時，他有權利提出疑問或拒絕從事不道德的行為。換句話說，雇主或企業不得要求或逼迫員工執行違反他們倫理觀念的行為，即使這些行為可能是這個地區業界的潛規則，例如：

1. 調整或修改實驗或測試數據，以符合法規或客戶的需求。

2. 誇大產品的功效，達到促銷的目的。

3. 不依據合理或業界公認的標準或準則進行工程設計。

4. 使用低品質的原物料，以降低成本。

　　雖然專業良知是工程師執行專業任務時最基本的權利，但是雇主往往不肯正視或理解這項權利。這並不表示雇主或企業缺乏專業倫理或道德的素養，而是他們習慣以利潤、企業經營與滿足客戶的需求的角度為出發點，而忽略了對於社會的責任與員工的專業良知。

　　為了保衛領土的完整性與人民的安全，任何一個國家皆致力於生產與研發殺人武器的國防工業。國防工業不僅雇用大量工程師，也帶動科學及技術的發展與經濟的繁榮。全球國防工業的興衰直接反映全世界和平與動亂程度。從民族主義的角度而言，從事國防工業是愛國的行為，值得鼓勵與讚揚；然而，以倫理的觀點而言，在國防工業服務的工程師卻是殺害人類與破壞環境的幫兇。有些人認為他們無法設計以殺人為最終目的的工具，因為他們無法忍受良心的苛責，即使殺害行為與他們無關，或者即使他們不參與，世界上仍然會有很多人投入這類工作。

　　當工程師被要求從事他認為違背他的道德良知的任務時，他應該檢視個人的價值觀與道德觀後，再做最後決定。不從事任何不合倫理的任務是一個人的基本權利，企業或雇主應該尊重個人的道德良知，只要他的道德觀或價值觀是社會所公認的。

## 二、維護公共安全、衛生與福祉

　　工程活動以建造為核心，其基本任務為設計與建設實體產品，工程品質直接影響社會的福祉與安全。高品質的工程固然提升社會大眾的生活品質，但是低品質的工程反而會引發嚴重的環境生態的破壞、財物損失與人員的傷亡。因此，「維護公共安全、衛生與福祉」不僅是工程師的權利，也是責任與義務。幾乎每一個工程師學會或團體的倫理守則都將它作為最高指導原則。

　　當工程師發現公司或客戶的利益與「公共安全、衛生與福祉」衝突時，工程師應以「公共安全、衛生與福祉」為最高準則，畢竟社會公義或公益遠大於與雇主或客戶之間的小義與小利。企業或客戶往往只以短期的利潤為導向，認為只要符合法規就可以過關，卻不考慮長期的後果與影響。由於社會大眾對於環境品質與員工安全的要求愈來愈高，工程師應該在資源的許可內盡量提升與環保、安全相關的標準。

## 三、公開發表的自由

　　工程師有權依據個人的專業判斷，公開發表對專業議題的意見、論文、專利等，即使這個意見違背了雇主或客戶的利益，但是不得洩漏企業或客戶的商業機密。工程師是國民，自然享有國民的權利，可以參與政治活動及發表與政治有關的言論。任何人皆不得違背他的基本人權；然而，人類的世界卻不是那麼單純。

　　任何一個企業皆不歡迎政治意識強的員工，畢竟企業是以營利為目的。員工熱中政治往往會影響企業的聲譽與中立性。工程師在公開場所發表非專業或與政治相關的意見時，必須審慎，以免個人的意識型態造成雇主與客戶不必要的糾紛與麻煩。

## 四、專業認可

　　專業認可包括：

1. 個人專業的表現與貢獻。

2. 發表專利、技術報告或學術論文，並獲得外界的認可。

3. 企業內的肯定，如升遷、加薪等。

4. 合理的酬勞。

## 五、提升個人能力

　　由於工程技術不斷地提升，工程師必須不斷地充實自己，不僅必須提升自己的專業能力，有時還須培養第二或跨領域專長，以免在全球化的激烈競爭下被淘汰出局。企業應該提供員工進修的機會，畢竟員工能力的提升對企業有百利而無一害，不僅可以擴展企業的業務範圍，而且優良的進修計畫有助於招募新進人員。

# 4-2
# 專業責任與義務

工程師的專業責任與義務可分為內部與外界兩種；內部是對於企業或雇主而言，而外界則為客戶、合作對象或社會國家。

在激烈的全球化競爭中，團隊精神是企業生存的必要條件。為維持良好的團隊精神，工程師必須具備共治（collegibility）、忠誠、尊重權威等素質[1]。工程師對於客戶、合作對象或社會國家的責任與義務可分為保密、避免利益衝突、避免職業犯罪與檢舉等四種（圖4-3）。

圖 4-3　工程師應具備的素質、責任與義務

## 一、共治

共治一詞係指為了達成共同的目標而努力，同僚之間所存在的相互尊重的彼此能力與義務的關係。它早期被用來敘述羅馬天主教會的主教與教皇的共同治理，有集體領導的意思。大學與研究機構的管理一直存在著共治的色彩，主要原因是學術界提倡思想獨立與相互尊重。共治可以推動專業的目的，強化工程師實踐專業標準的動機。

### （一）共治型管理的特色

1. 尊重他人的工作與意見：尊重是一種互利的行為，同事間相互尊重彼此的貢獻與專業，自然而然會形成一個成功的團隊。

2. 承諾道德原則：遵守組織或企業的道德決策、行動及目標，與專業的價值觀。

3. 聯結：指同事之間大公無私的相互承諾與了解。

## （二）共治的缺點

1. 可能被員工誤用或扭曲，成為一個偽善或相互掩護的團體。

2. 它可能會退化成一個以自我利益為目標的團體。

3.它可能僅專注於企業利潤而忽略了公共利益。

## 二、忠誠

忠誠係指對企業、專業與社會盡心竭力，赤誠無私，與人的態度、情感與身分的歸屬感有密切的關係。員工的忠誠度可以激發員工的主觀動能、創造力與潛力，並提高客戶的滿意度，直接影響企業的成敗：

1. 提升工作績效。

2. 維繫員工與組織間的穩定關係。

3. 增強企業的核心競爭力。

4. 減少組織的人員替換成本。

工程師對於專業或社會的忠誠與企業利潤與績效無關，卻與個人的自我認知與自尊有密切的關係。它可以說是一種美德，而非責任或義務。一個對專業忠誠的工程師對自已的能力與操守有很大的期許，絕對不會偽造數據、欺詐或做出危害社會及汙染環境的行為。

## 三、尊重權威

權威意指在法律上具有指揮或控制權力的個人或組織。工程師所尊重的權威可分為雇主與專家兩類。由於工程師受雇於企業或客戶，他必須尊重企業的管理人或客戶的需求，在一定的期限內，運用所提供的資源完成工作的需求與目標，否則無法繼續保持他的工作。

另外一種權威為有特殊專長的專家或公認的技術標準與規範。工程師在執行任務時，必須應用業界公認的設計準則或標準，徵詢並接受專家的意見。

# 四、保密

　　保密是一個法律及倫理上的概念，意指保守重要機密資料，避免向他人或社會公眾公開的操守。保密是專業的特徵，普遍為所有的專業所接受。無論是醫療、法律、新聞、會計或工程等專業倫理守則中，皆明文規定保密的必要性。醫療人員必須保持病患的醫療紀錄，律師與會計師不得隨意公開客戶的業務機密與隱私。工程師有義務保守雇主與客戶的商業機密，未經允許，不得公開或應用於其它任務上。政府機關或國防工業的保密要求遠較一般事業機構高，有些職位必須經過政府安全部門調查，發給機密工作許可後，才可開始工作。

　　由於工作上所接觸的資訊眾多，不可能要求工程師保守所有的業務資訊。至於那些資料必須保密呢？這個問題見仁見智，可能沒有一個大家都滿意的答案。由於企業或客戶都會要求員工或承攬商簽署保密合約，因此遵守合約上的明文規定是工程師最起碼的義務。產品配方、製程的設計圖、測試數據與公司或機關內蓋有「密件」標籤的文件及技術資料自然也不能任意公開或應用。其他的資訊，如經營數據、計畫經費與人力需求、供應商、市場行銷策略、產品可行性研究等就不明顯，仍然有許多灰色地帶存在，請參閱第七章智慧財產權侵權的說明。

　　另外一個值得注意的問題是保密的年限。一個員工離職後，何時才能公開公司的機密呢？由於法律上沒有明文規定保密的期限，因此員工必須永遠保守秘密。

　　在現代職場上，跳槽是很普遍的現象，任何人皆無法阻止員工變換跑道。離職員工不僅帶走了工作內容、原料與配方等具體知識，也帶走了長期累積的經驗。這些都是原有企業的財產，如果被競爭者取得，自然會對企業造成很大的損失。然而，任何人皆無法將這些在原企業取得的經驗與知識由他的腦中消失。

　　法院考慮過類似問題，也曾經試圖在競爭需求、個人與公司權利之間取得平衡。個人有權利在任何地方追求生涯成長，甚至跳槽到目前雇主的競爭對手。公司也有權利避免競爭對手得到機密資料，以維持自己的競爭優勢；因此，工程師應該盡量避免應用高敏感度或高爭議性的資料，以確保雙方的競爭利益，同時避免侵犯他人的智慧財產權[2]。

## 五、避免利益衝突

　　利益衝突泛指當個人或組織涉及兩個或兩個以上的相同利益時，對自己、與自己有關人士或組織做出偏袒、優惠的行為，導致專業服務或職業道德受損。利益衝突雖然通常出現於公職人員或律師身上，但是在任何一個專業領域中，皆難免存在。工程自然也不例外，何況任何一項工程建設或產品皆涉及政府法規、採購、分包承攬等，工程師如不審慎，很容易為了個人或企業的利益，做出違反程序正義或通融的行為。

　　在公務部門任職的工程師所涉及的利益衝突可分為交易型、影響型、與旋轉型等三種類型（圖4-4）：

1. 交易型利益衝突：官員或公職人員利用職務之便，直接向利益關係人收取利益。例如，主管房地產行業官員以低價向建商購入房屋、主管礦產資源開發的官員獲得礦產公司股票等。

2. 影響型利益衝突：為官員應用公權力，直接或間接影響他人的決策。例如，處理親屬問題、裙帶關係等等。

3. 旋轉型利益衝突：為官員在履行公共事務的過程中，利用公權為自己、親屬或利益相關者謀取私人利益。

**圖 4-4　公務部門任職的工程師所涉及的利益衝突**

　　典型案例為公職人員自己或親屬為私人企業負責人、公職人員兼職或退休後到與職務相關的企業任職等。公務員服務法第14條之1規定：「公務員於其離職後3年內，不得擔任與其離職前五年內之職務直接相關之營利事業董事、監察人、經理、執行業務之股東或顧問。」工程師必須審慎考慮實際的、潛在的、與明顯的等三種類型的利益衝突[3]：

1. 實際的利益衝突：為了個人利益，放棄客觀的工程或專業判斷。

2. 潛在的利益衝突：在未來可能會演變成實際的利益衝突。例如，工程師與供應商交好，經常一起參加活動。雖無明文規定工程師不可以自由交友，然而，工程師難免會為了維持彼此友誼，而做出對好友有利的決策。

3. 明顯的利益衝突：當工程設計費是以總工程費用的比例計算時，就可能發生此種情況。為了得到更多的設計費，工程公司就盡可能會提高工程費用。

　　公職人員應詳細閱讀與遵守「公職人員利益衝突迴避法」，以免違法。大多數企業多制訂利益衝突相關政策或規定，以強制員工遵守。如果員工違反規定，將面臨紀律處分，甚至解聘。以美國 3M 公司為例，公司明文規定員工及協力廠商在執行 3M 商業活動與任務過程中，必須避免對其判斷力、客觀性或對公司忠貞度造成負面影響的利益衝突。與政府官員有親戚朋友或其他個人或業務關係的員工，應仔細考慮這些關係是否會與其 3M 的工作產生利益衝突。員工必須披露所有可能會帶來真正、潛在或預期利益衝突的外部活動、經濟利益或關係[4]。

　　員工應避免下列行動：

1. 接受與 3M 利益不符的外部雇傭行為。

2. 將個人關係與業務摻雜在一起。

3. 接受可能會影響客觀性和判斷力的禮品、餐飲或招待。

4. 接受昂貴的晚宴或可能被他人視為奢侈的禮物。

5. 可能與 3M 的責任或利益發生衝突或造成疑似衝突的行為或關係。

6. 與 3M 競爭對手、供應商或客戶有直接或間接的經濟利益或者有財務關係。

7. 參與涉及雇傭配偶或家庭成員的公司的任何 3M 業務決策。

8. 將非公開 3M 資訊用於個人牟利或好處，或者用於他人的牟利或好處。

9. 投資 3M 擁有權益的外部業務機會。

10. 從供應商、服務提供者或客戶處接受個人折扣或其他好處。

11. 為員工在 3M 的工作密切相關的服務而收取個人謝禮。

　　3M 甚至明文規定員工之間發生戀愛關係的準則，例如兩位員工之間不得存在直接上下級關係；員工間的戀愛關係不得導致其他人對兩位員工之間任一位員工的判斷力或客觀性喪失信心，或者這種關係會造成公司尷尬的處境。

## 六、避免職業犯罪

　　職業犯罪為利用職務便利，職業技術、技能、專長等，從事與職務或職業相關的犯罪行為，它可分為組織、政府、專業人士與個人犯罪行為等四種（圖4-5）。

1. 組織：為了企業或組織的利益而犯罪，例如價格壟斷、偽造測試數據、舞弊、偷竊商業機密等。

2. 政府：政府官員或民意代表利用職權，以謀取私人利益，例如官員收取賄賂替私人或企業護航、檢警非法沒收民眾財物等。

3. 專業人士：專業人士利用職權，牟取個人利益，例如主管對下屬性騷擾、教師與學生發生性關係、醫生偽造診斷報告、工程師謊報加班時數等。

4. 個人：與職權或專業任務無關的犯罪行為，如偷竊企業財物、偽造出差或專案計畫支出、逃稅等。

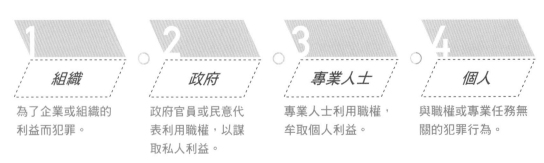

圖 4-5　職業犯罪的種類

## 七、檢舉

　　檢舉是指員工向社會大眾或組織內更高的管理階層告發雇主或主管，其不道德或違法的行為。早年，一般人稱檢舉者為「抓耙仔」，認為他們是檢警或情報機關的線民或走狗，不僅監視善良百姓的一舉一動，甚至造謠、打小報告，已達到鬥爭與分而治之的目的。然而，最近二十年來，世界各國的政府機關、企業或民間團體皆愈來愈重視檢舉，不僅各政府單位皆設置專人或信箱處理民眾檢舉業務，而且事成後還有獎金可領[4]。

　　2002年，美國時代雜誌將安龍公司（Enron）的雪莉‧瓦金斯（Sherron Watkins）、世界通訊公司（Worldcom）的辛西亞‧庫柏（Cynthia Cooper）、與聯邦調查局的柯林‧羅利（Coleen Rowley）等三位女性檢舉人並列為當年時代年度風雲人物，以獎勵她們揭發罪惡的道德勇氣。

　　檢舉為偵防舞弊最有效的機制之一。依據註冊舞弊檢查師協會（Association of Certified Fraud Examiners, ACFE）所發表的全球舞弊調查研究，2016年，全球企業共發生2330件舞弊事件，損失金額高達63億美元，平均每案件為2.7百萬美元。檢舉是發現舞弊事件最大宗來源，佔39.1％，與內部稽核16.5%、主管覆核13.4%、會計查核5.5%與外部查核3.8%等總和相當。檢舉者半數以上為員工51.1%，客戶與匿名者次之，分別為17.8%與14.0% [5]（圖4-6）。

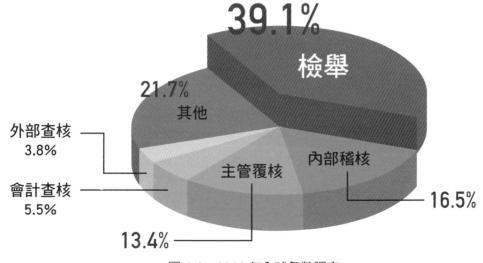

圖 4-6　2016 年全球舞弊調查

依據專業工程協會的倫理守則，工程師有維護社會大眾的安全與福祉的義務，因此工程師不僅有義務與責任檢舉危害到社會的行為或計畫，也有專業權利公開所屬機構的違法事件，並且促使這些違法行動受到適當的制裁。

## （一）檢舉的種類

依據檢舉資訊接收的對象，檢舉可分為內部檢舉與外部檢舉。內部檢舉的行為發生在公司或組織之內，檢舉資訊的接收對象為企業或組織內部經理人、高層主管或董事會。外部檢舉是指員工對媒體或司法機關等企業或組織以外的對象，揭發公司的犯罪行為。內部檢舉的嚴重性通常小於外部檢舉。

有些檢舉者為了個人或家庭的安全，以匿名的方式將檢舉資訊交給企業內部的管理階層或外部檢警機關或媒體。具名檢舉是員工將姓名列在指控文件上，並且願意接受檢調單位或新聞媒體的審查。

無論以任何方式檢舉，檢舉者都會被企業員工視為叛徒，員工普遍認為檢舉者不僅對企業不忠，而且對同事不義。檢舉就好像某一隊員在球賽進行中，公開指控自己的隊友犯規。雖然表面上，他有運動員精神，但是對隊友與球迷而言，這種行為是不忠誠的。

由於檢舉可以降低或防止對社會的危害，屬於社會公義或大義，其重要性遠大於工程師的共治、忠誠與尊重權威等責任或同事之間的義氣與情感。並不是所有的檢舉都應該受到重視或允許。不真實的檢舉不僅對企業與被檢舉人的名譽造成很大的損失，而且還破壞內部的和諧。

## （二）檢舉時機

工程師在專業工作生涯中，多少會遇到犯罪事件。是否應該檢舉或何時才可以檢舉呢？專家認為當遇到下列四種情形時，就應該檢舉[2]。

1. 情勢需要：唯有藉由檢舉才能避免的嚴重的傷害時。

2. 身份接近：檢舉者掌握第一手資訊，而且具備足夠的專業知識，可以正確地評斷它的後果。

3. 個人能力：檢舉者具有成功地阻止破壞活動的能力或可能性。

4. 最終手段：只有在沒有人更有能力或認為體制內所有可能應用的方法都已無效時，才可考慮檢舉。

　　檢舉是神聖的行為，也是不得不做的行為。檢舉人不僅需要很大的道德勇氣，而且還須具備下列兩條件，以確保檢舉行為成功。

1. 適當的管道：如果投訴對象不恰當，不僅無人理會，還會受到迫害。

2. 足夠的經濟能力。

　　即使檢舉受到媒體與司法機關的重視，檢舉人可能會涉入司法訴訟之中，或是被企業或組織資遣、開除。雖然人人都敬佩揭發罪惡的勇士，但是在司法機關尚未做出有利的判決前，絕大多數的企業都會對檢舉人敬鬼神而遠之。換句話說，檢舉人可能很難找到適當的工作，職業生涯可能會從此結束。因此，如果沒有足夠的經濟能力，就沒有義務以職業生涯做賭注，讓自己與家庭陷入經濟危機之中。

　　英納茲・奧斯丁（Inez Austin）就是一個活生生的例子。她在漢福德核子保護區工作時，為了保護公共健康與環境，不畏恐嚇與騷擾，堅持理念，表現出工程師最高的節操。1992年，她雖然獲得美國科學促進協會（American Association for the Advancement of Science, AAAS）「科學自由與責任獎」，但是卻付出慘痛的代價。她的職業生涯幾乎交了白卷，沒有一個公司願意雇用她。

　　曾寫過「檢舉百科」的澳洲臥龍崗大學科技與社會學程副教授布蘭・馬丁（Brain Martin）曾訪問過上百位檢舉人，幾乎沒有一個人不受到騷擾與迫害，而且所檢舉的事件也未改善[5]。請參閱下列兩本著作，以瞭解更多與檢舉相關的知識與方法：

1. Brian Martin(1999) The Whistleblower's Handbook: How to Be an Effective Resister, Jon Carpenter Publishing, Chipping Norton,UK.

2. Tom Devine(1997) Courage Without Martyrdom: A Survival Guide for Whistleblowers, Fund for Constitutional Government, Washington, DC.

## （三）檢舉保護

檢舉是一個孤單且沒有獎賞的行動，大多數檢舉人都因此付出慘痛的代價，長期生活在恐懼與法律訴訟的威脅中。法學界與社會早已注意這個問題。

大多數國家皆有保護公職人員檢舉的法規。美國於1989年即公布檢舉人保護法案（Whistleblower Protection Enhencement Act），以保障聯邦政府僱員告發聯邦機構不法行為。大約四分之三的州政府已通過告密者保護法律。向政府機關告發的非公職人員亦受20個與礦業安全、環境保護（空氣、水、廢棄物、毒性物質）、職業安全衛生等相關聯邦法規所保護。

英國已於1998年訂立「公眾利益揭露法」，保護吹哨者免受解僱或其他不利工作的報復，同時規管公營和私營機構，機制上以內部通報為優先，讓機構有自行改善機會，亦避免消息輕易外流損害聲譽[8]。另外澳洲、紐西蘭等地方政府亦皆設有「揭露人保護法」。

2004年6月14日，日本完成「公眾利益通報者保護法」立法，涵蓋公私營機構，檢舉渠道除內部通報。法例適用範圍包括維護消費者權益、環境保護、確保公平競爭、國民生命財產或其他利益保護等相關法例的違法行為。法例更訂明，如僱主因告密者舉報而將其解僱、降職、減薪，都被視為不合法。韓國則有「腐敗防止及設置與運營國民權益委員會法」及「公益揭弊者保護法」[7,8]。

我國行政院早已頒發「獎勵保護檢舉貪污瀆職辦法」，而法務部廉政署已草擬完成「揭弊者保護法」，將減免檢舉人的法律責任，以打擊貪汙，目前正於行政院審查當中。

「徒法不能自行」，法律必須經由主關機關執行，才能生效。地方或主管機關首長往往重「興利」而輕「防弊」，何況偵查檢舉案件必須耗費大量人力物力，卻未必會得到任何具體成果或績效。當檢舉人受到雇主打壓或騷擾時，專業組織與工會應該出面提供法律與精神上的支援。

圖 4-7　DC-10 客機（土耳其航空）

## （四）案例

### 1. DC-10 事件

　　DC-10民航機是美國麥道公司（McDonnell-Douglas）於1970年代初期所推出的大型民航客機，此機種是麥道公司委託康維爾公司（Convair）所設計（圖4-7）。康維爾公司具有豐富的飛機、火箭、太空飛行器的設計、開發與生產經驗，曾經生產過Convair B-36轟炸機、F-102及F-106戰鬥機與第一個擎天神火箭。

　　1972年6月12日，美國航空公司（American Airline）一架DC-10客機在飛越加拿大安大略省溫莎市（Windsor, Canada）時，貨艙門在飛行中掉落，客艙地板崩塌。由於控制飛機的電線和液壓線路就裝置在崩塌的地板下，不少液壓線路因而中斷，所幸飛行員仍能駕駛，飛機安全地在底特律市降落。

　　6月27日，負責這個專案計畫的資深工程師丹‧亞伯蓋特就曾給副總經理寫過一個詳列此設計危險的備忘錄。他預測貨艙門會在飛行中失效而開啟，造成貨艙壓力降低與上面客艙地板的崩裂。由於控制纜線沿著客艙地板而設置，客艙地板變形會損壞控制纜線，而造成飛機失控。雖然高層主管並未懷疑亞伯蓋特所提的技術層面的問題與預測的準確性，但是他們擔心重新設計對公司的財務的影響。如果麥道公司發現這些問題，堅持要康維爾公司重新設計時，不僅耗費大量金錢，而且還會因無法如期完成任務而罰款[9]。由於康維爾公司並未改善設計，之後又發生幾次空難事件。

關鍵說明

聲名狼藉的 DC-10

1974年3月，土耳其航空公司一架載有346名旅客的981航班的DC-10客機，在一萬英呎高空飛越巴黎郊區時，由於貨艙門掉落，客艙地板變形，所有液壓線路和電線全被切斷，飛機失控墜機，機上人員全部罹難（圖4-8）。

　　由於亞伯蓋特並未對外界檢舉，有些學者認為他應該對於土航981航班空難事件負道德疏忽的責任，但是也有人認為亞伯蓋特只是一個工程師，並沒有說服高層或媒體的能力，何況類似情況在1970年的原型機壓力測試時就已經發生。它所提供的資訊並非第一手資料，而是參與此計畫的工程師眾所知周知的事實。他的備忘錄並未促成DC-10的改善，但卻成為981航班空難民事訴訟中對麥道公司最不利的證據。

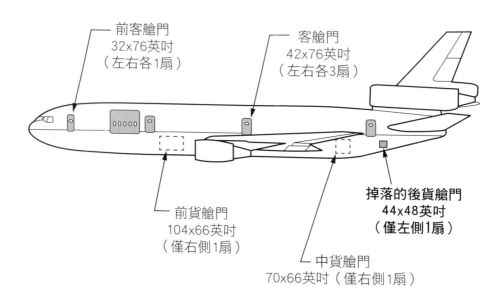

前客艙門
32x76英吋
（左右各1扇）

客艙門
42x76英吋
（左右各3扇）

掉落的後貨艙門
44x48英吋
（僅左側1扇）

前貨艙門
104x66英吋
（僅右側1扇）

中貨艙門
70x66英吋（僅右側1扇）

圖 4-8　DC-10 設計不良的貨艙門導致液壓系統失控

## 2. 舊金山灣區捷運事件

舊金山灣區位於美國加利福尼亞州北部沙加緬度河下游出海口，由於受到海灣的限制，在交通上僅能依靠少數的橋樑進行連結。1947年底，海陸軍聯合審查會議提議，在舊金山灣底建造一條高速火車行駛隧道，以連結舊金山與奧克蘭兩地（圖4-9）。1962年，舊金山灣區捷運委員會完成捷運系統的初步設計，並通過發行此計畫的債券。

BART是一個公設法人機構，所有的設備與營建工程都是由承攬商負責，它所聘雇的人員僅須監督系統的設計及建造與管理捷運系統。

BART不僅包括鐵軌、隧道、橋樑、車廂等傳統捷運系統的基本設施，還包括全自動控制系統。自動列車控制（Automatic Train-Control, ATC）系統依據安裝在車廂上的感測器所提供的列車與他列車的位置與速度資訊，以維持及控制列車的行駛[11]。

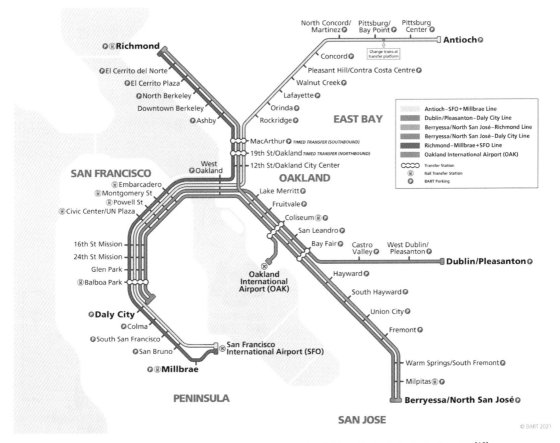

圖 4-9　舊金山灣區捷運系統（BART）連結了舊金山與奧克蘭兩地 [10]

BART的自動列車控制系統是由以設計製造電機與自動控制設備聞名的西屋公司（Westhouse）所承包，BART工程師則負責監督系統的設計及建造。羅傑·約斯旺（Roger Hjortsvang）、羅伯·布魯德（Robert Bruder）與邁克斯·布蘭肯澤（Max Blankenzee）等三位BART工程師發現西屋公司的零件既無測試流程，也無測試時程表。他們曾向管理階層表達他們的憂慮，但是管理階層認為經驗豐富與技術高超的西屋公司一定會如期履行合約。

1971年11月，羅傑·約斯旺寄了一封匿名的備忘錄給BART的高層，概述他所發現的問題。1972年1月，這三位工程師與BART董事會的董事接觸，指出他們所擔心的問題並未受到低階管理人員的重視，同時也與外界工程顧問愛德華·布馮（Edward Buffon）交換意見。經過獨立評估後，布馮得到類似的結論。董事丹·海立克斯（Dan Helix）與三位工程師面談後，認為事態嚴重，將備忘錄與工程顧問的報告送交其他董事與新聞媒體。這個舉動引起管理階層的恐慌與憤怒，開始追查消息來源。三位工程師起初否認涉入，後來終於承認他們曾直接將他們的憂慮告知董事會。

1972年3月2日，BART以犯上、向主管撒謊與未遵守組織程序為理開除三人。由於一連好幾個月找不到工作，三人吃了不少苦頭，經濟上與情緒上都陷入了困境。他們向法院控告BART，要求賠償87萬5仟美元的損失，但最終被迫在庭外與BART和解，每人僅得到2萬5仟美元的和解金（圖4-10）。

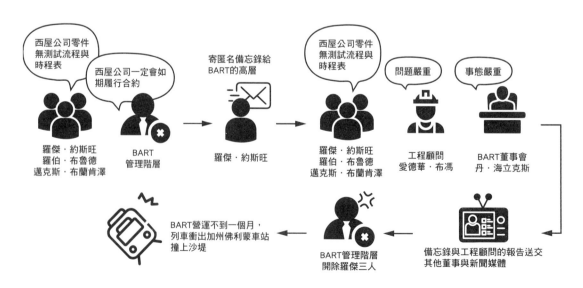

圖 4-10　舊金山灣區捷運事件概況

美國電機電子工程師學會（IEEE）向法庭提出法庭之友（Amicus Curiae）的陳辯書，以支持他們的控告。IEEE堅持每一位工程師都有維護大眾安全的專業責任，因此這三位工程師的行為是正當的。陳辯書指出，依據IEEE的倫理守則，工程師必須「將所發現危害大眾安全和健康的狀況，通知適當的權威」，而社會大眾就是公營機構最具權威的團體[12]。

1972年10月2日，BART開始營運，不到一個月的時間，一輛BART列車上控制速度指令的晶體振盪器發生故障，列車衝出加州佛利蒙（Fremont. California）車站，撞上沙堤，造成5個人受傷。意外調查的資料顯示三位工程師的安全顧慮既非空穴來風，也非杞人憂天。在BART的自動控制系統經改善後，安全記錄卓越，成為美國捷運系統的典範。1978年，IEEE頒給三人傑出公共服務獎，以獎勵他們三人的犧牲與奉獻。

### 3. 百路馳公司 A7-D 煞車事件

1960年代，百路馳公司（B. F. Goodrich）是美國以生產汽車與飛機輪胎聞名的公司。1927年，由查爾斯・林白（Charles Augustus Lindbergh）駕駛飛越大西洋的聖路易精神號（Spirit of St. Louis）的輪胎就是百路馳公司所製造的。

1967年6月，百路馳公司研發出一項比傳統五旋輪設計還輕便和創新的四旋輪煞車系統後，由承包飛機的主要承攬商 LTV公司獲得A7-D煞車的合約。

由於這個新的煞車系統必須在1968年6月前完成飛行測試的準備，時間非常緊迫。這個設計完成後，百路馳公司的設計工程師約翰・華倫（John Warren）將此計畫的煞車測試工作交給剛從工學院畢業的希爾・勞森（Seare Lawson）執行。勞森的工作是測試不同的煞車內襯材料後，找出一個最適用的材料，再測試所挑選出的煞車內襯是否適用於煞車原型上。經過6個月的測試後，勞森無法找到合適的材料，他開始認為這個設計有瑕疵，不可能通過空軍所要求的測試。

勞森將這些問題告訴華倫，但華倫仍認為這個煞車的設計不錯，建議勞森使用其他可能改善性能的新內襯材料。然而，華倫的建議沒有發揮作用，煞車還是無法通過最初的測試。勞森將這些問題告訴A7-D的專案經理羅伯・辛克（Robert Sink），但辛克要勞森繼續測試更多的內襯材料，並信誓旦旦地表示這個設計不可能有問題。

1968年3月，百路馳公司開始全面測試煞車原型。經過13項測試後，煞車仍然無法通過空軍所規定的溫度測試，只有在旋翼的正前方加裝冷卻風扇後，才可能通過測試，但在煞車裝置上加裝額外的風扇顯然不符合空軍的規定，然而，辛克還是向LTV保證，煞車的研發一切順利。

A7-D新煞車系統的測試報告是由資深作家柯密特‧范德維爾（Kermit Vandivier）所撰寫。他試圖依據實際的測試結果，寫出反映事實的報告，然而不但不被管理階層通過，公司還交出一份偽造數據的報告，指出這個煞車系統具備飛行測試的資格。

范德維爾的律師認為，他與勞森可能會因共謀欺騙而被判刑，建議他請德頓市（Dayton）的美國律師協會協助。根據美國律師協會的建議，勞森與范德維爾後來與聯邦調查局（FBI）取得聯繫。

當年7月，空軍要求百路馳公司提供原始的測試數據以供審查。這項要求迫使百路馳公司為了避免真實測試數據公布後所可能造成的損失，決定放棄四旋輪煞車的工作，轉而研發替代的五旋輪煞車。

飛行測試結束後，勞森轉職到LTV公司，而范德維爾被百路馳公司以不忠誠的原因解雇。他在離職信中指控，百路馳公司在煞車測試中有許多不法行為。范德維爾的故事傳到華盛頓後，引起了威廉‧普羅斯米爾（William Proxmire）參議員的注意。

1969年5月，普羅斯米爾要求政府主計局（Government Accounting Office, GAO）重新審查A7-D煞車資格測試的問題。依據主計局的調查報告，普羅斯米爾在1969年8月舉行了參議院聽證會。由於新的五旋輪煞車已經過測試，而且符合使用在A7-D上的規格，雖然主計局證實了范德維爾所指控的測試報告中確實有差異的說法，但煞車實際上沒有造成A7-D計畫任何實際的延誤，政府也未因煞車裝置而增加額外的支出，因此最後沒有對百路馳公司採取任何法律行動[13]。

此事不僅暴露百路馳公司的貪婪，也提醒員工，公司為了利潤，有時確實會蓄意偽造數據，罔顧自身的責任與產品的安全。員工發現公司蓄意舞弊時，除在適當的時機請教律師以釐清自己的法律責任外，並應該考慮檢舉的可行性，以維護社會大

眾的福祉與安全。幸運的是空軍並沒有接受百路馳公司所提出的四旋輪煞車系統的測試報告，而百路馳改以五旋輪煞車系統替代，也未造成任何財物損失與危害。兩位檢舉員工都做了正確的決定，不僅沒有涉及法律責任，而且順利地轉換跑道，在其他的企業繼續他們的職業生涯。

### 4. 高斯登事件

1970年代，休斯頓電力公司（Houston Lighting and Power Company）委託埃巴斯科服務公司（Ebasco Services, Inc.）在休斯頓南部的灣城（Bay City）興建一座核能發電廠。1980年初期，隆納‧高斯登（Ronald J. Goldstein）在埃巴斯科公司擔任工程督導，負責核電廠的設計工作。為了提升工程安全，休斯頓電力公司與埃巴斯科公司推動了一項內部的安全團隊（SAFE TEAM）計畫。任何員工都可經由此管道表達他對安全的意見；然而，兩家公司皆未告知員工他們的法律責任。換句話說，公司鼓勵員工檢舉，但是如果員工行為觸怒了高層或違反公司的決策，不保證檢舉人不受懲處。

1985年，高斯登發現部分工程的安全設施有瑕疵，決定向安全團隊提出他對系統安全的憂慮。公司接到他的報告後，認為他無理取鬧，決定將他革職。

由於美國聯邦政府為了鼓勵核能與核子武器工業員工檢舉不法行為，設有相關保護法規，高斯登向法院控訴埃巴斯科公司違反檢舉人保護法規。勞工部裁決他的檢舉行為應該受到法律保護，公司不得將他革職。然而，美國聯邦第五巡迴上訴法院推翻地方法院的判決，因為檢舉人保護法規僅限於政府相關機構或承攬商的員工，並不包含民營企業的檢舉。高斯登敗訴後，美國國會修正了聯邦核能檢舉人保護法規，讓民營企業內部檢舉人享有相同的保障[14]。

# Review
## 重點整理

### 一、工程師的專業權利

1. 專業良知。
2. 維護公共安全、衛生與利益。
3. 公開發表的自由（專業判斷與參與政治見解）。
4. 專業認可。
5. 提升個人能力。

### 二、工程師的專業責任與義務

1. 內部：對於企業或雇主。
2. 外界：對於客戶、合作對象或社會國家。

### 三、工程師應具備的素質、責任與義務

1. 工程師必須具備共治（collegibility）、忠誠、尊重權威等素質。
2. 工程師對於客戶、合作對象或社會國家的責任與義務可分為保密、避免利益衝突、避免職業犯罪與檢舉等四種。

### 四、公務部門會遇到的利益衝突

| 種類 | 內容 |
|---|---|
| 交易型 | 官員或公職人員利用職務之便，直接從利益關係人收取利益；例如，主管房地產行業官員以低價向建商購入房屋、主管礦產資源開發的官員獲得礦產公司股票等。 |
| 影響型 | 為官員應用公權力，直接或間接影響他人的決策。例如，處理親屬問題、裙帶關係等等。 |

| 種類 | 內容 |
|---|---|
| 旋轉型 | 為官員在履行公共事務的過程中，利用公權為自己、親屬或利益相關者謀取私人利益。 |

## 五、職業犯罪的種類

| 種類 | 內容 |
|---|---|
| 組織 | 為了企業或組織的利益而犯罪，例如價格壟斷、偽造測試數據、舞弊、偷竊商業機密等。 |
| 政府 | 政府官員或民意代表利用職權，以謀取私人利益，例如官員收取賄賂替私人或企業護航、檢警非法沒收民眾財物等。 |
| 專業人士 | 專業人士利用職權，牟取個人利益，例如主管對下屬性騷擾、教師與學生發生性關係、醫生偽造診斷報告、工程師謊報加班時數等。 |
| 個人 | 與職權或專業任務無關的犯罪行為，如偷竊企業財物、偽造出差或專案計畫支出、逃稅等。 |

## 六、檢舉的時機

| 時機 | 內容 |
|---|---|
| 情勢需要 | 唯有藉由檢舉才能避免的嚴重傷害時。 |
| 身份接近 | 檢舉者必須掌握第一手資訊，而且具備足夠的專業知識，可以正確地評斷它的後果。 |
| 個人能力 | 檢舉者必須要有成功地阻止破壞活動的能力或可能性。 |
| 最終手段 | 只有在沒有人更有能力或認為體制內所有可能應用的方法都已無效時，才可考慮檢舉。 |

**我們不能用製造問題時同一水平的思維來解決問題。**

——愛因斯坦

　　漢福德核子保護區（The Hanford Nuclear Reservation）位於美國華盛頓州哥倫比亞河畔（Columbia river, Washington），面積約 586 平方英哩（1518 平方公里），是美國境內幅員最廣、數量最多的核廢料地區（圖 5-1）。1989 年，當所有的任務結束後，美國能源部、環保署與華盛頓州生態局決定共同管理此基地，以清除廠區內的核污染廢水與廢棄物。

　　英納茲·奧斯丁（Inez Austin）是美國能源部最主要的承攬商—西屋公司（Westinghouse）所雇用的少數女工程師之一。1989 年，她被調升為資深製程工程師，主管測試紀錄的校正、審閱，與批准從單殼儲槽中將幾百萬加侖的高輻射廢水由泵浦輸送出去的安全步驟。

　　1990 年 6 月，她的主管要求她準備一份文件，以驗證由 5 個儲槽輸送高危害性廢水出去的程序安全。由於 7 月 1 日是能源部、環保署與州生態局等三方所承諾將這些儲槽中廢水清除的最後期限，如果儲槽中廢水未於限期內輸送完畢，州政府有權到法院控訴聯邦政府違約。

　　奧斯丁認為儲槽中廢水含有高危害性的亞鐵氰化鉀，可能會有爆炸危險。由於這個問題經已經引起爭議而且還在研究中，她認為最好的決策是等到相關研究完成後，再研擬解決方案。然而，她的主管木村李察（Richard Kimura）並不認同她的建議，在未經她的同意與簽名情況下，將她的警告刪除。奧斯丁秉持其廉潔與專業責任，鼓起勇氣拒絕簽署背書這份建議文件。由於不肯簽屬這份文件，她不但被迫離職，而且在往後的職業生涯屢遭同儕排擠與打壓。

　　奧斯丁的勇敢與堅持雖然在 1992 年獲得美國科學促進協會（American Association for the Advancement of Science, AAAS）的「科學自由與責任獎」，但是她卻付出了慘痛的代價。如果你面臨奧斯丁女士的困境時，你會同流合污或為公共健康與環境而堅持原則呢？

研習工程倫理的目的之一是，當面臨倫理兩難問題時，學習如何做正確的抉擇；或是陷入法律與道德間的模糊地帶時，應該如何走出困境。例如：是否接受廠商的餽贈或邀宴、利益衝突、無法同時滿足多方面的要求、對客戶或雇主的忠誠與對維護社會福祉相互違背等。

　　在前面幾章中，我們已經探討過倫理理論、倫理守則與工程師的權利及義務等，但是工程師在職業生涯中所可能面臨的問題可能非常複雜，倫理理論或守則提供觀念上的指引，不僅沒有詳列各種複雜情況應變措施，守則或理論間也存有相互矛盾的地方。因此，工程師自身必須具備解決倫理問題的能力。

　　每個人一生中都曾經面臨過許多不同的問題，小至手機與皮包的選購，大至大學科系或職業的選擇，我們試圖在有限的資源與時間內，做出最適當的決定。雖然每個人的解題方法不同，但是大多分為問題發現與界定、目標與限制設定、策略選擇、替代方案評估、替代方案決策與執行等。通常許多問題的解決方式或替代方案並不只一種，評估的效標或方法就顯得非常重要。解決倫理問題也與解決人生問題的方式類似，只不過將倫理理論與倫理守則作為效標而已。本章首先介紹解決一般問題的技巧，然後說明倫理困境與解決倫理問題的方法，最後再以案例說明之。

圖 5-1　漢福德核子保護區位置

# 5-1
## 解題方法

### 一、常見解題順序

　　每個人每天必須面臨許多大小不同的問題，許多問題的解答往往不只一個。如何在有限的時間與資源之內，快速找出適當的解答並做出決策，是每一個人每天的挑戰。人類解決實際問題時，是遵循下列順序進行，表5-1則以「著涼」作為解題範例。

### （一）問題知覺

　　感覺、偵檢問題的發生。

### （二）問題陳述

　　陳述、界定一個特殊的問題，思考原因，然後發展出他（她）所認為的解答。

### （三）尋查

　　探查、詢問、收集相關資訊與解決方法。

### （四）問題解決

　　自認為找出滿意的解答或解決問題的方法。

表 5-1　以「著涼」作為解題範例

| 解題歷程 | 發生順序 |
|---|---|
| 問題知覺 | 早上起床後，頭昏腦脹，身體感覺不舒服。 |
| 問題陳述 | 大概是昨夜受涼而感冒。 |
| 尋查 | 請教醫生或較具醫學背景的朋友，並翻閱家庭醫藥百科全書。 |
| 問題解決 | 醫師説只是著涼而已，建議吃兩顆阿斯匹靈。 |

## 二、拉姆塞與愛特伍德解題步驟

拉姆塞（H. R. Ramsey）與愛特伍德（M. E. Atwood）二人列出下列步驟，可以協助使用者有效地解決問題[1]：

### （一）發現問題

意識到問題的發生。

### （二）界定問題

發現問題後，解題者必須決定如何界定與描述問題，題解是否恰當與問題的界定有很大的關係。例如將小孩子發高燒誤認為鬼邪附身，而非感染疾病，自然無法找出退燒的良藥或良醫。

### （三）設定目標

目標的選擇與設立，必須適當且有希望達到，盲目要求自己或別人達到不可行的目標，是一件沒有意義的事。例如要求中學田徑選手突破世界紀錄，或在五年內登陸火星等。

### （四）選擇策略

選擇與決定解題的途徑與策略。

### （五）研擬替代方案

由於解決的方案不止一種，決策者經常要求解題者提出不同的替代方案，以供決策者評估。《三國演義》中的謀士往往提出上、中、下三策，供主帥參考、選擇。

### （六）評估替代方案

應用成本與效益分析、機率分析、後果分析、風險分析等，評估替代方案的可行性。

### （七）選擇與執行替代方案

決定效標或基準與執行所選擇的方案。

# 5-2
## 倫理困境

倫理問題的解決與一般問題的解決類似，只是在解決倫理問題之前，必須先經過倫理或道德的檢視。當決策者面臨兩個道德律令（moral imperatives）、價值觀或權利與義務相互衝突，但沒有一個律令或價值觀明顯優於另外一個時，就會陷入左右為難的情境。如果依據其中一個律令或價值觀執行任務時，不僅違背了另外一個，還必須承擔嚴重的後果，這種情況稱為倫理困境（ethical dilemma）或倫理兩難[2]。

由於倫理規範或守則不像工程規範或科學定理那麼清楚，我們面對左右取捨或進退維谷的情境時，往往不知道應該如何自處。哲學上著名的兩難問題不勝枚舉，其中最有名的是失控電車、原住民槍決、漢斯偷藥等。

在人生中，我們也可能遇到類似的困境。我們在人生中不僅同時扮演不同角色，也承擔不同的責任。當不同角色的責任與義務相互衝突，或在兩個「對」的價值觀相互違背時，就會面臨倫理困境。網路上流行的「當太太與媽媽同時掉入河中時，你先救誰呢？」的問題，就是典型的倫理困境的例子。其他案例為：

1. 年輕工程師表現優異，被公司調升至外地分公司做主管，可能面臨「家庭與事業無法兩全」的狀況；升遷固然很好，但調至外地無法照顧老邁的父母。

2. 國家有難時，投筆從戎、保家衛國的年輕人會面臨「忠孝難以兩全」的困境。

3. 少子化浪潮衝擊，大學是否該為了招生考量，而降低錄取標準呢？

4. 為了削價競爭，是否可以減少安全防護的設施呢？

當代西方哲學家建議依據「倫理學理論」、「以個案為本的劃線法」、「一個義務的優先排序指引」等三種方法解決倫理困境的問題[1]。若以效益論、義務論等倫理理論判斷倫理困境的優點為每次抉擇的依據都相同。缺點是當我們將抽象的原則應用於具體的情境中時，必須經過一連串的詮釋或計算，例如哪個方案符合大多數人的利益，或哪個行動、義務較能促進對人的尊重等，這些詮釋或計算都非常複雜，一般人難以做到。

劃線法又稱決疑法或詭辯法（casuistry），是將解決兩難的方案與對錯分明的典範個案作比較，以類比方式決定如何取捨。它將一端註明「正面典範」，另一端註明「負面典範」，表示不為倫理所接受。在正負典範之間，將考慮中的問題、替代方案，與類似的案例排列在一起作為比較，以決定問題是比較傾向正面典範或是負面典範、可接受或是不可接受了。這個方法有助於分析問題，但是如果使用不當，就可能導致不正確的結果。中古時期，劃線法被羅馬教會用於求得錯誤結論的宗教辯論上的方法。

最後一個方法是以一個義務的優先排序作為指引，例如儒家的「親親、仁民、愛物」的差等原則或生命倫理中所採用的生命至重原則。例如：為保障第三者生命，是否可以洩漏病人隱私，或者為保障當事人健康，是否可以強制禁止他們選擇等。這些優先排序既非天經地義，也不能解決所有的道德兩難。差等原則解決不了忠孝不能兩全的困局，生命至重原則也無法解決與生命安危無關的醫療道德兩難（圖5-2）。

如果前面三種方法都無法解決時，只好採取「創意的中間方法」，試圖找出一個從任何一個角度而言，皆可接受的折衷方案。如果最後實在沒有易於選擇的方案，而且折衷方案也行不通時，就只有仰賴「直覺」了[3]。

**倫理學理論**

每次抉擇的依據皆相同，但欲套用至具體情境中，需經過複雜的計算。

**以個案為本的劃線法**

將兩難的方案與對錯分明的典範個案作比較，以類比方式決定如何取捨。

**一個義務的優先排序指引**

如儒家的「親親、仁民、愛物」的差等原則或生命倫理中所採用的生命至重原則。

圖 5-2　解決倫理困境的方法

# 5-3
## 倫理決策

當我們面臨倫理困境時，對爭論議題所做出合乎倫理的決策稱為倫理決策。由於沒有完全符合倫理的決策，每個人所受到的個人特質及價值觀等影響，與外在的社會輿論及組織文化等壓力也不相同，因此所做出的決策自然有相當的差異。理性的倫理決策雖然不一定保證會產生最佳的後果，但是它可以協助我們檢視影響倫理決策的關鍵因素、釐清自己的價值觀，與瞭解自己的權衡與取捨，必要時還可以作為決策的辯護。

美國加州聖塔克拉拉大學（Santa Clara University）的馬庫拉應用倫理研究中心（Markkula Applied Ethics center）曾經發展出一套「倫理抉擇架構」，可供倫理決策者參考。這套架構包括辨識倫理議題、瞭解事實、評估替代方案、決策與測試、執行與反映後果等[4]。美伊利諾理工學院（Illinois Institute of Technology）哲學教授麥克‧戴維斯（Michael Davis）提出敘述倫理問題、釐清事實、受影響的個人／團體／相關政策、倫理守則等、研擬解決方案、評估方案、選擇適當方案、執行並檢視後果等七個倫理決策步驟[5,6]。

美國安德信會計師事務所（Arthur Andersen & Co.）所公布的情境分析法包括事實分析、道德議點、替代方案、利害關係人（stakeholders）、道德限制、實際限制、選擇適當方案與執行等七個步驟[7]。此情境分析法自1990年公布後，已被美國企業界奉為圭臬。

行政院公共工程委員會所公布的工程倫理手冊中，則建議蒐集事實資料、定義倫理課題、辨識利害關係人、辨識因果關係、辨識自身的義務責任、思考具創意的行動、辨識所有方案，並評估比較可能後果等八項抉擇步驟[8]。

綜觀以上幾種倫理決策步驟的內容，皆大同小異，其實與解題方法中所談的解題順序與步驟類似，只不過將抉擇的效標改為倫理理論或守則而已。表5-1列出這幾個方法的異同。

表 5-1　各種倫理決策方法比較

| 本書建議 | 戴維斯 | 安德信 | 公共工程會 | 馬庫拉 | 拉姆希 /<br>愛特伍德 |
|---|---|---|---|---|---|
| 1. 敘述倫理問題 | 同左 | 2. 道德議題 | 2. 定義倫理課題 | 1. 辨識倫理議題 | 1. 發現問題 |
| 2. 分析事實 | 同左 | 1. 事實分析 | 1. 蒐集事實 | 2. 瞭解事實 | 2. 界定問題 |
| 3. 利害關係人 | 同左 | 4. 利害關係人 | 3. 利害關係人 | | |
| 4. 研擬替代方案 | 同左 | 3. 替代方案 | 6. 創意的行動 | | 5. 研擬替代方案 |
| | | | 7. 辨識所有方案 | | |
| 5. 評估 | 同左 | 5. 道德限制 | 8. 評估比較 | 3. 評估替代方案 | 6. 評估 |
| 6. 執行上限制 | | 6. 實際限制 | | | |
| 7. 選擇適當方案 | 同左 | 7. 選擇方案與執行 | | 4. 決策與測試 | 7. 選擇方案與執行 |
| 8. 執行並檢視後果 | 同左 | | | 5. 執行與反映後果 | |
| | | | 4. 因果關係 | | 3. 設定目標 |
| | | | 5. 義務責任 | | 4. 選擇策略 |

# 5-4
## 倫理決策步驟

戴維斯與安德信所建議的步驟屬於「解題導向」，不僅與我們解決一般問題的步驟類似，且已在美國企業界行之有年。在此謹將兩個方法綜合於敘述倫理問題、分析事實、利害關係人、研擬替代方案、評估方案、執行上限制、選擇適當方案、執行並檢視後果等八個步驟中，除詳細說明外，並輔以實例：

### 一、敘述倫理問題

界定與敘述個案中的道德問題，有如生病時，首先要說明症狀。

### 二、分析事實

分析與釐清事情的真相才可能發現導致問題的原因與探討解決的方法。當真相釐清後，許多爭議往往無疾而終，問題也因刃而解。然而，有時事實的真相並非全無爭議。雖然世界上絕大多數科學家與國家皆認為二氧化碳、甲烷等溫室氣體的排放與地球暖化有密切的關係，但是美國石油業與川普總統卻不贊成。他們認為地球暖化與人類工業活動無關，因為早在人類出現之前，地球溫度變化遠超過工業革命之後的變化。

### 三、利害關係人

「利害關係人」泛指跟組織活動的實質內涵與過程有法律或正當利害相關的個人或團體（圖5-3）。

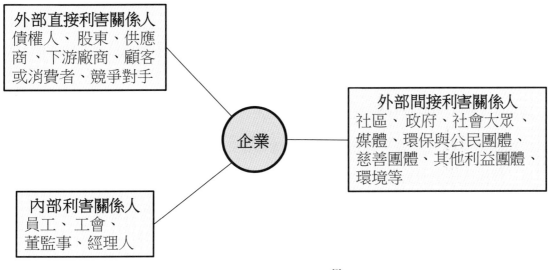

圖 5-3 利害關係人 [9]

## 四、研擬解決方案

解題者可以應用腦力激盪、屬性表列、查核表等三種技巧,協助改善使用者的解題能力。進行腦力激盪時,宜遵循下列四個原則:

(一)避免相互批評:因為批評易於引發爭辯或沉默,不僅無法找出適當的題解,反而會引發出新的問題。

(二)提出創意性的題解,愈新愈佳。

(三)盡可能提出許多方案、想法,方案愈多,愈有可能解決問題。

(四)組合幾個不同的方案,以達到更佳的結果。

解決方案至少應包括「積極─應該做的事情」與「消極─不應該做的事情」。

## 五、評估方案

以法規、倫理理論、群體共識（守則、專業規範等）與專業價值等四個效標，分別檢視每一個替代方案[9]：

1. 適法性：檢視事件本身是否已觸犯法律規定。

2. 道德規範：由效益論、義務論、權利論與德行論等的觀點，評估所有的解決方案。除簡述道德理論的基本主張外，並說明推理過程與結論。

3. 符合群體共識：檢視相關專業規範、守則、組織章程及工作規則等，檢核事件是否違反群體規則及共識。

4. 專業價值：依據自己本身之專業及價值觀判斷其合理性，並以誠實、正直的態度，檢視事件的正當性。

## 六、評估執行上限制

理想與現實難免會有差距，有些方案可能符合倫理要求，但實際上卻窒礙難行。決策者必須由人、事、時、地、物這五個層面，審慎地評估每一個方案在執行過程中，所可能遭遇的困難或顧慮。

## 七、選擇適當方案

由最符合「法律與道德」、「具體可行」與「最後的反思與確認」等三個方向進行考量，選出一個最適當的解決方案。

最後，決策者可以應用下列的問題進行最後的檢測：

1. 反諸求己：如果對方這樣對你，你會覺得公平嗎？

2. 陽光測試：事件公開後，是否能坦然地接受社會公論或媒體的檢驗？

## 八、執行並檢視後果

由於「徒法不能以自行」，執行所選擇的方案後，仍然要檢視後果與績效，確認方案是否可以解決問題。

# 5-5
# 倫理決策案例說明

## ◎案例一：失控飛機

　　一個駕駛員發現飛機失控，即將要墜機。他及時跳傘，可以保全自己的性命，但是飛機會墜落在人煙稠密的區域。如果他繼續駕駛，雖然可讓飛機飛離都會區，但是可能因跳傘不及而陣亡。

　　這個案例比較簡單。飛機失控，及時跳傘是正常的行為，不能苛責他未考慮墜機的後果。然而，冒險將失控的飛機飛離都會區，以免造成無辜民眾傷亡是英雄行為。2012年，我國飛行員王同義少校在法國訓練飛行時，為了避免傷及無辜，在墜機前最後一刻，仍拚命操控飛機遠離住宅區，最後不幸墜機身亡，展現「犧牲小我、完成大我」的英雄氣概。

## ◎案例二：失控電車

　　假設有一列失控的電車，以100公里的時速迎面衝來，即將撞上前方軌道上的五個人，而旁邊的備用軌道上只有一個人。你的面前剛好有一個可以令電車轉轍軌道的控桿，如果你不操控轉轍軌道，五位工人會被撞死。

　　如果你及時轉轍，只有一個工人會被撞死。面對這個緊急情況，你將如何抉擇呢？你是否應該犧牲這一個人的生命而拯救另外五個人呢（圖5-4）？

圖 5-4　失控的電車

這個眾所周知的「失控電車」問題，早在1967年，即由英國哲學家菲力帕‧芙特（Philippa L. Foot）首次提出。1996年，朱迪斯·賈維斯·湯姆遜（Judith Jarvis Thomson）、彼得‧昂格爾（Peter Unger）、弗朗西絲‧卡姆（Frances Kamm）等人重新提出這個問題。近年來，哈佛大學邁克爾‧桑德爾（Michael J. Sandel）教授在「正義：一場思辨之旅」公開講學與心理學家馬克‧豪塞（Marc Hauser）對三十萬人的演說中又提到這個問題，使它更廣為人知。

## （一）敘述倫理問題：是否應該犧牲一個人生命來拯救五個人呢？

## （二）分析事實

1. 電車失控，即將撞到五個人。

2. 面前有一個可以讓電車轉轍軌道的控桿。

## （三）利害關係人：六個人與我

## （四）研擬替代方案

A. 按兵不動。

B. 操作控制桿，將電車轉道。

C. 大聲喊叫，期望軌道上五個人注意電車即將衝來。

## （五）評估方案

1. 效益論認為，應該以「最大多數人的最大幸福」，作為是非善惡的判斷標準。為了拯救五個人，只好犧牲一個人。→選擇B案。

2. 義務論認為，道德應該建立在必要的義務與責任上。不可以殺人是一種道德義務，因此我不能殺人。我沒有義務為了拯救五個人，而去殺死一個無辜的人。→選擇A案。

3. 權利論認為，人人都有基本的生命、財產與自由的基本權利。我沒有權利剝奪別人的基本權利。→選擇A案。

4. 德行論認為，人應該展現美德，主動幫助他人，但絕對不能殺人。→選擇C案。

## （六）執行上限制：無

## （七）選擇適當方案：沒有一個完美的方案。

## （八）執行並檢視後果

1. 選擇A案：是消極性的做法，但是可能一生都會受到五個犧牲的家屬責難。

2. 選擇B案：展現積極的一面，為了拯救五個人，自以為見義勇為，但是卻害死一個無辜的人，難免會受到良心的責備。

3. 選擇C案：於事無補。

## ◎案例三：偽造檢測數據

　　王君與林君皆為ET環境檢測公司高雄分公司的檢測工程師，王君負責室內空氣品質監測，而林君則負責室外監測。兩人合作無間，經常一起到ABC公司林園工廠進行檢測。王君發現空氣品質差時，不僅誠實記錄測試結果，還會通知廠內負責人員改善。

　　近幾個月來，由於ABC公司業務興隆，工廠經常超載生產，導致室內空氣品質不佳，王君向ABC工廠環境工程師反映，希望工廠改善。ABC工廠工程師暗示王君在必要時，應該依照這行業的潛規則，調降超標數據。

　　王君不以為然，不肯依照客戶的暗示執行任務。由於王君不肯合作，ABC工廠的環保經理向ET環測公司主管抱怨，說他的能力不足，導致測試結果不良。王君據理力爭，但主管卻說，客戶認為林君善盡職守，所檢測的數據皆符合法規要求，還警告他如果他不肯改善，就會面臨資遣命運。

工廠產量增加直接影響室內與室外的空氣品質。當產量超過設計容量時，環保設施無法將排氣中汙染物的濃度控制在法規標準之下。王君仔細檢視過林君的數據，發現林君的測試數據變化不大，幾乎與工廠生產狀況無關，他開始懷疑林君蓄意偽造數據，以滿足客戶的要求。由於他不願意破壞兩人友誼，而且也沒有第一手證據，並沒有向主管報告。

有一天，ABC總公司環保單位發現兩人的測試數據並無相關性，認為兩人之中可能有一人未將實際數據申報或另一人能力不足，未能檢測出實際濃度。總公司決定派李經理到高雄實際調查。如果你是王君，你該如何因應呢？

## （一）倫理問題

1. 是否應該誠實申報測試數據？

2. 是否可依客戶要求偽造數據？

3. 王君是林君的好同事，當王君發現林君有偽造數據嫌疑時，是否該勸他改邪歸正？

## （二）分析事實

1. 王君據實申報測試結果。

2. ABC工廠工程師暗示王君在必要時，應捨棄超標數據。

3. 工廠生產狀況會影響工廠室內與室外的空氣品質。

4. 林君測試數據全部都在法規排放標準之下，

## （三）利害關係人

1. 主要利害關係人

　　ET環測公司：王君、林君。

　　ABC公司：林園廠環境工程師、總公司李經理。

2. 次要利害關係人

　　環保局、匿名檢舉員工與附近居民。

## （四）研擬替代方案

A. 誠實回答任何問題。

B. 誠實回答任何問題，並檢舉林君的偽造數據行為與林園廠環境工程師有關調降數據的暗示。

C. 誠實回答任何問題、提供林園廠生產數據，以說明空氣品質與產量有密切關係，但既不檢舉林君，也不提廠方工程師的暗示。

## （五）評估方案

1. 選擇A案：消極作法，無法替自己擺脫主管與客戶對能力不足的懷疑與指控。

2. 選擇B案：雖然試圖以林君的舞弊與廠方環境工程師的暗示，來辯護自己的清白，但是可能會因沒有足夠的證據而產生負面效果。

3. 選擇C案：以具體數據說明產量與空氣品質的關係，汙染物濃度超標是產量過高所導致，並非自己測試有錯誤。以客觀的數據說明，遠比主觀但缺乏足夠證據的檢舉有效。

## （六）執行上限制

客戶工廠生產量數據不易蒐集。

## （七）選擇適當方案

選擇C案，不僅可以保護自己，而且不得罪林君或客戶的環境工程師。

## （八）執行並檢視後果等（略）

# 5-6
## 工程倫理個案探討

個案教學法亦稱案例教學法（case method）是美國哈佛大學法學院院長克里斯多福·蘭德爾（Christopher Columbus Langdell）於1870年所提出的創新教學方法。

他要求學生閱讀、分析案例與法院判決的見解，再思考解決策略和行動方案；最後透過教師的提問，由複雜的案例中，找出事實真相與隱含的法律原理原則。由於個案教學法提供經典實例，使學生得以站在決策者角度審視、分析並擬定個案處理方針[11]，已普遍應用於法律、企業管理、醫學與行政管理等領域。

工程倫理課程的目的並不只限於倫理知識的傳播，更重要的是培養學生分析複雜問題的能力，期望學生能以一種最佳的倫理心態去解決實際問題。由於工程師在幾十年的專業生涯中，所遇到的倫理問題與情境可能非常複雜，遠非一般學生或初入職場的年輕人可以想像得到，更難以妥善因應。惟有應用個案探討方式，讓學生有機會應用知識、概念與解題技巧，以發展所需的分析與解決問題的能力。

實施方式如下：

1. 分組：將學生分成若干小組，每組3-5人，每組負責一個個案。

2. 組內討論：小組成員探討與分析個案。

3. 簡報：在課堂中報告，分享分析結果。

4. 接受檢驗：接受教師與同學質問與檢驗。

### 一、工程倫理個案資源

行政院公共工程委員會、美國工程師學會與大學倫理研究中心皆編撰與蒐集倫理個案，以供學員參考。茲將倫理個案資源網址列出，以供讀者參考。

## （一）行政院公共工程委員會工程倫理手冊

共有42個案例，包含規劃、設計、工程招標、工程施工、維護管理等5類，較適於土木與營建工程師可能遭遇的個案，彙總如表5-2所顯示：

表 5-2　行政院公共工程委員會工程倫理手冊所蒐集的事例彙總 [8]

| 生命週期階段 | 編號 | 主題 |
|---|---|---|
| 規劃 | 1 | 探聽工程規劃之消息 |
| | 2 | 環境保育與工程建設的衝突 |
| | 3 | 基本調查資料未確實 |
| | 4 | 技師應就業主不可行的期待提出專業評估 |
| 設計 | 5 | 技師未落實簽證工作 ( 出國前先出具簽證報告 ) |
| | 6 | 因商業競爭，提供有安全疑慮的商品 ( 未進行完整安全測試工作 ) |
| | 7 | 舊的設計資料套用 |
| | 8 | 執業技師簽證責任事宜 |
| | 9 | 利用職權欺瞞公司 |
| | 10 | 新規範適用問題 |
| | 11 | 上班時間兼差問題 |
| | 12 | 工程設計之智慧財產及著作人格權 |
| | 13 | 設計最佳化 |
| | 14 | 設計未考慮施工實務及可行性 I |
| | 15 | 設計未考慮施工實務及可行性 II |
| | 16 | 設計未考慮施工實務及可行性 III |
| | 17 | 設計未考慮施工實務及可行性 IV |
| | 18 | 生態環境與工程建設的平衡 |
| | 19 | 設計成果與計畫需求脫勾，致一再追加預算 |
| | 20 | 提倡循環經濟善用再生粒料 |
| | 21 | 技師未詳細核實編列費用 |

| 生命週期階段 | 編號 | 主題 |
|---|---|---|
| 工程招標 | 22 | 上級不當指示 |
| | 23 | 招標公告前透漏招標文件 |
| | 24 | 招標文件疑義造成履約爭議 |
| | 25 | 招標文件不當限制，且未考慮施工性 |
| 工程施工 | 26 | 工作量超出負荷而造成服務品質下降 |
| | 27 | 與下包商的不當金錢往來 |
| | 28 | 參加尾牙晚宴 |
| | 29 | 使用不合規定之材料 |
| | 30 | 不實資料未向上陳報 |
| | 31 | 誇大廣告資訊不對等 |
| | 32 | 施工計畫書審查 I |
| | 33 | 施工計畫書審查 II |
| | 34 | 變更設計 |
| | 35 | 政策趕工 |
| | 36 | 連續壁施工問題 |
| | 37 | 工地噪音及建物保護事宜 |
| | 38 | 公共安全之維護 |
| | 39 | 施工中遭遇不可預期之情事 |
| | 40 | 施工品質管理（施工查核缺失） |
| | 41 | 工地安全管理（施工查核缺失） |
| 維護管理 | 42 | 環境汙染 |

## （二）美國國家專業工程師協會（National Society of Professional Engineers）

表5-3共列出倫理個案評論委員會（NSPE board of ethical review cases）於1958–2016年間所評論過的592個案分類。

表 5-3　1958–2016 年間，美國國家專業工程師協會工程倫理個案分類[10]

| 類別 | 個案數量 | 類別 | 個案數量 |
|---|---|---|---|
| 學術 | 4 | 意見 | 30 |
| 廣告 | 50 | 兼職 | 13 |
| 與其他關係 | 43 | 設計、數據、紀錄與資料所有權 | 17 |
| 社區服務／民間事務 | 26 | 企劃／規範 | 28 |
| 競標 | 87 | 政治獻金、禮品與佣金 | 37 |
| 機密 | 24 | 專業報告、聲明與證詞 | 57 |
| 利益衝突 | 275 | 專業責任 | 41 |
| 有附帶條件的合約 | 9 | 財產權 | 34 |
| 著作權 | 3 | 工程的社會觀感 | 26 |
| 功勞 | 33 | 公開聲明與批評 | 84 |
| 公開的責任 | 24 | 工作品質 | 13 |
| 公共責任 | 147 | 挖角／招聘 | 10 |
| 雇主 | 29 | 報酬 | 11 |
| 雇主設施 | 1 | 評估其他工程師的工作成果 | 14 |
| 工程文件 | 23 | 自我提升 | 74 |
| 錯誤 | 5 | 企劃書／文件簽署 | 32 |
| 忠實代理人與信託人 | 133 | 對利益團體發表技術性意見 | 15 |
| 公司名稱 | 25 | 文章發表 | 32 |
| 負擔／債務 | 41 | 永續發展 | 3 |
| 證照法 | 37 | 他人的非倫理行為 | 76 |
| 誤解／忽略事實 | 57 | 不公平競爭 | 33 |

2016年，倫理個案評論委員會共評論下列12個個案：

1. 水測試設備—公共衛生、安全與福祉

2. 消防噴頭文件簽署與密封

3. 申請期限截止後收件—專業選擇

4. 服務排程重疊—利害衝突

5. 無人駕駛汽車—公共衛生、安全與福祉

6. 遺漏地址—廣告

7. 繳交報告後，發現新數據—專家證人

8. 過去曾經探測過的場地條件—客觀性與信任度

9. 調職至其他地點—就業

10. 離職員工參加公共安全聽證會—公共衛生、安全與福祉

11. 設計遊戲場所以討好公職人員—利害衝突

12. 取得競爭者的企劃書—保密

**▌關鍵說明▌**

倫理個案評論委員會

（三）**美國國家工程院線上工程倫理中心**（Online ethics center for engineering, the National Academy of Engineering）

　　共蒐集130個工程相關個案，各工程專業件數分別為航空工程（8）、生醫工程（17）、化學工程（15）、土木工程（19）、資訊工程（8）、地球資源工程（5）、電機工程（8）、工程管理（4）、環境工程（14）、工業工程（9）、材料工程（13）、機械工程（15）、核子工程（8）、系統工程（7）等。

**▌關鍵說明▌**

線上工程倫理中心

### （四）美國伊利諾理工學院專業倫理研究中心（Illinois Institute of Technology）

包括賄賂與威脅、雇主／員工關係、環境、專家證人、產品可靠度、智慧財產權、專業責任、公共安全等。

▌關鍵說明▐

專業倫理研究中心—道德教育圖書館

## 二、個案分析

本節由行政院公共工程委員會、美國專業工程師協會與美國國家工程院所蒐集的個案中，選出與智財權、環境保護、利益衝突、挖角、賄賂、檢舉、公共安全相關的10個代表性個案分析（表5-4），以供讀者參考。

**表 5-4　10 件個案名稱與主題**

| 個案名稱 | 主題 |
|---|---|
| 應用前雇主的設計 | 智慧財產權 |
| 公開反對開發案 | 環境保護 |
| 水權申請 | 利害衝突 |
| B 觸媒取代 A 觸媒 | 公共衛生、安全與福祉 |
| 辦公大樓選址 | 利害衝突 |
| 設計兼施工 | 利害衝突 |
| 參加尾牙晚宴 | 餽贈 |
| 晶源品質管制 | 專業責任 |
| 簽署測試報告 | 公共衛生、安全與福祉 |
| 離職員工爭取客戶 | 公平競爭、智慧財產權 |

## ◎個案一：應用前雇主的設計

### 1. 事由

原任職於S工程顧問公司的E先生是位電機技師，他是國內頂尖大學的碩士，同時也是美國著名學府的博士，當他在S公司服務期間，其研發設計之交控系統獲得該年度之經濟部創新研發獎，是位不可多得的人才。

T公司由於承作由S公司負責設計之交控系統，發現E先生所設計之交控系統真的是太厲害了，這麼完美的設計概念怎麼有人會想得到呢？於是就以2倍的年薪外加500張該公司的股票(現值約2千萬元)，挖角E先生至該公司服務。

T公司除了委請E先生進行交控系統的設計外，同時也發現E先生在S公司所做的其他研發同樣也是棒得不得了，所以希望E先生將這些理念及研發成果應用在T公司的其他業務中。E先生覺得這些東西雖然是在S公司服務期間所研究出來的，但是S公司老闆認為實用性不高，並未予以採用，同時自己又是該項研究的計畫主持人，大部份的構想皆出自自己的理念，再加上同仁的執行得以完成相關成果。既然S公司的老闆不採用，而有關該研發的智慧財產權也沒有明確的規定，所以E先生認為，在T公司將這些理念進一步延伸發展應該是沒問題的。

### 2. 思考要點：

(1) 智慧財產權以及著作人格權之歸屬問題？

(2) S公司不採用，是不是就代表著E先生可以自由使用在其他研究上？

(3) 以高薪挖角其他團隊之優秀人才的舉動，是否合情合理？

### 3. 倫理守則規範

(1) 工程人員應尊重他人專業與智慧財產，不得剽竊他人之工作成果。

(2) 工程人員應瞭解及遵守雇主之組織章程及工作規則。

(3) 工程人員應盡力維護雇主之權益，不得未經同意，擅自利用工作時間及雇主之資源，從事私人事務。

(4) 工程人員應秉持誠實與敬業態度，溝通與瞭解業主／客戶之需求，維護業主／客戶正當權益，並戮力完成其所交付之合理任務。

(5) 工程人員應對業主／客戶之不當指示或要求，秉持專業判斷，予以拒絕及勸導。

4. 結論

   (1) E先生在S公司所作的設計的著作人格權屬於他，但設計的智慧財產權屬於S公司，未經S公司許可，E先生不得使用這些設計。

   (2) S公司不採用，不代表E先生可以自由使用在其他研究上。

   (3) 以高薪挖角其他團隊之優秀人才的舉動，合情合理。

5. 資料來源

   本個案取材自行政院公共工程委員會工程倫理手冊編號12：工程設計之智慧財產權及著作人格權智財權。

## ◎個案二：公開反對開發案（環境保護）

1. 事由

   施君是一位熱愛地球環境，並且對於環境保護推動不遺餘力的環保人士，任職於一家土地開發顧問公司。近年來由於政府大力推動獎勵民間投資，因此該公司與南部一位大地主洽談合作，將於南部開發一處可媲美迪士尼樂園的遊樂區。由於該遊樂區的開發預計將可為當地帶來相當可觀的觀光人潮，帶動當地觀光產業發展，因此不論當地政府或居民皆十分歡迎並期待本開發計畫。但是該預定地因為地形、氣候等條件，為每年候鳥固定經過及棲息之地，若開發本遊樂區，將使候鳥失去棲身之所，對於環境生態將造成衝擊與破壞。為此環保團體表示反對意見，並且將以實際的抗議行動來表達不滿。

   施君雖在該土地開發顧問公司工作，但他並沒有直接接觸或執行這個計畫，而實際上他內心中也對本工程存有不同的看法。環保團體希望施君能以工程人員的觀點及角度協助他們一起反對本工程案的開發，施君面對公司利益、居民期待及環保課題間的衝突，應該如何抉擇？

2. 思考要點

   (1) 理念與利益衝突。

   (2) 生態與建設之抉擇。

## 3. 倫理守則規範

(1) 工程人員應秉持專業觀點，以客觀、誠實之態度勇於發言，支持正當言論作為，並譴責違反專業素養及不當之言行。

(2) 工程人員應對業主／客戶之不當指示或要求，秉持專業判斷，予以拒絕及勸導。

(3) 工程人員應運用其專業職能，盡其所能提供社會服務或參與公益活動，以造福人群，增進社會安全、福祉與健康之環境。

(4) 工程人員應尊重自然、愛護生態，充實相關知識，避免不當破壞自然環境。

(5) 工程人員應兼顧工程業務需求與自然環境之平衡，並考量環境容受力，以減低對生態與文化資產等之負面衝擊。

## 4. 結論

為了避免環境生態所造成衝擊與破壞，施君有義務以工程人員的觀點及角度協助環保人士，一起反對本工程案的開發。然而，公開反對開發可能會遭受的公司的杯葛與抵制，施君如果事先無法得到公司的諒解，最好離職他就。

## 5. 資料來源

取材自行政院公共工程委員會工程倫理手冊編號2：環境保育與工程建設的衝突。

## ◎個案三：水權申請（利害衝突）

### 1. 事由

水權申請是一項冗長的過程，申請者不僅必須提供申請書與水權分析報告，還必須經過既有的水使用者的同意。由於申請案必須經過法院的許可，通常需要兩三年工夫。幾年前，BIG開發公司為了申請水權，曾經委託ABC顧問公司進行的水權分析工作。當時，周君在ABC顧問公司工作，是負責這項專案的工程師之一。他與另外一位工程師完成任務後，共同簽署了結案報告。

周君完成水權分析專案後，就跳槽到州政府工程單位工作。他在州政府的工作與BIG開發公司所申請的水權計畫毫無關聯。州政府幾乎對所有的水權申請案件持反對的態度，對BIG公司的申請自然也不例外。

由於周君曾執行過水權分析的專案，他覺得應該支持這個計畫。請問他是否應該支持這個計畫呢？他是否可以公開替自己過去的的客戶辯護呢？他是否會與現在的雇主發生利害衝突呢？

### 2. 思考要點

(1) 專業責任。

(2) 利害衝突。

### 3. 倫理守則規範

(1) 工程人員應秉持專業觀點，以客觀、誠實之態度勇於發言，支持正當言論作為，並譴責違反專業素養及不當之言行。

(2) 工程人員應提供必要之技術資料或作業成果說明，以利社會大眾及所有關係人瞭解其內容與影響。

(3) 工程人員應瞭解及遵守雇主之組織章程及工作規則。

(4) 工程人員應盡力維護雇主之權益，不得未經同意，擅自利用工作時間及雇主之資源，從事私人事務。

### 4. 結論

(1) 他曾簽署過水權分析報告，站在專業立場，自然有權支持與表達他的立場。

(2) 由於他在州政府的工作與水權無關，即使立場與州政府相左，也不會發生利害衝突。周君應該向州政府主管報告，自己的行為只是履行對過去客戶的義務，公開說明自己的專業分析而已，但不得再繼續私下接受委託，從事相關工作。

### 5. 資料來源

取材自線上倫理中心倫理個案：對客戶或雇主的義務？[11]

## ◎個案四：以 B 觸媒取代 A 觸媒（公共衛生、安全與福祉）

### 1. 事由

　　王同學是一個參與建教合作的化工系女學生。她發現她所實習的化工廠在生產製程中，長期應用一種致癌的A觸媒。最新的研究指出，長期接觸A觸媒的員工得癌症的可能性很高。公司雖然提供防護設施，而且要求員工遵照標準作業程序工作，以免員工直接接觸A觸媒，然而，由於症狀在20年長期接觸後才會顯示出來，而且遵守標準安全防護程序會降低工作效率，現場操作員皆採取捷徑，而不遵守安全作業程序。

　　王同學在專業期刊上閱讀到一篇論文，提到一種不會致癌的B觸媒可以取代A觸媒，不過價錢卻非常昂貴。請問她是否應該在製程改善小組會議上建議公司應該以無害的B觸媒取代A觸媒呢？

　　如果王同學在會議上提出她的看法，可能遭到經理與其他小組成員的反對，因為B觸媒價錢昂貴，以B觸媒取代A觸媒，會大幅降低公司的利潤，何況職安法規並未明文禁止應用可能致癌的A觸媒。經理說王同學在製程改善小組的任務是保溫材料的選用，不是觸媒的選用，警告她從此不要再發表有關B觸媒的言論。

　　請問王同學應該如何因應呢？

### 2. 思考要點

　　(1) 專業責任：維護公共衛生、安全與福祉。

　　(2) 檢舉：是否構成檢舉的條件呢？

### 3. 倫理守則規範

　　(1) 工程人員應秉持專業觀點，以客觀、誠實之態度勇於發言，支持正當言論作為，並譴責違反專業素養及不當之言行。

　　(2) 工程人員應瞭解及遵守雇主之組織章程及工作規則。

　　(3) 工程人員應瞭解其專門職業乃涉及公共事務，執行業務時，應考量整體社會利益及群眾福祉，並確保公共安全。

　　(4) 工程人員應致力發展及優先考量採用低污染、低耗能之技術與工法，以降低工程對環境之不當影響。

## 4. 結論

(1) 王同學有義務在會議上提出她的看法，因為維護公共衛生、安全與福祉是工程師最主要的權利與責任。

(2) 王同學蒐集完善的資料，在經理的許可之下，可以向公司高層提出建議。如果經理不同意，王同學可能要回到大學請教老師與法律顧問，確保她的向高層檢舉的行動不會影響她的權益。法規並未禁止A觸媒的使用，因此公司使用A觸媒並不違法。如果王同學受到公司的制裁而喪失建教合作的資格，她可能難以在勞工局或法官前平反。

## 5. 資料來源

取材於美國波多黎各大學專業倫理中心威廉‧傅雷教授（WilliamJ.Frey）所提的A化學品或B化學品？[12]

## ◎個案五：辦公大樓選址

## 1. 事由

市政府委託張技師執行一個尋找新辦公大樓場地的計畫。經過詳細的分析後，張技師最後決定在兩個地點中抉擇：第一個地點尚未開發，價格比較便宜；第二個地點在他家族的祖傳土地上，不僅土地上有建築物，而且價格較高。張君首先告知市政府他的家族是第二個地點的地主，然後根據下列兩個理由，建議市政府在第一個地點上興建新的辦公大樓：

(1) 由工程角度而言，比較適合市政府的需要。

(2) 土地價格比較低。

請問當市政府知道張技師家族擁有第二塊土地的所有權時，是否應該接受張技師的推薦呢？如果他發現他家族所擁有的第二個地點適合時，他是否應該自動放棄這個計畫呢？張技師向市政府報備他的家族是第二個地點的地主是否已經避免利害衝突呢？

2. **思考要點**

    (1) 專業責任

    (2) 利益衝突。

3. **倫理規範**

    (1) 工程人員不得以任何直接或間接等方式，向客戶、長官、承包商等輸送或接受不當利益。

    (2) 工程人員應秉持誠實與敬業態度，溝通與瞭解業主／客戶之需求，維護業主／客戶正當權益，並戮力完成其所交付之合理任務。

4. **結論**

    (1) 由於張技師的推薦係依據專業思考，而且並未推薦自己家族的土地，市政府應該接受他的推薦。

    (2) 他發現他家族所擁有的第二個地點適合後，最好自動放棄這個計畫，以免受人懷疑。

    (3) 張技師向市政府報備他的家族是第二個地點的地主後，市政府應該決定他的任務是否構成利害衝突。

5. **資料來源**

    取材自線上倫理中心倫理個案：對客戶或雇主的義務

## ◎個案六：設計兼施工

1. **事由**

    林君是EC工程顧問公司的資深工程師，專門負責廢水處理場地規劃與設計；此外，他也是一家MW營造廠的主要股東。去年，市政府委託EC工程顧問公司規劃與設計的廢水廠專案即由林君擔任專案經理。市政府準備在今年下半年委託ABC公司以林君的原始規劃與設計為藍本，負責開標任務。

    林君認為如果MW營造廠承攬這個工程，可以大幅提升MW營造廠的聲譽與利潤，因此與他的合夥人積極準備投標事宜。

### 2. 思考要點

(1) 請問MW營造廠是否應該投標？

(2) 如果MW營造廠投標是否對其他投標廠商不公平？

### 3. 倫理規範

(1) 工程人員應彼此公平競爭，不得以惡意中傷或污蔑等不當手段，詆毀同業爭取業務。

(2) 工程人員應對所承辦業務保守秘密，除非獲得業主/客戶之同意或授權，不得洩漏有損其權益之相關資訊。

### 4. 結論

　　傳統思維認為設計者不得承攬施工，以避免球員兼裁判的批評。過去，設計兼施工一直被工程界認為對客戶與競爭者不公平。然而，由於設計、採購、施工統包（EPC）已經成為公共與民間重大工程的主要承攬模式，過去所認為的「球員兼裁判」的倫理疑慮早已被澄清。

　　美國專業工程師協會倫理個案評估委員會認為，MW營造廠投標，原則上並不違反工程倫理，雖然MW營造廠的主要股東林君參與廢水廠規劃與設計的專案，只要林君在EC公司替市政府所做的規劃與設計報告中，沒有刻意綁標或對MW營造廠特別有利的行為，即不違背倫理。

### 5. 資料來源

　　取材自美國專業工程師協會倫理個案98-1(NSPE case No. 98-1)

## ◎個案七：參加尾牙晚宴

### 1.事由

　　EPC公司是國內著名的營造廠商，向來以工程品質優良、技術領先聞名業界。該公司所承攬ABC銀行辦公大樓營建案，品質優良，進度超前，被業界普遍認為是今年的金質獎最佳候選者。

　　由於工程進行順利，獲利情況佳，EPC公司決定舉行盛大尾牙餐宴，提供許多獎金及獎品以獎勵員工，並特別邀請ABC銀行負責大樓興建的李副總經理及丁經理與會。由於兩人平日與EPC公司員工互動良好，都參加了尾牙餐宴。

　　今年最大獎－寶馬（BMW）轎車一輛，是由該公司的現場許工程師獲得。ABC銀行李副總與丁經理分別抽到獎金10萬元與42吋的電漿電視。兩人猶豫是否應該推辭尾牙抽獎獎品？

### 2.思考要點

(1) 施工廠商邀請業主或監造之工程人員參加餐會是否適當？若業主或監造要求參加，施工廠商應如何處理？

(2) 若施工諮詢及監造顧問於執行業務時皆態度認真、克盡職責，則接受獎品的行為是否仍另人非議？

### 3.倫理規範

(1) 工程人員不得以任何直接或間接等方式，向客戶、長官、承包商等輸送或接受不當利益。

(2) 工程人員不得接受承包商之不當利益或招待，並應盡可能避免業務外之金錢來往。

### 4.結論

　　李副總與丁經理可以參加承攬廠商的尾牙晚宴，但是由於獎金10萬元與42吋電視機的價值遠超過一般禮品，因此兩人都應該將獎品捐出。

### 5.資料來源

　　取材自行政院公共工程委員會工程倫理手冊編號28：參加尾牙晚宴。

## ◎個案八：晶圓品質管制

### 1. 事由

郭君是一個在晶圓廠負責品質管制的工程師。過去數年內，大約每150個晶圓會發現1個必須毀棄或修護的瑕疵品。由於修護晶圓費用增加，他的主管王經理要求品管人員應毀棄所有瑕疵品，不再送修。

二個月後，王經理認為品管部門過於嚴格，毀棄太多的晶圓，大幅影響公司的利潤，因此要求林工程師放寬標準，讓更多的晶圓通過檢驗。郭君認為這樣做會影響產品的品質，然而王經理認為公司產品都有保固證期限，如果產品在保固期限內出狀況，公司會依約更換。郭君認為放寬品管標準會提高產品失誤風險，不僅增加客訴數量，反而影響公司商譽與利潤。

如果他不聽從主管的指示，恐怕會因抗拒主管指示而被懲罰，輕則記過調職，重則開除。請問郭林君應該怎麼做呢？

### 2. 思考要點

(1) 公司長期利益與部門利益考量。

(2) 專業責任。

### 3. 倫理規範

(1) 工程人員不得誇大或偽造其專業能力與職權，欺騙公眾，引人誤解。

(2) 工程人員應秉持專業觀點，以客觀、誠實之態度勇於發言，支持正當言論作為，並譴責違反專業素養及不當之言行。

(3) 工程人員不得對下屬作不當指示。

(4) 工程人員應對於同僚業務上之不當作為，婉轉勸告，不得同流合污。

### 4. 結論

(1) 郭君認為放寬品管標準會提高產品失誤風險，不僅增加客訴數量，反而影響公司商譽與利潤。他有倫理義務向王經理說明。

(2) 如果王經理不同意他的看法，它應該請求王經理將他的意見轉告高層經理人，並與負責長期利益的部門研商，請該部門執行成本效益分析，確保放寬品管標準不會影響公司的長期利潤。

(3) 如果王經理拒絕他的請求，他可以向高層經理人建議。

## 5.資料來源

取材自美國國家專業工程師協會倫理個案08-02,產品品質－瑕疵晶圓（Qualityofproducts－defectivechips）。

## ◎個案九：簽署測試報告

### 1.事由

多年前，民航局委託台宇航太工程公司研發一個新型航空管制系統，以因應未來機場飛航需求。戴偉德是台宇公司資深軟體工程師，具有二十年以上軟體測試經驗，負責這個新型航管系統的測試。近年來，台宇公司業績不佳，流動資金不足，導致這個航管系統專案的人力與資源不足。由於員工理解公司的困境，大家上下一心，群策群力，終於完成原型系統的開發。只要戴偉德完成模擬與測試後，就可以交卷了。

經過一星期的測試，這個原型系統幾乎通過了所有的測試，只是當機場進出的飛機過多時，就會有一兩架飛機由監視銀幕上消失。經過一上午的討論與偵查錯誤，戴偉德與設計軟體的工程師們發現，這個問題是由於一個記憶分配與重新使用所引起的。軟體工程師有信心在一兩個月內完成程式修改與測試工作。

戴偉德將這個情況報告給他的頂頭上司薛經理，希望公司能說服民航局延遲交貨。薛經理拒絕這項請求，認為民航局絕對不會同意延遲交貨。如果台宇公司無法如期履約，不僅將會被課以很高的罰金，還會喪失未來的生產合約。公司可能被迫要裁遣上千位員工。

薛經理要求戴偉德與軟體工程師儘快修改軟體，但是無論是否解決所有的問題，都一定要在合約期前交出。偉德覺得於心有愧，因為這個舉動好像是賣一輛有瑕疵的汽車給顧客。萬一發生意外，他無法承受良心的苛責與蓄意殺人的法律責任。

薛經理告訴他說，台宇與民航局關係良好，我們知道他們的測試計畫。民航局工程師會先進行模擬，以確保所有功能合乎合約規格，然後會在小機場做現場實地測試。由於進出小機場的飛機數量遠低於所遭遇問題的數量，絕對不會造成問題。何況早在民航局進行實地測試前，我們早已完成所有的軟體瑕疵的修正工作。由於我們的工程師會與民航局員工一起執行測試工作，我們可以在適當時機更換有瑕疵的軟體。偉德仍然不肯說謊，因為說謊是不專業與犯法的行為。薛經理認為偉德根本不必說謊，他只要書面說明在正常使用的狀況下，這個系統非常安全。最後他終於接受薛經理的建議，簽署了測試合格的報告。

這個原型系統不僅在合約期限前完成，而且順利的通過民航局的模擬與現場測試。台宇公司的軟體工程師在民航局的模擬測試完成前，就改正所有的瑕疵，而且將改正後的軟體轉交給民航局的測試人員。民航局對原型系統非常滿意，決定將這套系統應用於所有機場。台宇公司從此走出財務困境，還趁機收購其他兩家競爭對手。薛經理因負責專案有功，升任副總經理。

原型系統完成後，戴偉德提前退休。他始終對他自己當年的決定耿耿於懷。

## 2. 思考要點

專業責任：維護公共衛生、安全與福祉。

## 3. 倫理規範

(1) 工程人員不得誇大或偽造其專業能力與職權，欺騙公眾，引人誤解。

(2) 工程人員應對於同僚業務上之不當作為，婉轉勸告，不得同流合污。

(3) 工程人員應對業主／客戶之不當指示或要求，秉持專業判斷，予以拒絕及勸導。

## 4. 資料來源

取材自麥克・麥克法蘭德（Michael McFarland）所著的「西方工程公司個案探討」：McFarland, M, (2012) Occidental engineering case study, Markkula center for applied ethics, Santa Clara University, Santa Clara, CA.

## ◎個案十：離職員工爭取客戶

### 1. 事由

宇宙工程公司內鬨，四位主要的工程師與總經理理念不合，決定離職並成立銀河工程公司。銀河公司成立後，除積極與宇宙公司的客戶聯絡外，還到處放話說宇宙公司無法維持過去的品質。宇宙公司也不甘示弱，總經理不但親自拜訪老客戶固樁，保證服務品質不受影響外，也批評銀河公司的四位合夥人能力與資源不足。

### 2. 思考要點

(1) 四位離職員工成立公司後，積極爭取前雇主客戶的工作，是否有違倫理呢？

(2) 四位離職員工懷疑宇宙公司無法維持服務品質，是否違反倫理呢？

(3) 宇宙公司批評銀河公司的能力與資源不足，是否違反倫理呢？

### 3. 倫理規範

(1) 工程人員應尊重他人專業與智慧財產，不得剽竊他人之工作成果。

(2) 工程人員應秉持專業觀點，以客觀、誠實之態度勇於發言，支持正當言論作為，並譴責違反專業素養及不當之言行。

(3) 工程人員應彼此公平競爭，不得以惡意中傷或污衊等不當手段，詆毀同業爭取業務。

### 4. 結論

(1) 新公司積極爭取前雇主的客戶並未違反倫理，但是如果應用在前雇主工作期間所學習的特殊技能或知識時，就違反倫理原則。

(2) 四位離職員工懷疑宇宙公司無法維持服務品質，是違反倫理的行為。

(3) 宇宙公司批評銀河公司的能力與資源不足，確實違反倫理。

### 5. 資料來源

取材自美國國家專業工程師協會倫理個案 77-11 爭取前雇主工作（Supplanting — Promotion of work by former employees）。

# Review
## 重點整理

### 一、常見解題順序

1. 問題知覺。

2. 問題陳述。

3. 尋查。

4. 問題解決。

### 二、拉姆塞與愛特伍德解題步驟

1. 發現問題。

2. 界定問題。

3. 設定目標。

4. 選擇策略。

5. 研擬替代方案。

6. 評估替代方案。

7. 選擇與執行替代方案。

### 三、解決倫理困境的方法

| 方法 | 內涵 |
|---|---|
| 倫理學理論 | 每次抉擇的依據皆相同，但欲套用至具體情境中，需經過複雜的計算。 |
| 以個案為本的劃線法 | 將兩難的方案與對錯分明的典範個案作比較，以類比方式決定如何取捨。 |
| 一個義務的優先排序指引 | 以一個義務的優先排序作為指引，如儒家的「親親、仁民、愛物」的差等原則或生命倫理中所採用的生命至重原則。 |

## 四、各種倫理決策方法比較

| 本書建議 | 戴維斯 | 安德信 | 公共工程會 | 馬庫拉 | 拉姆希 /<br>愛特伍德 |
|---|---|---|---|---|---|
| 1. 敘述倫理問題 | 同左 | 2. 道德議題 | 2. 定義倫理課題 | 1. 辨識倫理議題 | 1. 發現問題 |
| 2. 分析事實 | 同左 | 1. 事實分析 | 1. 蒐集事實 | 2. 瞭解事實 | 2. 界定問題 |
| 3. 利害關係人 | 同左 | 4. 利害關係人 | 3. 利害關係人 | | |
| 4. 研擬替代方案 | 同左 | 3. 替代方案 | 6. 創意的行動 | | 5. 研擬替代方案 |
| | | | 7. 辨識所有方案 | | |
| 5. 評估 | 同左 | 5. 道德限制 | 8. 評估比較 | 3. 評估替代方案 | 6. 評估 |
| 6. 執行上限制 | | 6. 實際限制 | | | |
| 7. 選擇適當方案 | 同左 | 7. 選擇方案與執行 | | 4. 決策與測試 | 7. 選擇方案與執行 |
| 8. 執行並檢視後果 | 同左 | | | 5. 執行與反映後果 | |
| | | | 4. 因果關係 | | 3. 設定目標 |
| | | | 5. 義務責任 | | 4. 選擇策略 |

# Chapter
# 06 安全與風險

**安全不是機件，而是一種心理狀態。**

——埃利諾·艾維特（Eleanor Everet）

　　麥道 DC-10 是麥道公司於 1968-1988 年間應美國航空公司（American Airlines）要求所研製的民航客機，總共生產 448 架。DC-10 啟用後數年，航空業界發現這型號飛機在設計上有嚴重的缺陷，其中最嚴重的是機腹貨艙艙門設計，引起多次空難。自 1972 年至 2000 年間，DC-10 共發生過 15 次重大空難，被民眾譏為 Daily Crash 10（每日十摔）。

　　2009 年 8 月，一位美國加州的警官開著凌志（Lexus）車商所出借的 ES350 車款在高速公路上行駛時，突然無法控制汽車，車速不停地飆高。當時速達到 190 公里時，整輛車衝出車道翻覆，一家四口當場死亡（圖 6-1）。美國交通安全管理局接獲投訴豐田汽車出現瑕疵的案件暴增 1 千多件。近 10 年來因為暴衝引發車禍導致死亡的人數更高達到 34 人。這類事件的發生，徹底粉碎豐田奇蹟的神話。

圖 6-1　2009 年美國加州 Lexus ES350 汽車暴衝翻覆

圖 6-2　2013 年孟加拉達卡區熱那大廈倒塌

　　自 1980 年以來，全世界共有 60 座商業與住宅大樓、體育館、大型商場等建築物因結構設計缺陷而倒塌（紐約世貿雙子大廈受恐怖主義攻擊與古蹟倒塌除外）。死亡人數超過 100 人的有 5 座，其中以 2013 年 4 月 24 日，孟加拉達卡區沙瓦鄉（Savar, Dhaka, Bangladesh）的一座 8 層商業大樓倒塌所造成的 1127 人死亡、2500 人受傷的災情最為慘重（圖 6-2）；1995 年韓國首爾市三豐百貨倒塌事故次之，約 500 人死亡。2013 年紐西蘭坎特伯雷（Canterbury, New Zealand）電視大廈與 2016 年台南市維冠金龍大樓倒塌事件並列第三，兩者皆受地震震波影響而倒塌，死亡人數同為 115 人。

　　工程活動以建造為核心，工程師的基本任務為設計與建設社會大眾所需要的實體產品，例如道路、橋樑、汽車、電腦、香水等；因此，工程活動與安全息息相關。任何一個微小的工程設計或施工的失誤皆可能引發嚴重的意外，造成難以彌補的人員傷亡、財產損失與環境、生態的破壞。安全是工程師所必須考量的層面，幾乎所有的工程專業學會都將「維護公共安全」列入倫理守則之中。討論安全倫理之前，首先必須理解安全的定義與維護安全的方法與手段。

# 6-1
## 危害

危害是指系統中可能造成人員傷亡、財產損失、環境或生態破壞的潛在因素如有害物質、條件或能量。危害性物質為具備易燃性、不穩定、易分解、毒性（人畜接觸後會造成健康危害者）、過熱或過冷、反應性（與水、空氣產生劇烈反應），或對於雜質、溫度、壓力、濃度、酸鹼度敏感者。危害性依條件或狀況可分物理危害、化學危害、生物危害與人因危害等四大類。

# 6-2
## 意外

意外事件有期望率低、避免程度低與企圖及意願程度甚低（非企劃性、非蓄意性）等三個特徵。意外事故「非預期性」、「無法預測」，而且難以有效避免。意外發生的過程可分為下列三個階段：發起、散佈與後果（圖6-3）。

發起事件為最先引發失常的事件，例如：機械設備的失常、管線破裂、電力或蒸氣的中斷、天災、人禍等。這些失常事件發生後所產生的效應稱為中間事件，例如：控制閥失常，會造成進料大幅增加與壓力不斷地上升，最後導致反應器的破裂。中間事件發生後的階段為散佈階段。此階段的設計或人為性的疏解、災害控制或制止的因應措施也屬於中間事件。

中間事件會造成可怕的後果，例如火災、爆炸、有害或物質的洩漏，這些後果又會引發出其他的事件及後果，例如管線破裂後，可燃性氣體外洩形成蒸氣雲，遇火源著火後爆炸。氣雲爆炸會造成其他桶／槽或設備的損壞，又可引發毒性物質的外洩、散佈、火災與爆炸的後果，進而造成人畜傷亡及社區環境、生態的破壞。

| **1** 發起 | **2** 散佈 | **3** 後果 |
|---|---|---|
| 最先引發失常的事件，引起中間事件。 | 中間事件發生之後產生一連串效應。 | 引發更多事件及無可挽回的後果。 |

圖 6-3　意外事件的三個階段

　　以1984年發生的波帕爾異氰酸甲酯排放事件為例，起始事件為水或雜質進入儲槽之中，造成溫度上升。由於冷卻系統失常，槽內異氰酸甲酯蒸發，壓力上升，引發疏解閥開啟，最後造成兩千多人死亡，十餘萬人受傷的慘劇。

　　意外事件可分成三種類型：程序性、工程性及組織性[1]。程序性意外是指不當選擇或不遵循規定行事所造成的意外，例如飛行員或航管人員的錯誤判斷所導致的飛機失事。工程界已充分瞭解程序性意外，只要加強訓練與監督、制定新的法規、以及要求管制者審慎檢核，就可以找出合適的解決方法。

　　工程性意外則是由設計上的瑕疵所引起的，例如材料使用不當、設備或零件未能發揮預期的功能、或是無法在任何情況下都能操作正常等。此類意外事故可以透過現場經驗與實驗過程中所獲得的數據，改善設計。

　　組織性意外不僅較難瞭解，而且也不易掌控，這類意外事件的發生是複雜的科技與那些必須應用這些科技的複雜組織的特徵；例如，現代客機需要駕駛員、空服員、維修技師、航管人員與政府督察人員等共同作業，才能確保飛機順利起飛、飛行與降落。飛航過程中任何一個階段都可能會發生微小的失誤，這些微小的失誤可能引發一連串的失誤與失常，導致飛機失事（圖6-4）。

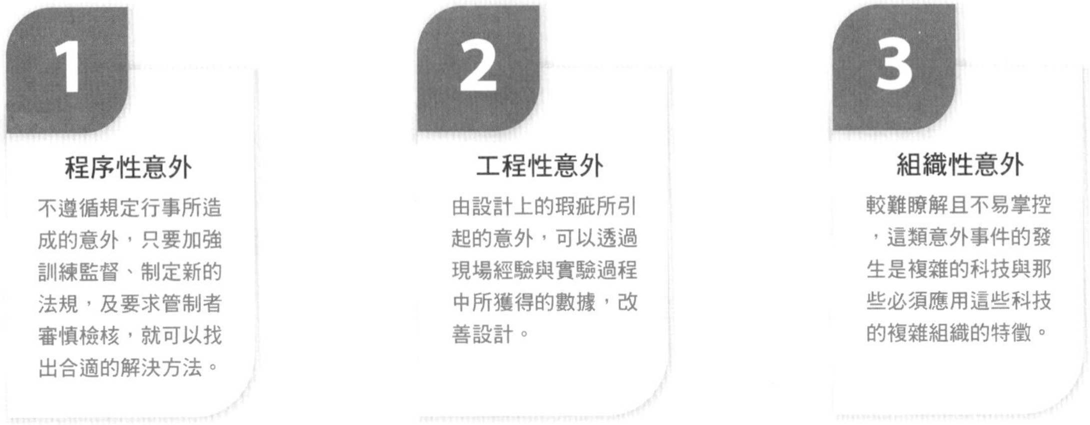

**1** 程序性意外

不遵循規定行事所造成的意外，只要加強訓練監督、制定新的法規，及要求管制者審慎檢核，就可以找出合適的解決方法。

**2** 工程性意外

由設計上的瑕疵所引起的意外，可以透過現場經驗與實驗過程中所獲得的數據，改善設計。

**3** 組織性意外

較難瞭解且不易掌控，這類意外事件的發生是複雜的科技與那些必須應用這些科技的複雜組織的特徵。

圖 6-4　意外事件的三種類型

# 6-3
# 安全與風險

安全是一個人人都懂但卻難以解釋的詞彙，主要的原因是因為安全是一種價值判斷，只能意會。有些人不敢乘坐飛機，因為他們認為飛機失事後乘客存活率很低，然而，從統計數據可知，乘坐飛機所發生意外的機率遠比騎摩托車為低。安全與風險往往相提並論，有風險就不安全；反之，沒有風險就覺得安全。不過，什麼是風險呢？

美國傳統字典（American heritage dictionary）將風險界定為遭受傷害或損失的可能性，安全則為免於損害、受傷或危險。換句話說，做不安全的事就有風險，不冒風險做事就很安全。風險的科學定義則為「發生事故的可能性與後果的組合或乘積」。可能性為發生的機率或頻率（次數／時間），而後果則為意外造成的人員傷亡數目或財產損失數值。

風險是應用於意外或損失的名詞，一般人往往忌諱這個詞彙，或許應用購買彩卷的期望值來解釋風險比較容易被接受。如果我們計算一下彩卷的平均價值，就會發現彩卷的平均價值遠低於彩卷的價錢。

假設某彩卷每張50元，總共發行100萬張，獎金為2000萬元，中獎的機率只有百萬分之一。彩卷的平均價值（期望值）為中獎機率與獎金的乘積，因此，每張平均價值（中獎期望值）只有20元，僅為彩卷面值的40%。然而，一般人購買彩卷時，只注意獎金的大小，卻從未考慮中獎的機率，更不會計算期望值。

人人喜歡花小錢買彩卷搏大獎，中獎機率雖低，但中獎一本萬利。不中獎，就會損失彩卷面值。買彩卷的風險就是不中獎機率（$1-10^{-6} \approx 1$）與所損失金額（後果）的乘積：

（$1-10^{-6}$）$\times$ 50元 $\approx$ 50元

買彩卷幾乎是血本無回，但是由於它提供絕大數人發財的期望，因此無論機率多低，還是有很多人不停地購買。

# 6-4
## 影響風險知覺的因素

一般社會大眾對於風險或導致風險的活動的看法（知覺）與專家評估的結果不同。由於風險為機率性而非決定性或絕對性，社會大眾難以瞭解風險評估的意義。任何一個活動是否危險通常得視對象與環境而定，沒有固定的答案。每個人對安全或風險的知覺也不相同，很難認同他人的安全知覺。台灣有1500萬輛機車，每年交通事故造成近兩千人死亡，十餘萬人受傷，但似乎引不起社會大眾的關心；相對地，人們卻恐懼美國牛肉與核能發電，雖然至目前為止，還沒有一個台灣人因美牛或核電因素而死亡。

社會與文化背景、經濟狀況、職業、性別、權力與控制的感覺等五項因素直接或間接影響公眾對於風險程度的看法（表6-1）。美國環保署認為自然的活動如溫室效應（地球暖化）、臭氧層破壞、物種絕種、生物生態圈的變化及破壞的風險最高，短暫但劇烈性的局部污染或破壞的風險較低，然而，社會大眾卻較恐懼突發性、劇烈性的活動，但不重視變化緩慢但具長期效應的活動。

表 6-1　影響風險知覺的因素 [2]

| 因素 | 公眾關懷度高 | 公眾關懷度低 |
|---|---|---|
| 具毀滅、劇烈破壞性 | 多數人同時死亡 | 散佈各地、零星的傷亡 |
| 潛勢的裝置、設施、事件 | （飛機失事） | （汽車、摩托車失事） |
| 熟悉度 | 從未聽過 | 司空見慣 |
| 瞭解程度 | 低（不瞭解） | 高（瞭解） |
| 人為控制 | 無法控制 | 可以控制 |
| 自願（發）性 | 非自願（發）性 | 自願（發）性 |
| 與孩童的關係 | 危及孩童 | 對孩童並無危險 |
| 效應（後果）時效 | 延遲／後發性 | 立即發生 |
| 對未來世代的風險 | 具有風險 | 無風險 |
| 受害者的身分 | 有名有姓公眾人物或可確認身分者 | 統計數字 |
| 恐懼 | 是 | 否 |
| 相信程度 | 低（缺乏信心） | 高（具有信心） |
| 媒體注意程度 | 高 | 低 |
| 公正性 | 低（不公平） | 高（公正性） |
| 可逆度 | 不可逆 | 可逆 |

茲將主要因素略述於後：

## 一、自願和非自願風險

風險性活動依參與者的意願，可分為自發（自願）性風險活動與非自發或被動性風險的活動。自發（自願）性風險為參與者主動或自願從事的活動相關風險，例如開車、吸煙、運動等風險。非自發或被動性風險則為天災、失火、爆炸、空氣污染等並非受體（受害者）所自願接受的風險。為了滿足個人的慾望、利益需求，一般人願意冒較高的風險，去從事他（她）所喜歡活動，但是卻不願意接受與他（她）個人利益或興趣無關的經濟活動所帶來的風險，即使這些活動有助於地方發展或公

益，而且風險遠低於他（她）所樂意從事的活動（如飆車、划獨木舟等）。表6-2列出非工業性活動的致命風險。

表 6-2　非工業性活動的致命風險 [3]

| 活動 | 致命意外率（FAR）<br>（死亡次數 /$10^8$ 時） | 致命機率<br>（平均每年每人致命率） |
|---|---|---|
| ◆自發性活動 | | |
| 1. 居家 | 3 | |
| 2. 乘坐交通工具 | | |
| 　公共汽車 | 3 | |
| 　火車 | 5 | |
| 　小汽車 | 57 | $17 \times 10^{-5}$ |
| 　自行車 | 96 | |
| 　飛機 | 240 | |
| 　摩托車 | 660 | |
| 3. 戶外運動 | | |
| 　打美式足球 | - | $4 \times 10^{-5}$ |
| 　獨木舟 | 1000 | |
| 　攀爬岩壁 | 4000 | $4 \times 10^{-5}$ |
| 4. 吃避孕丸 | - | $2 \times 10^{-5}$ |
| 5. 抽煙（每天一包） | - | $500 \times 10^{-5}$ |
| ◆非自發性活動 | | |
| 　被隕石擊中 | | $6 \times 10^{-11}$ |
| 　被雷擊中（英國） | | $1 \times 10^{-7}$ |
| 　失火 | | $150 \times 10^{-7}$ |
| 　被車輛撞到 | | $600 \times 10^{-7}$ |
| 　核能電廠的輻射外洩（1公里）（英國） | | $1 \times 10^{-7}$ |
| 　飛機失事（英國） | | $0.2 \times 10^{-7}$ |
| 　壓力容器爆炸（美國） | | $0.5 \times 10^{-7}$ |
| 　潮水漲出提防（荷蘭） | | $1 \times 10^{-7}$ |
| 　白血病 | | $800 \times 10^{-7}$ |

## 二、短期與長期後果

　　一般人認為造成一時病痛或傷害的活動風險，比可能會導致終身殘廢的活動風險低。例如，可能造成腿骨斷折的風險，遠比導致脊骨斷折的風險低。腿斷雖會疼痛不已，幾個月無法行動，但一般來說還是會完全康復，可是脊骨折斷則會造成終身殘廢。

## 三、預期的機率

　　許多人認為百萬分之一的機率會造成嚴重傷害的風險程度是可以接受的，然而卻無法接受在50%的機率下，導致相當輕微損傷的風險。對許多人來說，要他們在有大量水母聚集的海邊游泳是不可能的，因為雖然被水母螫傷不會致命，但他們被螫到的機率很高。在同樣的海灘上如果被鯊魚攻擊，雖然可能喪失生命或肢體損傷，但是因為風險極低，群眾還是會去海灘游泳。

## 四、可逆效應

　　社會大眾較容易接受後果及效應可以逆轉或挽回的冒險活動，但難以接受會引發無法挽回的後果之風險行為。

## 五、風險程度的恕限值

　　社會大眾認為，在高頻率暴露狀況下才會導致危害的活動，比起在一般頻率下就會造成危害的活動更加安全。舉例來說，不管開車的次數是否頻繁，車禍的機率是相同的（減少開車的頻率，當然可以降低發生車禍的可能性）。相對的，研究結果指出少量的輻射線其實是有益於人體的健康，除非是暴露在大量輻射線下，才會對健康造成重大傷害或是死亡。只要不超過一定的恕限值，壞的後果就不會發生時，大眾對這種活動的風險容忍度會大幅提高。

## 六、延遲與立即風險

一般人認為長期暴露才會對身體產生危害的活動，比立即產生危害的活動安全。例如，長期攝食高熱量食物會引起慢性心臟疾病或導致中風，許多人忽略這些危險警告，卻不敢從事諸如高空跳傘之類的活動，因為他們認為跳傘發生意外的後果非死即傷，非常危險。

# 6-5
# 可接受的風險

可接受的風險為對人體健康或環境的危害極低且在安全範圍內的風險數值。只要低於這個數值，就不會產生不良的後果。

最低風險值或可接受風險值的概念雖然合理，而且具吸引力，但是訂定一個整個社會皆認同的數值，卻也不容易。環境或安全衛生主管機關認為有此必要，但是它們卻不情願主動地訂出此一數值。

美國環保署（EPA）、食品藥品管理署（FDA）、消費性產品安全委員會（CPSC）皆使用百萬分一（$10^{-6}$）作為個人一生的可接受的參考風險值。這個數值目前已普遍為社會大眾所接受。由表6-3可知一般人對於造成$10^{-6}$致命風險的活動，例如吸1.4支香煙、喝 500 cc.的酒（酒精含量12%）、或坐150英哩的汽車皆為司空見慣之事。由於任何人都有此經驗，也不會覺得有何危險，因此相對活動的風險如果低於此數值（$10^{-6}$），似乎皆可為大家所接受。

荷蘭對於既有工廠所設定的個人死亡風險上限為$1 \times 10^{-5}$／年，新設工廠上限為$1 \times 10^{-6}$／年；英國上限為$1 \times 10^{-5}$／年，下限為$1 \times 10^{-6}$／年；澳大利亞的上限為$5 \times 10^{-5}$／年，下限為$5 \times 10^{-7}$／年（表6-3）。

表 6-3　各國政府機關所訂定的個人死亡風險標準[4]

| 政府機關與應用範圍 | 最大容許風險<br>（每年） | 可忽視的風險<br>（每年） |
|---|---|---|
| 荷蘭（既有工廠） | $10^{-5}$ | $10^{-8}$ |
| 英國（既有危害性工業） | $10^{-4}$ | $10^{-6}$ |
| 英國（靠近既有工廠的新社區） | $10^{-4}$ | $3 \times 10^{-7}$ |
| 香港（新工業） | $10^{-4}$ | 不採用 |
| 澳洲新威爾斯（新工廠與社區） | $10^{-6}$ | 不採用 |
| 美國加州（新工廠） | $10^{-5}$ | $10^{-7}$ |

另外一個經常使用於風險管理的效標為避免致命的邊際成本（marginal cost of avoiding a fatality），也就是減少一個人死亡所需的投資費用。此一成本視地區而異，介於 200 萬至 800 萬美金之間。歐洲各國明確地應用此類經濟效標，美國工商界雖默認此效標的存在，但是為了避免媒體與社會大眾的誤會，並不願意公開承認此效標的存在。

**▌關鍵說明▐**

「邊際成本」在經濟學和金融學中指的是系統每增加一單位（或多購買一單位的產品）投入所需額外增加之成本。

邊際成本和單位平均成本不一樣，後者考慮了全部的產品，而前者忽略了最後一個產品之前的所有成本。

# 6-6
## 工程師的責任

安全是工程師所必須考量的層面，幾乎所有的工程專業學會都將「維護公共安全」列入倫理守則之中。然而，如何確保產品設計的安全呢？設計必須符合下列四個判斷原則，以確保安全[5]：

1. 符合法律標準：產品上市前必須通過法定的安全標準。

2. 符合「公認工程規定」的標準：產品的安全性必須高於專業公認的標準。

3. 開發本質較安全的替代設計。

4. 應用防呆設計：產品在消費者誤用的情況仍能安全停機或不造成危害。

# 6-7

# 安全設計

安全設計可分為本質或內部安全（inherent, intrinsic or internal safety）、外在安全（external or extrinsic safety）兩類。本質安全為在企劃與設計階段由源頭直接消除危害以降低風險，而外部安全設計則應用外部設施如安全閥、消防栓、噴淋系統、防火牆等緩和與隔離設施，以控制災害的蔓延。在企劃與設計的階段，提升內在或本質的機會很高，但是到了營建與運轉的階段，由於既有環境與設計的限制，改善的機會低，只能增加防護或緩和危害的設施。

安全設計的手段包括：

1. 危害辨識：危害辨識為發現系統中的危害源。

2. 避免或消除危害：強化、取代、調整與簡化。

3. 控制危害：如限制失誤所造成的影響、避免碰撞效應、避免組裝錯誤、狀態清晰、容易控制等。

4. 緩和、隔離與圍堵。

5. 處理危害：將危害物質的危險與毒性消除。

首先應設法提升本質安全（避免、消除或控制危害），然後才設法緩和、消減、圍堵與處理危害可能造成的後果。

如何將安全理念與技術融入工程設計的過程中呢？為了更有效率地執行工程專案，通常在設計的基本多階步驟上，增加安全考量。安全設計方法雖然眾多，但皆大同小異。本章以維爾喀克斯（A. D. Wilcox）所提出的步驟為基礎[6]，再綜合其他各家建議，以供參考：

1. 界定問題：決定需求與條件，例如公認的業界規範、限制條件與安全基準等。

2. 提出數個方案，發展出好幾個替代設計，且在每個設計階段中，皆須執行危害辨識，以找出設計中的危害因子。

3. 分析每個方案，揣摩每項設計方案所能引發的後果，並評估這些方案是否足以解決問題。

4. 測試每一個方案。

5. 選擇最好的方案，並進行風險評估。

6. 執行所選擇的方案。

由步驟（1）中可以看出，工程產品的定義和規格必須包含安全性議題，在步驟（2）至步驟（5）中，工程師所必須思考的是該方案和產品規格間的契合性、方案執行的難易度、成本與安全風險考量。安全在步驟（5）中更是特別重要，因為在這個階段，工程師除了評估所有必要條件外，必須執行風險評估，將風險降至可接受的範圍之內，才能設計出完美的成品。在所有評估過程中，安全應被視為最重要的考量，它所佔的比重遠高於其他部分。

# 6-8
## 意外防範

防止意外措施可分為教育訓練（education）、鼓勵（encouragement）、工程控制（engineering）、強制執行（enforcement）、評估（evaluation）等五個原則。由於這五個項目的英文皆以E開頭，簡稱為5E原則[7]（圖6-5）。

### （一）教育訓練

教育訓練的目的在於不斷建立員工正當的安全意識、工安規則以及緊急防範逃生措施。其內容為安全意識的建立、安全政策與責任、危害通識、基本消防、緊急應變措施、危險物品處理及儲存、物質安全資料表（MSDS），訓練方式可分為課堂講習、現場實習，例如消防及緊急應變、疏散、定期性檢討、電腦模擬等。

## （二）鼓勵

## （三）工程控制

工程控制的重點在於設計的合理化、安全化，營建的水準符合設計要求及安全標準等。

## （四）強制執行

強制執行又稱行政控制，是管理階層利用職權要求員工遵循行政命令、指令、作業標準、步驟或理念，以加強或補充工程控制（及設備、程序控制）的不足，而非取代合理的工程控制。最主要的安全作業標準是所謂操作安全標準與維修安全標準操作或設備改善安全標準，所有操作運轉及維修工作都必須符合安全標準所規定的準則。

## （五）評估

評估包括危害辯識、風險評估等。危害辨識的目的在於發現製程中可能造成危害的因素。危害辨識的方法很多，工程師可依據其需要，選擇適當方法執行。風險評估為評估一個系統的危險程度的系統性方法，其目的為在意外發生前即找出製程中的危害、機率、影響，以及由三者組合的風險程度，其結果可以作為決策的依據。風險評估包括危害辨識、機率分析、影響分析、風險分析等部份，評估結果可作為日後改善的依據。

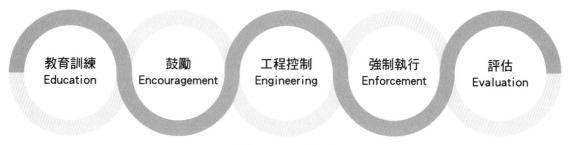

圖 6-5　5E 原則

# 6-9
## 案例探討

### 一、民航客機失事

　　過去半個世紀以來，民航業大幅成長。1967年時每年約有2.5億乘客，到了2016年，每年有37億人乘坐4000萬航班旅行，成長率高達15倍。依據國際航空運輸協會（IATA）估計，未來20年，全球航空旅客數每年以3.7%成長。2035年，航空業者將服務58億旅客[8]。

　　民航客機的失事率遠低於公路上交通事故，乘坐飛機的致死率約三千萬分之一（1/29,400,000），平均每百萬小時飛行的死亡人數僅為12.25[9]。然而，由於民航客機失事往往造成數十或數百乘客傷亡，世界上任何一次空難事件都會引起全球媒體與社會大眾的關心與注意。依據1960年至2015年間所發生的1104件民航機空難事件調查報告，肇事原因為駕駛員操控錯誤（58%）、機械失誤（17%）、蓄意破壞（9%）、氣候（7%）與其他因素（6%）[10]。由於駕駛員操控錯誤屬於程序性意外，而機械失誤中的維修不當亦為操作性意外，兩者相加將近三分之二。機械失誤中的設計不良或材料選用錯誤則屬於工程性意外。

　　復興航空公司於2014年與2015年所發生的兩次空難意外是典型的操作性意外。兩次意外的調查報告指出，復興航空公司駕駛員屢屢不遵守標準作業程序，對高風險的操作不但習以為常，而且形成一種操作文化。兩次空難後，復興航空營運日益困難，每月損失1000萬元。2016年11月22日，復興航空公司在無預警狀況下，停止所有航線營運。

　　美國麥克唐納·道格拉斯公司（McDonald Douglas，簡稱麥道）所製造的DC-10客機在設計上有嚴重的缺陷，其中最嚴重的是機腹貨艙艙門設計，引致多次空難。1997年，麥道與波音公司合併，成為波音集團的一部分。

## （一）復興航空 GE222 航班飛機失事事件

2014年7月23日晚間7時，台灣復興航空公司所屬的GE222號班機由高雄飛往澎湖時，因風雨過大，造成降落不順。機師試圖重飛失敗，最後墜落於澎湖縣西溪村中。墜機後，機艙起火燃燒，造成機上48人死亡，10人重傷。此事件是2002年中華航空公司大園空難後，台灣傷亡最慘重的空難事件（圖6-6）。

圖 6-6　復興航空 GE222 號班機墜機現場 [11]

班機原訂當天下午4點由小港機場起飛，但因麥德姆颱風來襲，到5點43分才取得塔台起飛許可。當飛機接近馬公機場上空，機場能見度不佳。6點43分，飛機取得進場許可後，即準備降落。此時跑道風向為250度、風速19浬。7點06分，該機第一次降落失敗，機師向塔台要求重飛，塔台答應。三秒後再次要求重飛。又過了三秒，塔台與機長失聯，飛機墜毀於機場東邊的西溪村後著火爆炸[11]。

2016年1月29日，飛航安全調查委員會（簡稱飛安會）所公布的事故調查報告指出，此次意外是因為飛航組員未遵守標準作業程序，在未獲得辨識跑道環境所需的目視參考下，持續進場，並將航機下降低於最低下降高度。飛航組員未遵守標準作業程序，致該機喪失與障礙物應有的隔離，使進場程序所設想的安全考量及風險管控失去效用。事後調查發現，當時空軍高勤官荊元武拒絕飛行員認為目視較佳且當天況狀較適宜安全降落的02跑道降落需求，違反民航局的飛航管理程序（ATMP）3-5-1項a.3.[12]。

## （二）復興航空235班機失事

2015年2月4日上午10時45分，復興航空公司屬下235號班機由臺北松山機場起飛，10分鐘後失聯，墜毀於臺北市南港區基隆河中，造成43人死亡，15人受傷。根據民眾行車紀錄器所拍攝到影像，飛機最後因避讓建築物導致飛機高度驟降並向左側翻轉90度，左機翼先擦撞南港展覽館附近環東大道高架道路上一輛正在行駛的計程車，又擦撞環東大道的護欄，隨即墜毀於臺北市南港區、內湖區與新北市汐止區交界、內溝溪抽水站附近的基隆河河面上（圖6-7）[13]。

圖6-7　復興航空235號班機墜入基隆河中[14]

依據飛安會2015年7月2日所公布的調查報告，此次空難是由於人為操作失誤導致。本班機在跑道滾行準備起飛，當滾行加速4秒鐘時，飛航組員發現自動起飛動力控制系統即已斷線。依照規定，飛航組員應該立即中止起飛，但駕駛員仍然照常起飛。當顯示器顯示右邊的二號發動機異常後，飛航組員卻將左邊正常運作的一號發動機的油門關掉，導致兩具發動機熄火。根據座艙通話記錄器資料，飛航組員一直到飛機墜毀前8秒，才發現關錯油門導致失速。

檢察官以「瑞士乳酪理論」形容本案：此次空難的發生是並非單一因素所造成，而是由於人為誤判、元件故障、系統設計邏輯特殊等因素同時出現所造成的，就有如層層乳酪中正好有一組孔洞的組合可讓光線通過。

### （三）麥道 DC-10 飛機空難事件

　　麥道DC-10是麥道公司是1968-1988年間應美國航空公司（American Airlines）要求而研製的飛機，總共生產448架。它原本為雙引擎客機，後來為了確保可以在短跑道上起飛及因應美國航空的要求而加上第三個引擎[15]。DC-10啟用後數年，航空業界發現這型號飛機在設計上有嚴重的缺陷，其中最嚴重的是機腹貨艙艙門設計，引致多次空難。自1972年至2000年間，DC-10共發生過15次重大空難，被民眾譏為Daily Crash 10（每日十摔）。

　　1972年6月12日，美國航空第96號班機由底特律飛往水牛城途中。當飛機飛經安大略省溫莎市上空，突然在機尾部份發生爆炸。據機上空服員表示，飛機尾部靠左的地台，出現了一個破洞。飛機隨即不受控制，並向右稍為傾側，機鼻亦由原本爬升狀態變為向下傾。由於機長的努力，飛機最後能返回底特律機場緊急降落，機上全員生還。美國國家運輸安全委員會（NTSB）發現，機身左後方的貨艙門不翼而飛，地台因氣壓而下陷，並出現了一個缺口，連接著二號引擎及其他操控面的電線因地台下陷斷裂，導致飛機在飛行途中失去了二號引擎的操縱及無法完全控制升降舵及方向舵[16]。

　　意外的發生是由於貨艙門鎖系統及地板結構的設計不良所造成的。貨艙門寬大，不宜以手動方式上鎖，設計師只能選擇液壓或電動系統。如果以液壓方式鎖門，萬一艙門沒有完全關上時，僅需少許內壓施加於艙門之上，鎖就會失效，導致艙門在較低的高度彈開。由於客艙與貨艙間的壓差不大，不致造成地板變形，飛機仍能安全地飛回機場[17]。

　　電動系統不僅重量較輕，而且移動零件也少。萬一電鎖沒有完全關上時，在機內壓力未大到一定程度時，仍會卡住而不致失效，然而，電鎖卻會在高海拔處燒掉，導致重大災難。兩者雖然各有優缺點，但是最後DC-10的設計者決定選擇電鎖。

　　國家運輸安全委員會要求麥道公司與貨艙門製造商改善貨艙門的設計，除增加一個可供地勤人員檢查艙門是否鎖緊的小窗外，亦要求麥道改善地板設計、增加透氣孔等，以降低風險。然而，這次事故引發的問題沒有得到滿意的解決。

兩年後，同樣問題發生在土耳其航空公司的981號班機上。1974年3月3日，此班機由法國巴黎飛往英國倫敦途中。由於爆炸性失壓切斷所有的液壓管道，導致駕駛員無法操控。飛機在巴黎郊區墜毀，機上的346名乘客及機員全數罹難。

1979年5月25日，厄運又降臨至DC-10乘客的頭上。一架美國航空公司客機從芝加哥歐海爾國際機場（O'Hare International Airport）起飛後，一個後翼引擎從支架處裂開，引擎扯掉穿過機翼的液壓線路，導致飛行員無法調整那一側的控制表面，飛機無法控制而墜毀，機上無人倖免。

官方的調查報告指出，墜機是由於維修人員處理不當所造成的。當引擎拆下保養後，維修人員並未依照正確程序組裝回去，使得引擎支撐處出現小裂縫，導致悲劇發生。然而，DC-10的設計也並非全無責任，由於驅動機翼控制面板的三重備援液壓線路位於機翼的前端，當引擎脫離時，破壞了這三個液壓系統。如果麥道公司應用波音或洛克希德所設計的四組平行備援液壓線路，或將空支線路繞到客艙上方的天花板上面，即使客艙失壓，控制線路也不會損壞。1979年芝加哥墜機事件發生後，DC-10型飛機全面禁飛，進行改造及檢查。

## 二、交通事故

### （一）肇事原因

依據世界衛生組織於2015年10月9日所發佈《2015年全球道路安全現狀報告》，每年約125萬人死於道路交通事故，每年每10萬乘客中，17.4人死於交通事故。90%的道路交通死亡發生在低收入與中收入國家如非洲國家。較富裕的歐洲國家如德國、法國的人均死亡率最低，介於4～6人間，非洲剛果、查德、喀麥隆等與南美國家死亡率超過20人。中國高達18.8人，美國10.6人。台灣每年約3000人死於交通事故，每10萬人死亡率為13人，介於中美之間。世界80%國家銷售的部分車輛不符合基本安全標準，特別是低收入和中等收入國家。2014年所生產的6700萬輛客車中，近50%產於這些國家。

交通事故損失約占國內生產毛額的百分之三。絕大多數的交通事故皆由於駕駛者超速、不專心、酒醉、使用手機、疲勞等不安全行為所引起，只有少數是由於設計缺陷或機械失常所引起的[18]。

依據交通部高速公路局104年國道事故檢討，前十大肇事原因分別為未保持行車安全距離（50.5%）、變換車道或方向不當（12.8%）、未注意車前狀態（10.3%）、其他引起事故之違規（8.0%）、倒車未依規定（2.2%）、車輪脫落或輪胎爆裂（1.8%）、裝載貨物不穩妥（1.3%）、酒後（後）駕駛失控（1.1%）、車輛零件脫落（0.7%）、未保持行車安全間隔（0.6%）。機件因素如車輪脫落或輪胎爆裂與車輛零件脫落僅占2.5%，其中至少一半以上為缺乏保養所導致。機械設計缺陷或材料選用不當所導致的事故低於1%，然而，由於機械失常不僅會引發交通事故，而且會擴大傷亡，只要發現設計上或材料上的缺陷，政府就會要求製造廠商召回已銷售出的車輛，以進行改善。過去半個世紀以來，美國國家公路交通安全管理局總共要求汽車業者召回3億9千萬輛、4千5百萬條輪胎與6千6百萬個零件[19]。

維護社會大眾的安全是汽車製造業者基本責任，除了記取教訓外，必須持續改善，以降低機械失常的風險，否則無法永續經營。在此僅舉出兩個案例，以供參考。

## （二）福特斑馬汽車爆炸事件

### 1. 斑馬汽車

福特斑馬汽車（Ford Pinto）是1970至1980年間美國福特汽車公司意欲爭取小型轎車市場所生產的4汽缸轎車。此車款在十年間共銷售317萬輛，但是由於油箱設計瑕疵，造成數十件車尾受撞擊而起火的意外與117件法律訴訟案件後停產（圖6-8）。

1967年，福特公司警覺到日本小型汽車的威脅，開始思考設計與生產可以與日系小車競爭的產品。福特斑馬就是在這種氛圍下的所設計的汽缸體積低於2000cc、重量低於2000英鎊、價格低於2000美元的小型汽車。當時，一輛新款汽車由設計到生產過程約需43月，但是在副總經理李艾科卡（lee lacocca）的緊急軍令下，此車在25個月內上市。

圖 6-8　福特斑馬汽車

　　然而，匆促上市的結果，以致未能即時修正設計上的缺陷，造成一連串難以挽回的悲劇。雖然這款汽車被貶為汽車史上最壞的車款，但是依據史瓦茲（G.T. Schwarz）的分析，這款車所發生的交通事故率並不比其他同型的汽車差，只有在被後方車輛追撞後，導致起火的可能性比較高些而已。[21]

## 2. 設計缺陷

　　事故調查報告指出，斑馬設計有三個明顯缺陷（圖6-9）：

(1) 油箱裝置在車軸的後面，而不像其他車輛裝置在車軸之上。

(2) 保險槓太薄。

(3) 保險槓與油箱之間空間太小。

油箱與保險桿太接近

結構脆弱，無法支撐後方碰撞

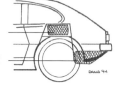

圖6-9　福特斑馬汽車缺點[20]

　　當斑馬汽車被後面汽車撞擊時，油箱易於破裂失火。

## 3. 車禍與法律訴訟

　　在所有117個訴訟案件中，以李查格里姆蕭與印第安納州分別對福特公司的訴訟的影響最大。李查格里姆蕭案件的罰金高達3.5百萬美元，為美國歷史上罰金最多的汽車事故案件。在印第安納州的案件中，福特公司成為美國歷史上第一個以殺人罪被起訴的公司。茲將這兩個案例略述於後。

(1) 李查格里姆蕭與福特汽車

1972年5月，莉莉葛雷（Lily Gray）與一個13歲的男孩—李查格里姆蕭（Richard Grimshaw）開著斑馬在美國加州高速公路上行駛時，因引擎問題而停車。後方車輛煞車不及，就撞了上來。由於斑馬車後的保險槓過於脆弱，迫使車底螺栓插入油箱後，引燃爆炸。葛雷當場死亡，李查葛瑞姆蕭全身燒傷。

李查葛瑞姆蕭的律師發現，一份福特公司內部流傳的文件指出，設計部門不僅早已知曉設計上的缺陷，而且精算出每輛車僅需花費11美元的成本，即可改善；然而，召回1,250萬輛改善油箱，總共需要1億3,750萬美元。如果不改善，可能會造成180人死亡，180人受傷。如果以燒死一人賠20萬美元、燒傷一人賠 75,000美元估算，則須賠償為4,950萬美元。由於賠償金額（4,950萬元）遠低於投資改善成本（1.375億元），因此，從成本效益的觀點而論，改善設計沒有經濟效益。

當此項文件被律師公布後，再加上瓊斯媽媽雜誌（Mother Jones magazine）與汽車安全中心（Center for Auto Safety）協助宣傳，這件交通事故引起了軒然大波，不僅引起全國民眾對此案件的注意與同情，而且還對福特公司大加韃伐。

陪審團決議福特公司除應賠給燒傷的李查格里姆蕭284萬與死亡的莉莉葛雷66.5萬外，還必須繳交1.255億美元罰款，總罰金高達 1.285億美元。雖然法官將罰款減至3.5百萬美元，但仍然是美國歷史上罰金最多的案例[22]。

(2) 印第安那州以殺人罪起訴福特公司

1978年8月10日，一輛1973年斑馬轎車在美國印第安納州公路上行駛時，駕駛發現她誤將油箱蓋放在車上而導致油箱蓋掉落於路上。

她停車時，被一輛雪佛萊休旅車由後面撞擊而失火。車上三位少女當場死亡。大陪審團以三項過失致人於死罪起訴福特公司，使福特公司成為美國歷史上第一個因產品缺陷而面臨刑事訴訟與被以過失殺人罪起訴的公司。由於福特公司的律師團高達80人，資料準備充分，而印州艾克哈特郡檢察官僅靠法律學院教授與學生幫忙，再加上國家公路交通安全局前局長在法庭上公開替福特公司做證，說明斑馬車款的設計與其他同型車輛一樣安全，最後陪審團宣判福特公司無罪，福特公司僅於民事訴訟中，賠償3位被害人每位7500美元而已。

雖然絕大多數關心此案的民眾對這個案件的審判結果非常不滿，但是這個官司與一般官司完全不同。在這個訴訟案件中，福特斑馬車款的設計工程師與管理者都是重要關係人，如果法院宣判有罪，設計工程師與管理者可能會因忽視乘客生命，而有牢獄之災。而一般的產品爭執案件則為民事訴訟，製造廠商通常只須賠償受害者的財產損失而已。

印州艾克哈特郡控訴福特公司的原因，是該車的油箱設計不良。即使它的設計符合當時的聯邦安全標準，它卻不符合工程界普遍接受的工程標準。審判時，法官認為工程師在設計時，即已意識到設計的風險，但為了降低成本與提早銷售，以便與市場上或其它設計中的袖珍型車款競爭，管理者仍然迫使工程師採用該型設計[23]。

## 4. 教訓

設計工程師們所面臨的兩難局面：他們除了必須在乘客安全與降低成本以提升市場競爭力之間，做出痛苦的抉擇外，還必須衡量他們對乘客與對上司的責任和義務。福特公司為了降低些許成本，卻賠上了數百萬美元的死者撫恤與法律訴訟費用，遑論其它如商譽損失與社會大眾對福特產品的安全信賴度的喪失後，所導致的市場損失了。

## （三）豐田問題車事件

### 1. 豐田公司

豐田汽車公司（Toyota Motor Corporation）簡稱豐田，是總部設於日本愛知縣豐田市的汽車製造公司。自從1970年代以來，豐田產品以高CP值、低維修率聞名於世。「豐田式的管理」系統中的「看板式管理」、「零庫存」、「及時系統」、「降低成本」、「改善」，早已成為全球跨國企業學習典範[24]。

2009與2010年，豐田生產的豐田與凌志（Lexus）汽車由於零件失誤，可能引發暴衝與加速問題。為了解決問題，總共召回將進2000萬輛車，不僅耗費大量資源與市場，也喪失顧客對豐田品質的信心。2010年，豐田雖然仍為汽車界的龍頭，但是在世界百大企業的排名，由第八名下滑至第十一名。

暴衝事件發生後，社長豐田章男不僅設置一個國際品質特別委員會，邀請公司外部專家評鑑豐田的品質管理，並改變制度，改良系統。過去幾年來，豐田發揮它驚人的潛力，迅速恢復了競爭力。

### 2. 汽車暴衝事件

2008年12月，歐洲開始出現有關豐田車系會因油門卡住而造成失控加速的現象。2009年8月，一位美國加州的警官，開著凌志（Lexus）車商所出借的Lexus ES350在高速公路上行駛時，突然無法控制汽車，車速不停地飆高。當速度達到時速190公里時，整輛車衝出車道翻覆，一家四口當場死亡。2010年3月2日，家屬向法院提起告訴，指控會自行加速，導致汽車失控。

這次慘痛的事故發生後，不僅引起媒體大量報導，而且各地相繼傳出消費者投訴，讓社會大眾開始懷疑豐田汽車的安全性。美國交通安全管理局接獲投訴豐田汽車出現瑕疵的案件暴增1千多件。近10年來因為暴衝引發車禍導致死亡的人數更高達到34人。這些類事件發生，徹底粉碎豐田奇蹟的神話。

- 制動系統相關召回汽車(輛)

  日本： 223,000

  北美： 155,000

  (美國： 146,550)

  歐洲： 53,000

  其它： 5,000

  總計： 437,000

- 油門踏板問題召回汽車(輛)

  美國： 2,210,000

  加拿大： 270,000

  歐洲： 1,710,000

  中國： 75,552

  其它： 180,000(*中東，中美洲和南美洲，非洲)

- 腳墊滑動召回汽車(輛)

  美國： 5,350,000

  加拿大： 400,000

  總計： 5,750,000

  註：約有210萬輛車同時存在踏墊和油門踏板問題。

- 召回總量： 約854萬輛

圖6-11　豐田汽車召回數量

2009年，北美最暢銷的Corolla車款，除因油門問題被召回替換零件外，更傳出方向盤在車輛高速行駛時不穩，必須緊握才能避免蛇行等申訴事件。美國本地就有110件發生。

故障出現於下列5個機件[24]（圖6-10）：

(1)剎車優先系統：美國全國高速公路交通安全委員會（NHTSA）發現豐田車系的電子油門訊號傳輸裝置，沒有裝設「剎車訊號優先系統」，導致暴衝現象發生。

(2)行車電腦：油電混合車係以電腦晶片與電子感應器取代機械設計，由於行車電腦的剎車軟體的缺陷，造成許多意外事件。

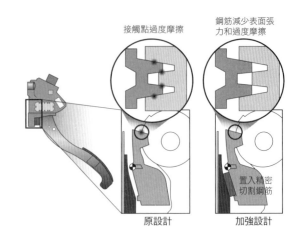

接觸點過度摩擦　　鋼筋減少表面張力和過度摩擦

置入精密切割鋼筋

原設計　　　加強設計

圖 6-10　踏板修正示意圖 [25]

(3)油門踏板：造成暴衝的原因有二：第一個為腳墊設計不良，而卡住油門；第二個為踏板機械失常而導致踏板卡住。這兩個問題皆可將所召回的汽車更換重新設計的腳墊與踏板，即可解決。

(4)剎車踏板：當汽車在易於打滑的地方以低速行駛，防鎖死剎車系統（ABS）啟動時，腳踏剎車踏板無法將車輛剎住。

(5)轉向系統：NHTSA聲稱接到163起針對2009和2010年款卡羅拉轎車轉向系統的投訴。

　　2009下半年至2010年初，豐田汽車從全球因不同瑕疵被召回的車輛高達1600萬輛，其中包括Pirus油電混合動力車、Corolla、Camry、HS250h、Sai和PHV等車款。

　　NHTSA的非自願性加速投訴報告指出，2005-2010間，豐田與凌志汽車的投訴案件高達1133件。NHTSA指控豐田不僅對監管機構隱瞞相關問題的測試結果與對海外車型所作變更等訊息。

3. **經驗與教訓**

　　2010年2月5日，豐田社長豐田章男正式道歉，並表示未來將加強安全。24日，他出席美國國會聽證會時，將油門踏板問題歸咎於公司擴張太快，人員與組織無法同步成長，以致未能及時發現瑕疵。

　　2014年3月，美國司法部歷經4年調查後，宣布起訴豐田，後因豐田同意支付12億美元（約367億元台幣）罰款後和解。

　　此罰款金額打破美國汽車業罰款紀錄。美司法部長侯德痛斥豐田欺瞞公眾及政府調查人員的「行徑可恥」[26]。

豐田的問題可分為下列7類[24]：

## (1) 大幅降低成本

豐田前任社長渡邊捷昭（Katsuaki Watanabe）在任時，積極追求成長與利潤。2001年底，他推動一個三年計畫，試圖將總成本與零組件成本分別降低30%與80%。他也因此被譽為「成本殺手」。

## (2) 管理系統缺陷

一輛汽車是由兩萬個以上的零組件所裝配而成，零組件供應商扮演非常重要的角色。任何一個零件失常或損壞，就可能造成整批車輛的災難。由於豐田不斷地削減零組件採購價格，供應商難以確保品質。

## (3) 外包零件品質不良

未能嚴格驗證與確認在美國生產的零組件。

## (4) 工廠外移

為降低成本、擴充產能與當地銷售的需要，豐田在海外設置許多工廠。然而，在短期內卻無法將豐田文化在海外的工廠中孕育或移植。紐約時報認為豐田在生產全球化的過程下，未能考量文化的差異，因此形成了文化缺口。

## (5) 豐田文化變調

豐田在日本國內的汽車召回比率，從2001年的1.4%增加到2005年的34%，遠超過同年日產的3.5%與本田的3.6%。然而，幹部卻隱瞞召回的事實，一直到2006年才被發現。由此顯示，豐田文化早已今非昔比。

## (6) 缺乏危機管理

2007年，豐田曾因車子本身的缺陷，藉由主動召回腳踏墊的行動，以掩飾所隱藏的安全問題。豐田甚至應用不光明手段，疏通美國交通監管機構，以結束調查，節省1億美元。2009年，豐田想重施故技，但是未能得逞，以至問題曝光。

## (7) 追求快速成長的結果

2006年，當豐田召回車輛時，媒體曾經批評豐田「自1995年開始，一味為追求擴大規模的結果，現在有了報應。」、「過度散漫，導致陷入大企業的通病。」「以獲利取代品質為目標，導致許多扭曲現象」。可惜，當年豐田不僅未能接受媒體的諍言，甚至變本加厲，導致聲譽與金錢上的大量損失。

## 4. 啟示與結論

豐田沒有記取1989年車輛召回事件的教訓，未能快速地解決問題並進行補救措施，才會陷入危機。企業規模愈大，管理階層應該愈小心。執行任何計畫時，皆不得放過任何細節。不要輕忽任何問題，不要讓小問題釀成大禍害。豐田北美分公司的執行長傑米・藍茲（Jim Lentz）說：暴衝事件讓豐田警覺到汽車業不僅必須更加透明化，而且傾聽顧客的反應。唯有加強透明化、快速執行力與傾聽才能在未來的市場上存活[27]。

## （四）結論

福特斑馬失火與豐田暴衝事件彰顯品質的重要性。品質不僅反映商譽與成本，而且牽涉到顧客的生命安全。福特斑馬事件點出了風險效益分析的局限性。風險效益分析雖然是產品設計階段的必要工具，然而當管理者決策時，不能僅以表面的數字多寡做依歸。畢竟生命無價，任何會影響到生命安全的設計考量都必須慎重，以免重蹈斑馬汽車的覆轍。

豐田暴衝事件告訴我們，當企業遇到問題時，一定要讓消費者感受到解決問題的誠意與執行效果。人的觀念、態度與系統發生問題時，就會反應在產品的品質上。由於品質優劣嚴重影響產品與使用者的安全，因此，管理者必須堅持「安全」、「顧客」與「品質」的經營理念，將它們形成為一種企業文化[27]。

# 三、建築物倒塌

## （一）倒塌原因

確保營建工程的完整性是建造者的天職。早在4000年前，巴比倫的《漢謨拉比法典》第233條就已清楚地規定：「倘若一個建造者為屋主建造一幢房子……而工程不完善……應由該建造者出資修繕。」然而，自古以來，建築因結構破壞而倒塌的比例雖然很低，但是始終沒有間斷過。主要原因在於設計者與建造者認為建築物整體結構失效的可能性太低，為了功能、外觀或成本考量，不惜應用大膽設計或不適當的材料。

自1980年以來，全世界共有60座商業與住宅大樓、體育館、大型商場等建築物因結構設計缺陷而倒塌（紐約世貿雙子大廈受恐怖主義攻擊與古蹟倒塌除外）。死亡人數超過100人的有5座，其中以2013年4月24日，孟加拉達卡區沙瓦鄉（Savar, Dhaka, Bangladesh）的一座8層商業大樓倒塌所造成的1127人死亡、2500人受傷的災情最為慘重。1995年，韓國首爾市三豐百貨倒塌事故次之，約500人死亡。2013年紐西蘭坎特伯雷（Canterbury, New Zealand）電視大廈與2016年台南市維冠金龍大樓倒塌事件並列第三，兩者皆受地震震波影響而倒塌，死亡人數也同為115人。1981年美國堪薩斯市凱悅大飯店走道崩塌事件為半個世紀以來美國境內最嚴重的災難，死亡人數為114人[28]。

建築物倒塌原因可分為下列5類[28]：

1. 設計錯誤而造成結構不足以承擔負載。

2. 材料疲乏或腐蝕：首先在張力點產生裂縫，裂縫會隨著時間而擴大；最後引發結構的崩潰。

3. 材料缺陷或選用不當。

4. 設計與施工時未考慮天災或人為破壞的影響。

5. 天災如地震、洪水、土石流等。

本節在此介紹下列3個代表性案例：

1. 台南維冠金龍大樓倒塌事件。

2. 法國巴黎戴高樂機場候機廳倒塌事件。

3. 美國堪薩斯市凱悅大飯店懸空走道崩塌事件。

### （二）台南維冠金龍大樓倒塌事件

#### 1. 位置

維冠金龍大樓位於台南市永康區永大路二段與國光伍街交口處，為維冠建設公司於1992-1994年間營建，1994年11月取得使用執照。大樓坐東朝西，共有九棟，外表呈U字形，其中1至3樓是3C產品賣場與診所，4樓以上全是住宅，共有90餘戶，居民約200人。

圖6-12　台南維冠金龍大樓倒塌圖

#### 2. 倒塌

2016年2月6日上午3時57分，高雄美濃區發生規模6.4級地震，深度約16.7公里。由於餘震都在台南附近，造成多處房屋倒塌，其中以維冠金龍大樓的災情最為嚴重。大樓由西向東傾斜，最後倒向永大路上，其中三分之一樓體在地面，三分之二樓體下陷或損毀（圖6-12）。

由於事故發生於清晨，絕大多數居民皆在睡眠中，總共 115人死亡與96人受傷。本事故是臺灣歷史上單一建築物倒塌所造成的最慘重的災難[29,30]。

#### 3. 倒塌原因

學者指出，台南市多為河川沖積層，地質鬆軟，再加上此地區土壤液化情形嚴重。地震發生後，在「場址效應」影響下，能量放大，會造成一整片的房子傾斜或倒塌。中央大學地震學家馬國鳳則認為，以目前我國房屋結構來看，應有能力抵抗此次地震的規模與震度，除非建築結構設計有問題[31]。

台南土木技師公會整理出維冠下列「6大缺失」[32]：

(1) 根據現行法令，16層高樓高度約50公尺，需附結構報告書審查，但業主林明輝卻鑽漏洞蓋了49公尺，每層樓少蓋幾公分，刻意規避法令。

(2) 1到4樓沒有隔間牆。

(3) 使用的箍筋少一半，導致大樓耐震度不夠，H跟I棟才會壓垮A棟跟G棟。

(4) U型結構整體性差。

(5) 鋼筋未交錯，維冠大樓只做到地下1樓，有很大問題。

(6) 此外，台南土木技師公會理事長鄭銘昌認為，一般16層樓高至少要有2層以上的地下室，林明輝為了省成本，偷工減料，只有1層地下室。

> **關鍵說明**
>
> 「場址效應」是一種影響地震震度的因素，當震源的地震波傳到地表時，地下介質（地盤）的軟硬程度影響此地的震度大小。
>
> 一般來說，離震央越近震度就會越大，但地震波傳至沖積層地表時，淺層地底下的介質導致其速度降低，引起地震波放大，不僅震幅加大，持續時間也延長。

## 4. 法律訴訟

2016年4月7日，台南地檢署偵結，台南地檢署襄閱主任檢察官陳建弘表示，專案小組檢察官認為林明輝等5人涉犯業務過失致死等罪嫌，經調查犯罪事證明確，提起公訴。檢方調查發現，維冠大樓結構分析設計錯誤，加上偷工減料嚴重，大幅降低建物的耐震力[33]。

2016年11月25日下午，台南地方法院將維冠建設負責人林明輝、設計部經理洪仙汗、建築師張魁寶、鄭進貴、大合鑽探技術顧問公司結構技師鄭東旭以業務過失致死罪各判刑5年，併科9萬元罰金，附帶民事求償約新台幣62億元。台南地院院方表示，由於認為五名被告毫無悔意，故以最高刑度5年判刑[34]。

## 5. 結論

維冠金龍大樓倒塌事件暴露了台灣營建文化的荒謬。由於法律沒有明確規定民間工程應由何類營建商承包，導致許多鄉鎮型的小建築案，多半由沒有牌照的土木承攬商承攬，借牌文化盛行。自921地震後，政府的確曾經痛定思痛，不斷地升高建築

物設計的耐震係數。然而，法規只要求50公尺以上的建築，結構設計得再交由公正第三方審核，而50公尺以下的不需。維冠金龍大樓的建商就刻意將樓高設計於50公尺以下，以避免審核[35]。

「建築法」第13條規定，建築物的設計人及監造人都是建築師。建築師既設計又監造，更何況建築師多為營建商所聘請，難免發生「球員兼裁判」與「監守自盜」的情況[39]。

### （三）法國巴黎戴高樂機場候機廳穹頂倒塌事件

### 1. 戴高樂機場

法國巴黎夏爾・戴高樂機場（Aéroport Paris-Charles-de-Gaulle）簡稱為戴高樂機場，位於巴黎市東北25公里，是法國與歐洲主要機場之一。機場共有三個航站，是由機場管理局主任建築師保羅・安德魯（Paul Andreu）所設計。安德魯是世界上知名的機場設計師，曾在機場管理局工作30年，設計過40座機場。

一號航站是一個由七個衛星建築所環繞的十層圓形大樓，每一個衛星建築都有四個登機門。2號航站是由六個由A-F命名的大廳組成。2E候機廳設計大膽、視野開闊，是安德魯退休前最後一個傑作。候機廳穹頂結構如圖6-13所顯示，寬度為26.2米，分成左、中、右三段，分別由4米寬、0.3米厚的曲線狀混凝土板殼所組成，板殼上則以玻璃板覆蓋。由於左右段結構承受較大的彎矩，因此，結構工程師在混凝土殼體外側以鋼結構與混凝土殼體連接（圖6-13）。

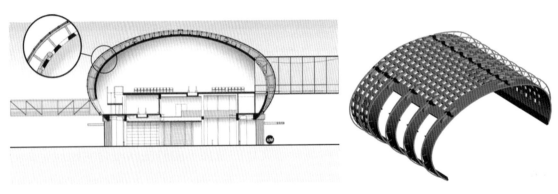

圖 6-13　候機廳結構圖。左圖：橫剖面，右圖：主體結構模型 [36]

## 2. 穹頂倒塌

2004年5月23日，法國巴黎戴高樂機場巡警發現2E候機廳的屋頂出現裂縫，有一大塊混凝土剝離掉下來。一個半小時後，混凝土板塊跌落，候機廳結構整體坍塌，相鄰的登機橋也被砸塌（圖6-14）。由於這個建築物是由著名建築師保羅・安德魯（Paul Andreu）所設計，屋頂竟然在啟用後1年多就塌陷，因此引起了國際媒體與社會大眾的關注。

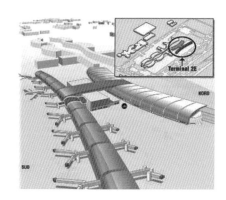

圖 6-14　巴黎戴高樂機場 E2 候機廳屋頂塌陷。左圖：塌陷位置，右圖：倒塌現場[36]

## 3. 倒塌原因

2005年2月15日，事故調查委員會所公布的調查結果指出，坍塌事故由多種原因造成。原始結構承載設計的安全係數甚低，且沒有考慮溫度變化的脹縮影響。混凝土殼厚度薄僅0.3米，再加上混凝土的拱形頂棚彈力不足，鋼撐桿處的應力大，造成混凝土出現裂縫。當混凝土結構被金屬柱刺穿後，裂口又削弱了結構強度。施工時，混凝土結構內鋼筋不足，亦加速裂縫形成。設計時未考慮溫度的影響，候機樓結構由於溫差的反覆作用，使裂縫不斷擴展，承載力也逐漸降低。保羅・安德魯甚至公開指責建築公司未使用合格的混凝土。屋頂崩塌過程如圖6-15顯示。

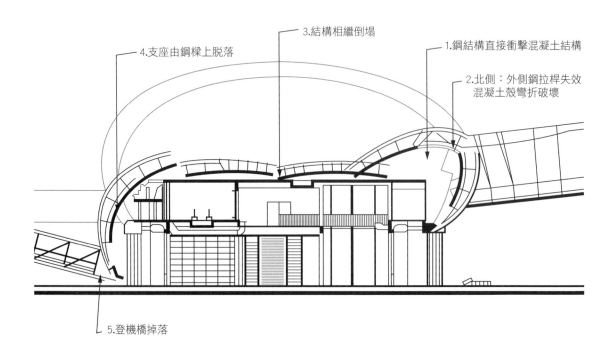

4.支座由鋼樑上脫落　　3.結構相繼倒塌　　1.鋼結構直接衝擊混凝土結構

2.北側：外側鋼拉桿失效
混凝土殼彎折破壞

5.登機橋掉落

圖 6-15　屋頂崩塌過程 [37]

　　調查報告也指出，法國執行複雜性大型工程的程序不當。為了避免競爭與確保機場工程皆由法國建築師所承攬，設計與監造機場設施的建築師與工程師都是公營的機場管理局的聘雇人員。由於沒有業主與承攬建築師之分，工程執行過程中不僅缺乏管控，而且設計也沒有經過客觀的驗證。

　　2E候機廳是安德魯退休前最後一個設計，卻不幸倒塌。然而，他的厄運並沒有結束。2004年9月28日，他所設計的杜拜3號航站也在營建過程中坍塌。安德魯退休後，在北京經營建築師事務所，北京中國國家大劇院就是他的傑作。

　　2005年3月17日，機場管理局決定拆除整幢2E航站，並進行1億美元的重建工程。

## 4. 結語

　　戴高樂機場2E候機廳、哈特福德體育館、羅馬尼來布加勒斯特等穹頂倒塌事件，都是由於設計錯誤或設計缺陷所引起，例如認知不足、溝通有誤、使用不合格材料或疏忽等。這些皆可歸類為結構工程師缺乏責任心與對結構的敬畏。

　　科技愈進步，建築物設計愈來愈壯觀、花俏與脫離傳統。當建築師跳脫傳統設計方法時，設計團隊應該加倍努力，以確保結構的完整性與適用性。

## （四）美國堪薩斯市凱悅大飯店中庭天橋崩塌事件

### 1. 中庭天橋崩塌

圖6-16　堪薩斯市凱悅大飯店天橋崩塌現場[38]

1981年7月17日晚上，美國密蘇里州堪薩斯市凱悅大飯店的中庭舉行舞會，約有1600個賓客參與，其中2、3、4樓天橋上站滿了觀賞的人群。7點5分時，2樓與4樓的天橋通道不堪承受人群的負荷，突然發生一聲巨響，從連接屋頂棚架的吊桿處脫落，一時間碎片飛散、煙塵瀰漫，奪走了114條人命，並造成216人受傷，是當時全美死亡人數最多的工程意外事故（圖6-16）。

### 2. 天橋設計

凱悅大飯店是由皇冠中心再開發公司（Crown Center Redevelopment Corporation）於1976年開始規劃，1978年動工，並於1980年完工，是堪薩斯市民引以為傲的代表性建築。它的南北兩側大樓之間，有一個36米長、44米寬、15米高，上方由鋼結構棚架搭建的屋頂的中庭大廳。2至4層分別設置了3個連廊通道，以聯繫南北大樓間的人行交通。天橋約37米長、29噸重。第4層天橋直接由懸掛於頂端鋼結構棚架的鋼桿所支撐，而正下方的第2層天橋則懸掛在第4層天橋下（圖6-17）。

結構設計與規格制定等工作是由德克薩斯州吉陵柯拉寇公司（Gillum-Colaco, Inc.）所承攬，然後再交由其附屬的吉陵公司（Jack. D. Gillum and Associates, Ltd.）執行。營建總承包商是艾德瑞奇建設公司（Eldridge Construction Company），飯店中庭的鋼鐵部分施工則由海汶斯鋼鐵公司（Havens Steel Company）負責。這種承攬與分工的情況在工程界非常普遍。

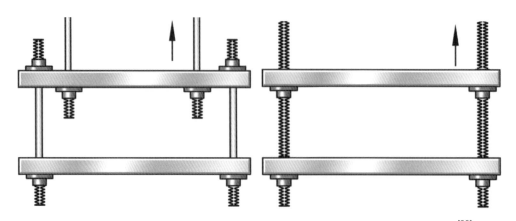

圖6-17　凱悅大飯店天橋支撐設計。圖左：修改後設計，圖右：原始設計[39]

## 3. 原因

事故發生3天後，堪薩斯市星報（Kansas City Star newspaper）所聘僱的韋恩・李西卡（Wayne G. Lischka）建築師發現天橋的設計在施工時曾被修改過。原始天橋的懸掛設計是以鋼條與中庭屋頂連結，其中2與4層天橋的鋼條的連結處是用不同的螺帽所支撐（圖6-17右）。由於這種設計必須使用螺紋鋼條，會大幅增加鋼條的成本，因此，承包中庭營建的海汶鋼鐵公司（Havens Steel Company）建議修改設計，以降低鋼條上穿鑿大量螺紋的需求。

由修改後的結構圖（圖6-17左）可以看出，只須在靠近鋼條底部的部分穿鑿螺紋即可。然而，海汶斯鋼鐵與負責結構設計的吉柯公司卻未重新計算鋼條的結構與應力。依照原先的設計每個鋼條只需支撐一層走道的重量，但是在修改設計中，不僅有些鋼條必須支撐兩層天橋的重量，而且螺帽的負荷量加倍。修改後設計僅能支撐30%堪州法定最低負載重量，僅為原始設計的一半。這個發現的報導讓堪薩斯市星報與它的附屬報紙堪薩斯市時報（Kansas City Times）獲得1982年普立茲最佳地方報導獎。

由密蘇里州建築師、專業工程師協會與土地測量官員所組成的調查小組發現：天橋支撐設計錯誤是造成崩塌的主要原因，而負責結構設計的吉陵公司與其母公司（吉陵柯拉寇公司）是主要的元兇。他們的疏忽、無能與處理不當是造成意外的主要原因。原始設計的負載僅及營建法規的60%，而修改的設計更低。雖然吉陵柯

拉寇公司事後聲明從未見過修改這項設計的任何資料，也沒有和海汶或艾德瑞公司接洽過任何更動設計圖的相關事宜。然而，這些修改過的結構圖上，卻有該公司於1979年2月所蓋下的圖章。這種現象只能說是吉陵公司過於信任海汶斯鋼鐵公司，未能驗證修改後的支撐能力。如果使用原始設計，即使只有營建法規所要求的60%，仍可能避免毀滅性崩塌。

調查結果公布後，雖然吉陵公司與其負責人未被以刑事疏忽罪判刑，但公司的營業執造與負責人傑克‧吉陵（Jack D. Gillum）以及吉陵公司中參與此專案的工程師的密蘇里、堪薩斯與德州的專業工程師證照被政府吊銷，土木工程師學會會員資格也被取消。

## 4. 啟示與教訓

這個案例的重點在於誰應該負責最後設計的安全呢？這件意外發生後，美國土木工程師學會強調工程師必須為他的簽名負責。換句話說，在設計圖上簽名核准的工程師必須對這個建築物的成敗負責。美國各州也開始全面檢討建築規範，法規要求所有的負載計算皆必須由市政府所指定的工程師驗證過。建築師、工程師、承攬商等必須吸取這次意外的教訓，工程師不僅必須預測所可能發生的意外或失誤狀況，而且還應該在設計過程中將缺陷修正。

## 四、水壩崩潰

### （一）水壩

　　水壩是河川與河口上所營建的物理屏障，具有蓄水、防洪、發電、儲水與灌溉等功能，是人類的智慧、能力與傲慢的象徵。人類自古以來，就熱衷於興建水壩。水力發電佔全球發電量的六分之一，灌溉了七分之一的農田。水壩所淹沒的地區面積相當於美國加州，不僅強迫數千萬人遷離家園，還破壞生態環境。

　　由於水壩高達數十或數百米，一旦結構受損時，大量洪水會由缺口衝出，造成下游地區泛濫，因此，人道主義者認為水壩為「具有高度危險性的設施」。1975年，中國河南省板橋水庫以及其下游其餘水壩連帶的潰決事件，造成171,000人死亡，與11萬人失去家園，是中國歷史上傷亡最慘重的潰壩事件。

### （二）潰壩原因

　　造成水壩潰決的原因有下列幾種[40]：

1. 設計錯誤：不合標準的建築材料或技術：義大利格萊諾水壩（Gleno Dam）、聖佛朗西斯水壩（St. Francis Dam）；溢洪道設計錯誤：美國賓州南福克水壩（South Fork Dam）。

2. 疏於維護：美國科羅拉多州草坪湖水壩（Lawn Lake Dam）、義大利瓦爾迪史塔瓦水壩（Val di Stava Dam）。

3. 人為、電腦因素：英國戴爾戴克水庫（Dale Dike Reservoir）、美國密蘇里州陶紹克水力發電廠（Taum Sauk pumped storage plant）。

4. 壩體內部侵蝕：美國愛達荷州特頓水壩（Teton Dam）。

5. 臨界注水：巴基斯坦沙基德水壩（Shakidor Dam）。

6. 由於測量誤差或是水開始注入水庫使水位產生變化而造成的地質不穩定：法國瑪爾帕塞特水壩（Malpasset Dam）。

7. 大面積土石滑動：義大利維昂特水壩（Vajont Dam）。

8. 地震。

自1900年至2016年，全世界通發生過85次潰壩事件，其中原因以大雨最多，共38件，6件營建不良次之，再其次為地質不穩或滲水（7件）、設計缺陷（5件）、維護不良（5件）、戰爭（4件）、地震（2件），其餘19件為其他原因或不詳[40]。

本節介紹下列兩個代表性的潰壩事件：

1. 美國洛杉磯聖佛蘭西斯水壩潰壩事件

2. 中國河南水庫潰壩事件

## （三）美國洛杉磯聖佛蘭西斯水壩潰壩事件

### 1. 潰壩

1928年3月12日晚上11時57分，美國加州洛杉磯（Los Angles, California）以北70公里處的聖佛蘭西斯水壩突然崩潰，38米高的水牆沿著聖法蘭西斯基多河谷奔湧而下（圖6-18）。當其流到87公里外的大海時，洪水依然高達6米，水量高達4千7百萬立方米。聖塔寶拉市（Santa Paula）被6米高的泥漿所覆蓋，部分文圖拉郡地區的水位高達21米，造成450人死亡，其中42人為學童。此事件是加州歷史上災情僅次於1906年舊金山大地震的慘劇[41]。

圖6-18　聖佛蘭西斯水壩潰壩[41]

## 2. 背景

二十世紀初期，美國加州洛杉磯地區僅十餘萬人。1920年，洛杉磯人口已經超過50萬。由於人口增加迅速，水的需求日益嚴重。洛杉磯郡水利與電力局（Department of Water and Power）決定在美國加州洛杉磯郡（Los Angles County, California）以北70公里處興建聖佛蘭西斯水壩（St. Francis Dam），以儲存洛杉磯郡所需的淡水。

聖佛蘭西斯水壩是局長威廉‧莫荷蘭德（William Mulholland, 1855-1935）的傑作，他不僅決定場址所在，並親自設計。莫荷蘭德天性節儉，經常為了節省工程經費，不惜應用任何手段，例如節省外部工程設計與計算複檢的費用。他的個性造就他對洛杉磯郡水利的貢獻，也伏下日後水壩崩潰的隱因。

## 3. 原因

事故調查結果指出，由於壩址在斷層帶附近，地質結構不穩定。當水庫飽和時，其所引發的大量土石流與水量上升產生向上抬舉力量，造成水壩左側損壞，隨後水壩最高處開始傾斜，最後整個水壩崩潰[42]。

工程設計錯誤是造成水壩崩潰的主要原因。工程計畫是以先前莫荷蘭德壩的計畫書為藍圖所修改，但未考慮場址地質的差異。當設計完成、開始施工後，莫荷蘭德為了提升蓄水量，將水壩的高度增加了10英呎。雖然工程團隊知曉高度會大幅降低結構的穩定與安全，但是由於經費與完工期限的限制，工程團隊並未補強水壩的基礎與結構的強度。

水壩是由水電局內部的工程師自行設計，並未經過任何獨立單位的複檢。原始設計僅能防止小量的基礎張力影響，但是無法承擔巨大的由下而上的力量。據調查人員估計，設計安全係數比1還低，儘管莫荷蘭德聲稱他應用了4倍的安全係數。但由於工程團隊並未考慮地質的缺陷因素，即使結構設計沒有問題，也可能發生潰壩的後果。

潰壩事件發生後，莫荷蘭德承擔所有的責任，辭去水電局長的職位。他半個世紀以來對大洛杉磯地區水利的輝煌貢獻毀於一旦。1935年，他傷心地去世。

聖佛蘭斯水壩崩潰後，並未重建。1934年，當局在布克特峽谷（Bouquet Cannon）建了一個水壩取代它。即使經過了將近一個世紀，大型灰色水泥塊與生鏽的鐵欄杆仍然躺在聖佛蘭西斯克特峽谷（San Francisquito canyon）土地上。

### 4. 啟示與教訓

這個事件對於水利工程的影響很大。事件發生後，不僅在選擇水壩場址時，考慮地質因素，而且設計時也將水的由下向上抬舉的力量考慮在內。加州議會通過一個水壩安全計畫，要求所有州屬都市、郡與鄉鎮遵守。在此計畫通過前，具備工程部門的都市可以不必遵守州政府的工程相關規定。1929年8月起，州議會賦予公共工程局複檢與監督加州境內中大型（高度超過25英呎或水量多於50英畝 英呎水量）、所有非聯邦所屬的水壩的權力。必要時，州政府有權聘雇專業顧問，協助執行任務[43]。1929年，加州議會通過管制土木工程師的相關法律，要求州政府成立土木工程師註冊委員會，負責專業土木工程師執照的考試與頒發。

## （四）中國河南板橋水庫潰壩事件

### 1. 水庫潰堤

1975年8月，尼娜颱風所帶來的豪雨導致河南地區五十多個水庫潰決，1000萬人受災，財產損失高達數十億美元，是世界最大最慘烈的水庫潰壩慘劇[44]（圖6-19）。依據非官方統計，打撈到的屍體10萬多具，後續因缺糧、感染、傳染引起的死亡14萬，共24萬多人死亡[45]。2005年5月，美國Discovery頻道將河南板橋水庫潰壩事件列為世界歷史上最大的人為技術錯誤所造成的災害。

8月4日至8日，受到尼娜颱風的影響，中國河南省南部淮河流域約19萬平方公里的地區雨量超過400毫米，京廣鐵路以西的板橋水庫、石漫灘水庫一帶的降雨量甚至超過1000毫米。8月5、6、7三日的降水量均超過中國大陸以往的正式記錄。從8月8日凌晨1時起，板橋、石漫灘兩座大型水庫，竹溝、田崗兩座中型水庫，與58座小型水庫在幾小時內相繼垮壩。

板橋水庫大壩潰決時，洪水有如山崩地裂，所到之處，建築、樹木一瞬間消失了蹤影。約60億立方米的洪水在9縣1鎮，東西150公里、南北75公里，約一萬多平方公里土地上肆意橫流。1780萬畝農田被淹，1015萬人受災，400多萬人被洪水圍困。倒塌房屋者共5百餘萬間、3千萬頭牛與72萬頭豬被洪水沖走。駐馬店境內京廣鐵路被沖毀102公里，中斷行車16天，影響運輸46天（圖6-20）。

圖 6-19　潰壩後河南板橋水庫[46]

## 2. 背景

1950年6月下旬至7月下旬，安徽淮河流域暴雨不斷，流洪水宣洩不及，淮河堤防潰決。河水倒流入淮河以北區域，造成阜陽地

圖 6-20　京廣鐵路被沖毀的情況

區177人死亡、509萬人受災，田地被淹1531萬畝，房屋倒塌35萬間（圖6-21）。此次水災促成了當年10月國家作出的「關於治理淮河的決定」。這個決定確定「蓄洩兼籌」的治淮方針，具體制定下列政策：

(1) 上游籌建水庫，普遍推行水土保持，以攔蓄洪水、發展水利為目標。

(2) 低窪地區舉辦臨時蓄洪工程，整理洪汝河河道。

1951年4月動工的板橋、石漫灘等系列水庫不僅是五十年代初期「人民治淮」的產物，也是中華人民共和國第一批設計建設的大型水庫。當時中國的水利工程界尚無設計與興建大型水庫經驗，片面重視蓄水，忽視防洪，板橋水庫比規定蓄水量超蓄3200萬立方米，但疏於維護。在潰壩前，板橋水庫的17個泄洪閘只有5座能開啟[55]。

淮河南岸支流澦河上游薄山水庫與潁河上游的南灣水庫分別於1954與1955年完工，其中，南灣水庫總庫容16.3億立方米，是淮河上游的最大水庫。

1950年代末期，「以蓄為主」取代了早期的「蓄洩兼籌」的治淮方針。為了蓄

水，淮河上游又建造了佛子嶺、梅山、磨子潭、響洪甸等四座大型水庫與五六十個中小型水庫。這個在淮河流域主支流上興建水庫的策略被稱為「滿天星」與「葡萄串」[47]。

圖 6-21　淮河潰堤，澤國一片 [46]

河南重蓄輕排的經驗很快推廣到安徽。安徽境內，不僅丘陵地區湧現大批小水庫，淮河流域的河道也被一道道水壩分割閘起，造成淮河流域在後來數十年間致命的腸梗阻。1960年代末期，駐馬店地區新增水庫高達100多座。洪汝河的排洪能力不但沒有增強，反而一年年遞減。

## 3. 原因

造成災難的原因如下：

(1) 水庫設計與興建品質低劣

板橋、石漫灘等水庫是1950年代產物。由於當時中國水利工程界不僅缺乏水文資料，也無大型水庫設計與興建經驗，水庫設計與施工品質不佳，難以抵擋大水的衝擊。

(2) 重蓄輕排的政策

重蓄輕排政策對水域環境造成嚴重破壞。水利專家陳惺曾經對到處興建水庫的政策提出異議。他認為在平原地區過份注重蓄水、輕忽排水將會對水域環境造成嚴重破壞。然而，忠言逆耳，無人理會：

A. 地表積水過多，會造成澇災（洪水）。

B. 地下積水過多，易成潰災，影響農作物生長。

C. 地下水位被人為因素維持過高，則利於鹽分聚積，容易成鹼災。

(3) 尼娜颱風帶來豪雨

8月5、6、7三日的降水量均超過中國大陸以往的正式記錄，但是氣象當局預計地區降雨量僅100毫米。

(4) 水庫維修不良

泄洪道的閘門年久失修，在緊急洩洪時無法打開。8月4日之前，天氣乾旱，水庫的水位低。8月7日，豪雨降臨後，板橋水庫水位超過了警戒水位時，泄洪道的閘門卻打不開，無法洩洪。洪水不僅沖毀了大壩與下游十餘座水庫，也將附近數十個鄉鎮淹沒[48]。

### 4. 啟示與教訓

河南板橋水庫潰壩事件是一個典型的組織性意外。到處建水庫、蓄水的治淮政策不但不能解決洪水問題，反而由於河道被許多小水壩分隔，大幅降低洩洪能力。氣象預報不準確，防災準備工作不足，且在潰壩後，由於通訊設備落後，導致通訊中斷。洪水爆發後，下游民眾來不及疏散，災情不斷擴大、無法收拾。由於以前從未發生過水庫潰壩事件，水庫管理人員忽視維修的重要性，導致水壩無法洩洪。當時水電部長錢正英在檢討中沉痛地承擔所有的責任。

經過這次慘痛的災難，氣象、水利與工程部門皆吸取教訓。1990年代，板橋、石漫灘、竹溝、田崗等水庫皆已重新興建完成。

## 五、化工廠意外事故

### （一）化工廠意外統計

化學工廠內所使用的原料、中間產物與產品多為易燃性或可燃性物質，而且多在高溫或高壓狀態下進行反應或處理，任何微小疏失皆可能引發嚴重的意外。

以過去四十年間（1974-2015）所發生的100件重大石油與化學工業意外為例，火災占44%，爆炸占23%次之，兩者相加占三分之二，其餘為毒性與可燃性氣體外洩、天災（颱風、地震等）。總財物損失高達337.6億美元，平均每件損失為3.37億美元。除了人員傷亡與財物損失外，任何一次重大意外的發生皆會嚴重影響公司的商譽與運轉。1984年，美國聯碳公司（Union Carbide Corporation）設在印度博帕爾地區農藥工廠發生毒氣洩漏，造成兩千多人死亡與二十餘萬人受傷的慘劇，埋下被陶氏化學公司收購的種子。因此，如何確保製程安全是化學工業界最重要的課題。

　　由於化學工業意外所造成的損失非常龐大，世界先進國家的政府與產業界皆重視製程安全管理與安全意識的培養。

## （二）造成意外的原因

　　造成化工廠意外的直接原因為機械失常（38%）、操作失誤（26%）、不詳（12%）、程序反常（10%）、天災（7%）、設計錯誤（4%）、天災（3%）等。由於化學工業製程不僅複雜，所處理的物質皆具有著火、易燃與可燃、劇毒、刺激、反應或爆炸等特性，任何微小的機械設備或人為失誤，皆可能引發毀滅性的意外事故。因此，如欲降低意外事故的發生，必須執行由上而下的安全衛生管理制度（ohsas 18001、toshmas等）、推動製程安全管理（Process Safety Management System, PSM），還須建立優良安全文化。

## （三）印度博帕爾農藥工廠毒氣外洩事件

### 1. 異氰酸甲酯外洩

　　1984年12月3日，約25噸劇毒性異氰酸甲酯由印度波帕爾（Bhopal, India）農藥工廠外洩，造成3787人死亡與二十餘萬人受傷，約一萬人走上終身殘廢的命運。意外發生時，工廠適值勞資糾紛期間，工人罷工，生產異氰酸甲酯的單元工場並未運轉。異氰酸甲酯是由儲槽的疏解閥所排放[49]。本事件是人類歷史上最嚴重的工業意外之一。

　　1989年，聯碳公司與印度政府達成協議，賠償印度政府4.7億美元，除支付傷亡賠償外，並作為輔導與醫療經費。

　　有些因失去工作能力或者得到慢性病的受害者當年只獲得了1000至2000美元不等的賠償，有很多受害者甚至連一塊錢都未領到。2009年進行的一項環境檢測顯示，在當年爆炸工廠的周圍依然有明顯的化學殘留物，這些有毒物質污染了地下水和土壤，導致當地很多人生病。

聯碳公司不僅因此商譽大跌,而且成為化工業併購的目標。公司經理部門不得不向銀行借鉅款與售出部分高利潤部門,以抗拒市場派的突襲,然而卻耽誤了80年代轉型的契機,以致公司長期營運遲滯,後來被陶氏公司收購。

## 2. 背景

此工廠是由美國聯碳公司(Union carbide Corporation)與地方人士合資成立,主要產品為西維因(sevin)殺蟲劑。西維因學名為甲萘胺(1-naphthyl methylcarbamate),分子式為$C_{12}H_{11}NO_2$。它自1958年起,由聯碳公司開始生產後,普遍應用於花園、農田與森林中,為美國使用量第三大的殺蟲劑。

西維因是由萘酚(1-naphthol)與異氰酸甲酯(methyl isocyanate, $C_2H_3NO$)化合而成。異氰酸甲酯則是由光氣與甲胺作用後所產生的化學品,多應用於農藥生產。異氰酸甲酯為劇毒性化合物,空氣中濃度超過4ppm時,人會感到不舒服。當濃度到達21ppm時,會致人於死。接觸此化學品後,會引起化學性肺炎、皮膚組織壞死與角膜損壞。二次大戰時,德國納粹曾應用它毒殺猶太人。異氰酸甲酯在常壓下雖為液體,但是沸點低,僅攝氏39.5度,必須裝置於冷凍儲槽內。它的分子量為57.05,約為空氣的兩倍。異氰酸甲酯蒸氣由儲槽中外洩後,會沉伏於地表面上,與水接觸則會產生熱量。

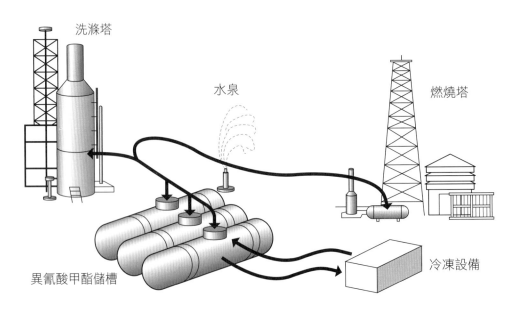

圖 6-22　異氰酸甲酯儲槽與防護設施[50]

由於異氰酸甲酯具有毒性，儲槽的疏解閥後設置洗滌塔與燃燒塔，除可將異氰酸甲酯吸收外，還可將未洗滌的毒氣燒毀（圖6-22）。

### 3. 肇事原因

異氰酸甲酯的排放是因水進入儲槽中所造成的。由於異氰酸甲酯與水接觸後，會產生放熱反應，提供熱能促成儲槽內液體蒸發，儲槽內液態異氰酸甲酯蒸發的愈多，壓力愈高，最後由疏解閥排出。廠內罷工，冷凍系統、洗滌塔與燃燒塔等排氣處理設備並未啟動，大量氣態異氰酸甲酯排入大氣之中，造成不可收拾的慘劇。然而，水如何會進入儲槽呢？在正常情況下。水不可能進入儲槽內，除非有人誤將水管連接至儲槽上。

事故發生後，印度政府與聯碳公司皆進行調查，總共發佈了兩份結論不同的調查報告。印度輿論與政府普遍認為意外是公司長期疏忽的後果。因為工廠設備老舊、維修不良，而且不注重安全，才會有員工在清洗儲槽附近管線或設備時，無意間讓水流進儲槽中或有人誤將水管接至氮氣管線接頭上。儲槽的冷凍設備早在5個月前損壞，但一直未曾維修。如果冷凍設備與排氣處理設備正常運轉，即使大量水進入儲槽內，不至於造成大量毒氣排放，而且所排放的毒氣也會在洗滌塔內被苛性鹼中和或在燃燒塔內燒毀。

聯碳公司依據員工證詞與工程分析的結果，認為是某罷工員工蓄意將水管線接至儲槽上的備用閥件或裝置壓力計的孔洞上，才導致意外的發生。由於意外調查工作是印度政府所管制，聯碳公司的調查團隊無法得到所有的第一手資訊與現場證據。雙方各說各話，沒有共識。

依據美國著名理特顧問公司（A.D. Little）的判斷，蓄意破壞的議點比較可信，因為操作員的證詞中明白地指出下列幾點[51]：

(1) 當意外發生後，他發現儲槽上的壓力計被移除，露出一個孔洞，孔洞旁有一個有水流出的軟管。

(2) 當時已經發現水的存在，而且曾經試圖將水由儲槽底部的閥門中排出。

(3) 有兩個操作員認為水是由儲槽上被移除的壓力計接頭所進入的。

理特顧問公司認為，員工清洗管線與設備所用的半英吋水管沒有足夠的壓力與水量引發儲槽內大量異氰酸甲酯的蒸發，因此判斷意外不可能是由於疏忽所引起的。這個工廠過去已經發生過六次小量毒氣外洩意外，然而，由於工廠的管理人員不僅未吸取教訓，反而存在許多維修與管理上的缺失，難以推卸責任。印度缺乏安全與環保相關法規與監督機制，政府管制鬆弛。工廠營運初期，附近人煙稀少，但是由於經濟發展，居民愈來愈多，加重人畜與財產的損失。

## 4. 啟示與教訓

博帕爾事件顯示，在沒有安全法規的開發中國家發展化學工業極可能引發嚴重的災難。雖然聯碳公司在當地設廠的目的是供應印度日益增加的殺蟲劑市場，而不是逃避美國嚴苛的環保與工安法規，但是聯碳並未將美國標準應用於印度工廠中。開發中國家也不應該為了鼓勵外商投資，忽略了工安的規範。三十多年後的今天許多開發中國家也開始進行工業化，然而，人類似乎不曉得吸取前人的教訓，仍然重蹈覆轍，工業化所帶來的災難與環境破壞仍然不斷地發生。2015年，天津大爆炸就是一個活生生的例子。

這件意外對於化工產業的衝擊很大，促成業界對於製程安全與安全訓練的重視。1984年之前，雖然美國杜邦公司與美國化學工程師學會已經開始推動製程安全管理制度，但是並未普及至化工產業。這件慘劇人寰的毒氣洩漏事件發生後，化工產業發現傳統的安全管理模式與法規無法有效控制現代化生產製程的危害，必須推動下列措施，才可將可能發生的風險降至可接受的範圍之內：

(1) 製程安全管理系統：建立含管理階層承諾、員工參與、危害辨識、風險評估、變更管理、設備完整性、標準作業程序、試俥前安全複檢、意外調查、安全查核、緊急應變、承攬商管理等內容的管理系統。

(2) 建立優良安全文化。

(3) 本質安全：設計以提升製程本質上或內在的安全程度為原則，除非不得已才以附加或外在安全防護設施取代。

(4) 吸取意外事件教訓，加強企業間安全合作與資訊。

## （四）美國德州飛利浦石化工廠爆炸事件

### 1. 爆炸

1989年10月23日下午1點05分，位於美國德州帕薩丁納市（Pasadena, Texas, USA）的菲利浦化學公司（Phillips Petroleum Company）所屬的高密度聚乙烯工廠發生爆炸事件，造成23人死亡、314人受傷。爆炸威力相當於10噸的三硝基甲苯炸藥，一時黑煙蔽天，周圍十哩之內皆感覺到震波，兩個生產高密聚乙烯的工廠全部被毀壞。財產損失高達近八億美元。

### 2. 原因

爆炸是由於乙烯原料及異丁烯（催化劑攜帶流體）由高壓（五十公斤／平分公分）反應迴路中洩出，形成巨大的蒸氣雲後，遇點火源著火爆炸。至於為何乙烯及異丁烯會由迴路中逸出，雖然難有定論，但絕非操作失誤或蓄意破壞所造成的。最可信的原因為維護工作執行得不夠徹底，以及安全管理不當。美國職業安全與衛生署調查報告中，指出廠方嚴重違規9項，不合安全規定者高達55項之多。飛利浦石化公司應付5,666,200美元罰款，而負責維修承攬商—費許工程與營造公司應付729,000美元[52]。

違規與不合規定主要項目如下：

(1) 缺乏製程危害分析。

(2) 標準作業程序、維修許可系統、元件閉鎖／標記皆不完整。

(3) 應用非故障安全隔離閥。

(4) 現場有點火源，但缺乏可燃性氣體偵測儀器與警報系統。

(5) 消防設備維修不佳。

(6) 附近建築物缺乏通風系統。

(7) 控制室設置於高危害地區內。

(8) 建築物間距離過近。

(9) 製程設備設置擁擠，反應器與控制室距離太近。

### 3. 啟示與教訓

　　此事件發生後，震驚美國化學工業界、國會及政府主管機關，因而加速工業安全管理法規之修正，OSHA1910‧119（化學工廠風險管理系統法規）之迅速頒布及執行與此事件有很大的關係。

　　1995年，在此意外中往生的現場操作主管瑪利‧凱‧歐康諾（Mary Kay O'Connor）家屬將部分撫卹金捐給德州農工大學（Texas A&M University），成立瑪麗‧凱‧歐康諾製程安全中心，以執行製程安全相關的技術研究、發展與推廣。

## （五）英國石油公司墨西哥灣漏油事件

### 1. 油井漏油

　　2010年4月20日，大量油氣從英國石油公司所經營的深水地平線外海鑽油平台噴出後爆炸，造成11名工作人員死亡與17人受傷。大量原油由油井噴出長達5個月之久，嚴重汙染墨西哥灣海域，魚類、鳥類、海洋生物與植物受到嚴重的影響，如患病及死亡等。路易斯安那州、密西西比州和阿拉巴馬州的漁業進入災難狀態（圖6-23）。美國政府估計總共洩漏了78萬公秉原油。

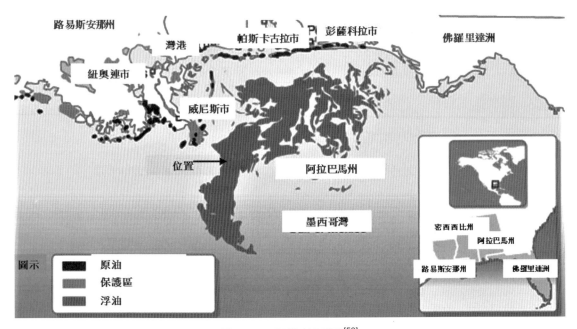

圖 6-23　汙染範圍圖 [53]

## 2.原因

英國石油公司執行長東尼・海沃德（Tony Hayward）說，意外是由8個不同的安全系統同時失誤造成的。英國石油公司、負責油井服務的哈利柏頓公司（Halliburton）與執行外海鑽井的越洋公司（Transocean）都有責任[54]：

(1) 油井孔洞底部封緘水泥失效。

(2) 油管隔離閥失效。

(3) 誤判壓力測試數據。

(4) 未及時偵測油氣洩漏與壓力上升。

(5) 噴井防止閥失效。

(6) 操作失誤：操作員未將泥氣混合物引導至遠離油井的排放管線，而將其引到泥氣分離器中。由於流量太大，泥氣分離器快速滿溢後，大量可燃性氣體籠罩了平台。

(7) 未裝置氣體警報儀器。

(8) 噴井防止系統內未裝電池，未能發揮作用。

美國海洋能源管理局與海岸巡邏隊的調查報告指出，意外是由於英國石油公司的劣質風險管理、緊急應變能力與訓練不足、無法依據關鍵性指標的變化反應等原因造成[55]。

## 3.啟示與教訓

2015年10月6日，美國司法部宣布英國石油將以208億美元代價與美國政府和解，徹底解決此次漏油事故所有求償。該款項包括所有幾百個地方政府的賠償、美國清水法案罰款、天然資源損害賠償在內所有政府相關求償內容。和解代價創下美國司法史上最高的和解金額[56]。美國政府在未來四年間，監控英國石油集團石油探勘與生產部門的製程安全與倫理行為，以確保英油執行合理的製程安全制度、風險管理的程序與符合倫理的行為。

全球知名綠色企業專家安德魯・溫斯頓（Andrew S. Winston）指出，英國石油外海油井漏油事件讓我們得到下列的教訓[57]：

(1) 世人過去所依賴的以傳統化石燃料為基礎的技術對地球、社會與商業的破壞力很大，遠超過世人想像與控制的範圍。

(2) 只準備正確發展所產生的結果，但未考慮失誤後所可能造成的負面後果的企業行為非常危險。

(3) 淡化可能發生的錯誤可能釀成大錯。

(4) 環境風險可能危及企業存在。

(5) 一次重大意外可能摧毀企業長期以來所建立的商譽。

## （六）天津港物流中心爆炸事件

### 1. 貨櫃碼頭爆炸

2015年8月12日23點34分，中國大陸天津市濱海新區天津港的瑞海國際物流中心貨櫃碼頭發生一連串爆炸，爆炸當量相當於24噸TNT炸藥，現場出現蕈狀雲[58]。此事故造成165人死亡、8人失蹤、798人受傷與1.7萬棟房屋受損（圖6-24）。此事件是歷史上財物損失最嚴重的化學意外，貨櫃損失15億美元，直接財產損失10億美金，間接損失可能高達百億美元[59]。

法院認定瑞海公司是造成事故發生的主體責任單位。瑞海公司董事長於學偉構成非法儲存危險物質罪、非法經營罪、危險物品肇事罪、行賄罪，數罪併罰，法院依法判處死刑，緩期二年執行，並處罰金人民幣七十萬元。法院還對瑞海公司副董事長董社軒、總經理只峰等5人分別判處無期徒刑到十五年有期徒刑不等的刑罰。

圖 6-24　爆炸後場址 [60]

## 2. 背景

　　此次事件所發生的倉庫為天津瑞海國際物流有限公司所擁有。瑞海國際物流公司成立於2011年，註冊資金5000萬元人民幣，正式員工現為70人，外聘工20人，每年貨運輸量約100萬噸，營業收入約3000萬元人民幣。公司占地面積46226.8平方米，由綜合樓、危品庫房一、危品庫房二、中轉倉庫、堆場、消防泵房、檢查橋、室外箱變、廢水收集池組成[60]。它是天津海事局指定的危險貨物監裝場站，也是天津市交通運輸和港口管理局港口危險貨物作業許可單位。

　　倉儲業務商品類別包括：

(1) 壓縮氣體和液化氣體（氬氣、壓縮天然氣等）。

(2) 易燃液體（甲乙酮、乙酸乙酯等）。

(3) 易燃固體、自燃與遇水易燃物（硫磺、硝化纖維素、矽鈣合金等）。

(4) 氧化劑和有機過氧化物（硝酸鉀、硝酸鈉等）。

(5) 毒害品（氰化鈉、甲苯二異氰酸酯等）。

(6) 腐蝕品、雜類（甲酸、磷酸、甲基磺酸、燒鹼、硫化鹼等）。

### 3. 爆炸原因

中國國務院調查報告指出，起火原因是瑞海公司危險品倉庫運抵區南側，集裝箱內硝化棉由於濕潤劑散失出現局部乾燥，在高溫（天氣）等因素的作用下加速分解放熱，積熱自燃，引起相鄰集裝箱內的硝化棉和其他危險化學品長時間、大面積燃燒，導致堆放於運抵區的硝酸銨等危險化學品發生爆炸。

「瑞海公司嚴重違法違規經營，是造成事故發生的主體責任單位。該公司嚴重違反天津市城市總體規劃和濱海新區控制性詳細規劃，無視安全生產主體責任，非法建設危險貨物堆場，在現代物流和普通倉儲區域違法違規從2012年11月至2015年6月多次變更資質經營和儲存危險貨物，安全管理極其混亂，致使大量安全隱患長期存在。天津市交通、港口、海關、安監、規劃和國土、市場和質檢、海事、公安等部門以及濱海新區環保、行政審批等單位，未認真貫徹落實有關法律法規，未認真履行職責，違法違規進行行政許可和專案審查，日常監管嚴重缺失。海關總署督促指導天津海關工作不到位。有關仲介和技術服務機構弄虛作假，違法違規進行安全審查、評價和驗收等」[62]。

調查報告給出了事發前堆場爆炸核心區域內存放的主要危險化學品：48噸硝化棉、800噸硝酸銨、2173噸危險性物質（易燃液固體、水反應物質、氧化性物質）、1831噸毒性與腐蝕性物質等。

調查報告列舉10項導致事故發生的問題，例如違法建設與營運、風險控制不合格、違反設計標準、違規存放硝酸銨、嚴重超負荷經營、超量存儲、違規混存、超高堆碼危險貨物、違規開展拆箱、搬運、裝卸等作業、未按規定登記備案重大危險源等。

### 4. 啟示與教訓

天津港倉儲爆炸事件暴露了下列幾個恐怖的真相：

(1) 住宅區與危險性化學品處理與倉儲設施之間距離太近：濱海新區的化工企業不僅數量眾多，而且與居民區犬牙交錯（圖6-25）。

(2) 執法鬆弛

雖然中國國家安監局頒布的《危險化學品經營企業開業條件和技術要求》中，明文規定大中型危險化學品倉庫應選址在遠離市區和居民區，當在主導風向的下風向和河流下游的地域；大中型危險化學品倉庫應與週圍公共建築物、交通幹線（公路、鐵路、水路）、工礦企業等距離至少保持1000米，但是監管鬆弛，爆炸地點與最近民宅不到600米[60]。

圖 6-25　中國天津市濱海新區化工廠與住宅區比鄰

(3) 消防人員能力不足

消防人員缺乏撲滅化學火災的訓練與知識，遇到火災就以水柱噴灑，不僅無法滅火，反而會促成水敏感物質反應或分解，引發更大的災害。由於油脂的比重比水小，油脂與水接觸，不僅會浮在水面上隨水散佈，且會遇火燃燒。

(4) 政府、公司與港區皆缺乏緊急應變能力

以上提到的問題如果不受到重視，並且無法及時改善，任何危害性物質的生產、處理與儲存場地永遠會是一個未爆炸彈或地雷，隨時會被引發而造成無法挽回的災難。

### （七）台灣高雄地下管線氣爆事件

#### 1. 氣爆

2014年7月31日下午11時55分，高雄市前鎮區與苓雅區發生連環爆炸，火焰高達十五層樓，火球直徑十五公尺，造成32人死亡、321人受傷。三多一路、三多二路、凱旋三路、一心一路等多條重要道路嚴重損壞（圖6-26）。

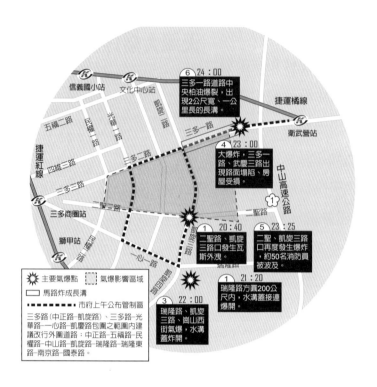

圖6-26　高雄氣爆現場[63]

## 2. 高雄地下管線

　　天然氣、油品與石化產品多由地上或地下管線輸送。管線總長度反應石油、天然氣與化學工業的興衰。美國管線長達2,225,032公里，高居世界首位，其後為俄國（259,913公里）、加拿大（100,000公里）、中國（86,921公里）。

　　台灣僅有8000公里，其中7000公里為中油的天然氣與油管，1000公里為石化管線（家用天然氣管線不含在內）。若以密度而論，則以荷蘭最高，每平方公里範圍內有0.237公里管線，其次為美國（0.226）、台灣（0.221），新加坡（0.181）英國（0.167）、德國（0.096）[64]。

　　高雄市是台灣石油煉製與石油化學重鎮，左營、大社、仁武、林園、小港、前鎮等區皆有石油煉製或石化工廠，土地約3000公頃，總產值高達1.44兆元，從業人口約7萬人（圖6-27）。其中石化產業生產原料則由台灣中油股份有限公司高雄、大林與林園煉油廠生產提供，或自國外進口，由前鎮工業區上岸。石化原料係仰賴地下管線輸送，將石化原料送往大發工業園區、林園工業區及仁大工業區的石化中下游產業。

　　高雄市的下石化管線共89條，分為8個管束，分佈如圖6-28所顯示。地下管線總長度雖高達1004公里，但管線直徑遠較歐美國家為小。若以管束而計，總長度僅100公里。由於管束經過區域約370平方公里，每平方公里的管線長度為0.270公里。

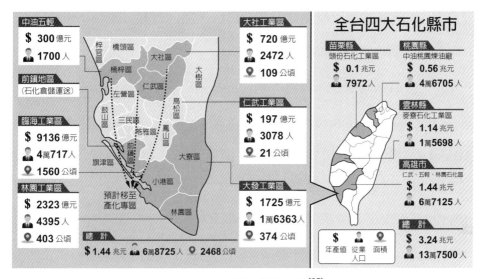

圖6-27　高雄石化區分佈[65]

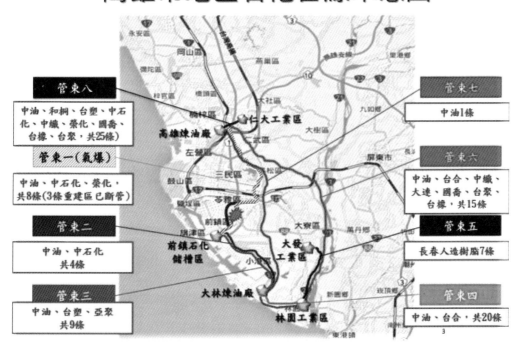

圖6-28　高雄市地下管線示意圖[66]

## 3. 原因

　　爆炸是由於李長榮化學公司（簡稱榮化）二聖一路、凱旋路口處的4吋的管線破裂，使丙烯進入下水道後，遇火源點燃所引發的。消防局應變過程如下：

(1) 下午8時：前鎮區居民嗅到疑似瓦斯臭味，隨即報案。

(2) 8時46分：消防局於20時50分趕到現場。

(3) 9時30分：環保局稽查人員會同消防局抵達二聖、凱旋路口進行採樣。

(4) 9時23分：環保署南區毒災應變中心人員到達現場。

(5) 10時19分於二聖路、凱旋路口之鋼瓶採樣，驗出丙烯濃度13,520ppm（1.35%），接近2%的爆炸下限。

(6) 10時20分：環保署確認氣體為丙烯。

(7) 10時40分：消防局長電聯，要求中油、中石化切斷管線輸送。

(8) 11時59分：爆炸。

　　此管線為中油公司於1991年底興建，1994年的完工交予福聚公司。2006年李長榮公司併購福聚後，接手使用。經專家鑑定發現，本案氣爆管線於1991-1992年地下排水箱涵施工時，被包覆於內。由於管線長期暴露於濕氣中，導致鏽蝕管壁減損至一定程度後，因無法承受管內壓力而破損[76]（圖6-29）。

　　12月18日，高雄地檢署依失火罪、準失火罪、業務過失致死、業務過失傷害、業務過失致重傷害等罪嫌起訴1991年至1992年間承辦排水箱涵施工之高雄市政府工務局人員三人、李長榮化工公司董事

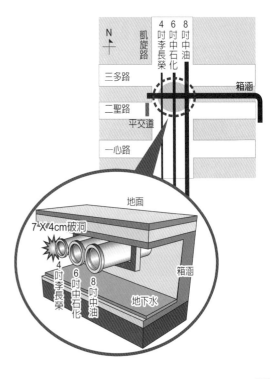

圖6-29　李長榮化工4吋管線破洞示意圖 [67]

長、李長榮化工大社廠廠長及氣爆當晚輪值的榮化員工四人和華運公司員工三人等共12人[68]。

2015年11月18日高雄氣爆32名罹難者家屬與市府、李長榮化工等業者求償協議，已全數達成和解並於高雄地方法院完成公證，每名罹難者和解金1200萬元，最遲分4年付清。和解金先由榮化墊支，待法院責任判決確定後，再依照比例分擔。11月19日歷經六次審查會議、三階段核准，高雄市政府終同意李長榮化工大社廠全面復工。

### 4. 啟示與教訓

此次事件發生後，暴露了下列幾個重大的缺失，極需改善：

(1) 政府單位未曾管理地下管線

高雄氣爆發生後的第三天晚上，經濟部政務次長杜紫軍在「高雄石化原物料輸運管線清查平台」會議後坦言：「根據我的理解，過去是沒有政府在管」，他強調，「誰核准！誰收費！誰管理！」，雖近期經部會跟相關單位探討是否修法，但要如何管理仍在討論中[69]。

(2) 管線包覆於排水箱涵內

地下管線埋於道路之下至少一公尺以下，即使受到腐蝕或修路、土地開挖等第三方破壞的影響而造成管線破裂時，雖然難免會洩露出少量易燃性物質，但不至於釀成如此重大的災難。究其原因，管線包覆在排水箱涵之內，由管線洩漏的丙烯沿著下水道流動，導致4-6公里下水道內充滿了丙烯。

水利局則表示，因為根本不知道有這條雨水箱涵，所以當然沒有列入巡查維護範圍。據推測，此箱涵是1991年至1992年間的崗山仔二之二號道路排水幹線工程時所興建。當時施工單位雖發現地下管線，卻誤將管線包覆於排水箱涵中。氣爆事件發生後，水利局全面清查石化管線，從箱涵中找出101支金屬石化管線，其中19支具危險性，已要求業者於12月15日前完成改善。

(3) 消防單位缺乏偵測與因應化災的能力

由意外發展歷程可以發現，消防局努力有餘，但能力不足。首先，消防局缺乏偵測洩漏氣體的儀器，一直等到環保署南區毒災應變中心到達現場一個多小時後，才確定為丙烯。然而，在確認為丙烯後，來不及通知消防人員撤退與封鎖道路，以致多位消防人員、毒災應變人員與路人傷亡。

消防人員到現場後，不斷地向下水道內灑水，不僅不能達到防火防爆目的，反而促成丙烯流動與揮發。丙烯在高壓管線內為液態，但由管線破裂洩漏時，由於壓力驟減，部分液態丙烯會揮發成氣態，溫度會降至−47.4度。此現象成為驟沸或閃蒸。由於丙烯液體的密度較水低，與水接觸後，不僅會浮在水面上隨水流動，而且會吸收水的熱能加熱而揮發成氣態。

(4) 管線操作人員應變能力不足

由當晚華運倉儲向李長榮化工數送丙烯的過程可以看出，操作人員沒有能力判斷管線的洩漏。當晚，華運倉儲開始向李長榮化工輸送丙烯。8時43分21秒，管線壓力異常下降，從40公斤/平方米下降至13公斤/平方米。李長榮化工大社廠於8時55分去電華運表示沒收到丙烯。華運於9時20分重新輸送，但發現輸送管壓力未上升後再度停止。雙方於晚間9時40分至10時10分間將閥門關閉，進行管線壓力測試後認為管線無漏，於10時15分再次恢復供料，至11時35分華運停止丙烯輸送[70]。

丙烯在一大氣壓下為氣體，當溫度降至攝氏−47.4度，丙烯會凝結為液體。在攝氏30度時，當壓力超過13公斤/平方米，丙烯為液體。為了便利儲存與運輸，丙烯儲槽與管線的壓力皆高於13公斤／平方米。輸送時，丙烯管線正常壓力為40公斤／平方米，因此當管線壓力降至13公斤／平方米時，即顯示管線開始洩漏。可惜操作人員能力不足，雖發現異常，但未能做出正確的判斷。

(5) 後續工作

經過將近5個月的努力，主要受損道路已於12月20日修復，公車路線也開始恢復行走，其餘收尾工程於2015年1月底完成。2015年6月，高雄市政府經濟發展局為保護市民安全，有效管理本市既有工業管線，建立管線監理檢查機制，落實管線所有人自主管理及使用者付費精神，以維護公共安全，特制定高雄市既有工業管線管理自治條例，將所有高雄市內工業管線納入管制。

高雄市許立明副市長於104年1月15日之行政院會中提出修正「工廠管理輔導法」四項主張[71]：

(1) 中央設定落日條款，讓妨害都市安全的石化管線限期離開市區。

(2) 中油等石化業總部南遷，以落實財政正義並就近管理。

(3) 管理與救災應做總整理。

(4) 救災體系經費，應由業者與政府負擔。

行政院修正工廠管理輔導法，必須同時提出配套措施且願意面對國營企業的歷史責任，否則此修正案將落於讓違法石化管線就地合法之惡名。

高雄氣爆事件發生後，一度引起民眾恐慌。由於高雄煉油廠已於2015年11月停產，應積極開發石化工業專區，將仁大工業區石化業者與地下管線遷移，才可大幅降低人口密集區的風險。

## 六、核能電廠意外

### （一）核能發電

核能是原子核結構發生變化時放出的能量，例如原子核分裂或如氫原子的同位素 氘和氚的原子核融合。核分裂（Nuclear Fission）是指鈾或鈽分裂成較輕的原子的一種核反應或放射性衰變形式。早期原子彈是應用鈽-239為原料所製成，目前，人類尚未能有效控制核融合過程，所有運轉中的商用核電廠都經由鈾-235分裂所產生的能量發電。

2014年，全球核能電廠總發電量約23,9兆度，其中以煤電廠（40.6%）最多，其次天然氣（21.6%）、水力（16.7%）、核能（10.6%）、石油（4.3%）等。風力、太陽能與生質能等再生能源僅占5.5%。全世界32個國家設有440個核能發電廠，總裝置容量約385GW（百萬千瓦）。依據2016年統計資料，核能發電量前5名的國家分別為美國、法國、中國、俄國、韓國等，我國排名13。法國核能發電占該國比例最高，約72.4%，其次為烏克蘭、瑞典、比利時等，我國為12%（表6-4）。核能發電量雖然不一定能反應該國的國力，但是不可否認的是，亞、非、南美與太平洋島嶼的一百六十餘個的非核家園國家遠較核能國家落後。

過去半個世紀以來，核電存廢問題一直是人類社會對核能發電使用的持續的爭議性討論。歐洲許多國家近來逐漸廢止核電。德國宣布在2022年前關閉所有的核能電廠、瑞士宣布將在2034年關閉所有核電廠，義大利公民投票以94%的壓倒性票數封殺重啟核能發電的提案。我國預計於2025年關閉所有核能電廠。

表 6-4　2016 年全球核能發電量前 15 國 [72]

| 國家 | 發電量 | 發電量比 |
|---|---|---|
| 十億度（TWh） | | |
| 美國 | 804.8 | 19.5% |
| 法國 | 386.0 | 72.4% |
| 中國 | 197.8 | 3.6% |
| 俄國 | 182.8 | 18.6% |
| 韓國 | 154.3 | 30.3% |
| 加拿大 | 95.6 | 15.6% |
| 德國 | 80.1 | 13.1% |
| 烏克蘭 | 76.0 | 52.3% |
| 英國 | 65.1 | 20.4% |
| 瑞典 | 60.6 | 40.0% |
| 西班牙 | 56.1 | 21.4% |

| 國家 | 發電量 | 發電量比 |
|---|---|---|
| 印度 | 35.0 | 3.4% |
| 中華民國 | 31.7 | 12.0% |
| 捷克 | 22.7 | 29.4% |
| 比利時 | 24.8 | 37.5% |

　　台灣電力公司自1977年12月開始操作金山鄉第一核能電廠1號機起，至今已近40年。過去十年來，運轉中的核一、核二及核三廠，每年平均約可以供應400億度左右的核能電力，機組的平均容量因數約維持在90%。

## （二）優缺點

1.核能發電的優點為：

　　(1) 核能發電不會排放大量的污染物質到大氣中，不會造成空氣污染。

　　(2) 核能發電不會排放二氧化碳，不會造成溫室效應。

　　(3) 核燃料能量密度高，所使用的燃料體積小，運輸與儲存方便。

　　1粒核燃料丸可以產生2044度電，約等於1噸煤或3.52桶原油或20440立方米天然氣。以核四廠為例，每年發電190億度僅需要的鈾燃料約81噸。如果以化石燃料替代，則需570 萬噸煤、380萬噸燃料油、或271萬噸天然氣。由於煤、油與天然氣皆仰賴進口，不僅運儲費事，在世局動盪下，難以確保供應穩定。

　　(4) 燃料費用所佔成本的比例低，故操作成本較低。

　　依據台電所公布的發電成本，核能發電每度1.71元，比天然氣（2.15元）低，但比燃煤（1.38元）高；然而，依據國際能源總署（IEA）以3%折現率估算，核能成本最低，每度僅0.051美元，比風力（0.069美元）、 燃煤（0.076美元）、燃氣（0.098美元）低[73]。

　　(5) 鈾存在於地殼中，含量約為百萬分之3，較汞、銀、鎘、銻、錫皆高。

　　(6) 使用核能發電可以降低對煤、石油與天然氣等化石燃料的依賴。

2.核能發電缺點為：

(1) 反應器內具有大量放射性物質，萬一釋放到外界，會造成輻射汙染。

(2) 核能發電廠熱效率較低，熱污染較化石燃料發電廠熱汙染嚴重。

(3) 核電廠會產生高低階放射性廢料，難以有效處理。

(4) 核電廠投資金額太大，財務風險較高，每千瓦裝置容量約4279美元，比燃煤（2080美元）、燃氣（708-1021美元）高。

(5) 社會反核聲浪大，易引發政治歧見紛爭。

　　其中最令人詬病與恐懼的是核廢料難以有效處理與洩漏後放射性汙染問題。部分社會大眾誤將核能發電廠與核子武器相提並論，更增加溝通的困難。因此，核能電廠議題往往造成社會對立。

## （三）核能事件分級

　　國際原子能總署（IAEA）將核能事件分成7個等級，如表6-5所顯示：其中較低的1至3級稱為異常事件，較高的4至7級則稱為核子事故。與核能安全或放射性物質無關的事件列為0級。此分級制是以矩陣與重要關鍵描述以顯示事件的重要性，並使用「人與環境」、「輻射屏障與控制」（廠內衝擊）與「深度防禦」等三種分級準則，區分事件的等級。「人與環境」分為2-7六個等級，其中以第2級為最低，第7級最高。當一位民眾所接受輻射劑量超出10毫西弗，或是一位工作人員接受的輻射劑量超出法定年限值為第2級。當放射性物質大量外釋，具有大範圍健康及環境的影響時，則為第7級。

　　第二種準則為「輻射屏障與控制」（廠內衝擊），它是以事件發生後對設施內的影響程度來劃分，由第2級（工作區的輻射劑量率超過每小時50毫西弗）至第5級（反應爐爐心嚴重熔毀）不等。第三種準則為「深度防禦」準則，是以安全系統受損程度來判別其級數，由輕微到嚴重分成1至3三個等級[74]。

表6-5　國際核能事件分級表（International Nuclear Event Scale, INES）[75]

| 等級 | 名稱 | 標準 | 事件 | 影響 |
|---|---|---|---|---|
| 7 | 重大事故 | 大規模釋放有害健康與環境的輻射物質，且需要採取對抗政策與手段來阻擋擴散的輻射物質。 | 1986年前蘇聯位於烏克蘭車諾比爾（Chernobyl）核電廠反應爐爆炸。 | 造成共60萬人遭受輻射污染所影響，各界統計報告結果不一。<br>綠色和平組織發表過報告傷亡人數為9萬3000人。<br>目前最新報告為受到車諾比爾核災影響而致死者高達20萬人。 |
| 6 | 嚴重事故 | 明顯釋放出輻射性物質，且需要採取對抗政策與手段來阻擋擴散的輻射物質。 | 1957年前蘇聯克里姆林核廢料爆炸事件。<br>2011年日本福島第一核電廠核危機事件。 | |
| 5 | 具擴散風險事故 | 僅會釋放少量的輻射性物質，且只需採取一些控制手段來控制輻射物質外洩。<br>少數人因輻射污染死亡。<br>反應爐爐心熔毀。<br>一層圍阻體內有大量輻射物質且有引發火災的危險。 | 1957年英國溫斯喬（Windscale Pile）火災。<br>1979年美國賓州三哩島（Three Mile Island）核電廠事故。<br>1987年巴西戈亞尼亞醫療輻射事故。 | 三哩島事故造成反應爐爐心熔毀，且三哩島周圍的兒童罹患癌症比例比全美國兒童高出1/3。<br>巴西戈亞尼亞醫療輻射事故造成4人輻射死亡，且另外6人具有急性輻射傷害症狀。 |
| 4 | 無擴散風險事故 | 僅會釋放極少量輻射性物質，僅需採取檢查食物是否有受輻射污染。<br>至少造成1人因輻射污染死亡。<br>爐心熔毀0.1%。 | 1999年日本茨城縣東海村JOC臨界事故。<br>1989年法國Saint Laurent dex Eaux核電廠事故。 | 日本東海村JOC臨界事故造成2名工作人員當場因為輻射污染死亡，並有660人受到輻射污染。<br>法國Saint Laurent dex Eaux核電廠事故為熔毀燃料棒1支，但並沒有輻射外洩。 |

| | | | | |
|---|---|---|---|---|
| 3 | 嚴重事件 | 僅少量適放影響到核廠員工。<br>輻射釋放不會影響到人體健康。<br>輻射曝露率超過 1 西弗 /1 小時。 | 2005 年英國塞拉菲爾德（Sellafield）核電廠事件。<br>1989 年西班牙凡德洛斯（Vandellos） 核 電廠事件。 | 英國塞拉菲爾德核電廠事件造成輻射物質充斥在一層圍阻體當中。<br>西班牙 Vandellos 核電廠事件為核電廠附近發生火災危機核電廠安全。 |
| 2 | 注意事件 | 地區每人接受輻射曝露為 10 毫西弗。<br>核廠工作人員單日輻射曝露量超過法定輻射年曝露量。<br>地區幅射量達到 50 毫西弗 /1 小時。<br>進入核廠未操作工作與機具時即超過法定核廠規定輻射量。 | 2005 年阿根廷的 Atuca 核電廠工作人員單日輻射曝露量超過人體全體正常接受自然輻射安全量。<br>2005 年美國核廠工作人員單日輻射曝露量超過人體全體正常接受自然輻射安全量。<br>1995 年法國核廠失去對加速系統控制能力。<br>2006 年 瑞 典 Forsmark 核廠緊急電力系統失效。 | |
| 1 | 異常事件 | 圍阻體發生輕微的問題。<br>接近核電廠的人接受的輻射曝露量達到人體自然輻射年曝露量。<br>在核能運行與傳送過成中，極微量核能物質損耗掉。 | | |

## （四）實際案例

### 1. 七級事件

#### (1) 日本福島核電廠

2011年3月11日，日本外海發生大規模9.0地震。海嘯淹沒了緊急發電機室，損毀了緊急柴油發電機。由於冷卻系統停止運作，反應爐開始過熱，第1、2、3號反應爐爐心因溫度過高而熔毀。隨後又發生一連串的氫氣爆炸後，造成大量放射性物質外洩，因此歸類為7級事件。

#### (2) 烏克蘭車諾比爾核能事故

1986年4月25日，蘇聯烏克蘭車諾比核能電廠的計畫停機時，工程師執行渦輪發電機的慣性減速試驗，以探討在電力停止供應後，渦輪發電機的轉動慣量，是否可以在備用柴油發電機啟動之前，提供廠內的緊急電源。

操作人員首先將反應爐輸出功率降低至50%，並關閉緊急爐心冷卻系統。4月26日凌晨，由於操作失誤，功率急降至1%。為提升功率，操作員將控制棒大量抽出；然而，由於操作錯誤，反應器功率卻持續上升，導致部分控制棒破裂。高熱的破裂物促使冷卻水大量蒸發後，導致水蒸氣與氫氣爆炸。爆炸後，引起反應爐內石墨的燃燒，造成大量的放射性物質外洩。據IAEA 2005年報導，56人直接因此事件而死亡（47名工人、9名小孩死於甲狀腺癌），高達4,000名民眾可能因放射性物質外洩，而罹患長期疾病死亡。世界衛生組織認為至少9,000人死亡，20萬被迫遷移家園。

### 2. 六級事件

#### (1) 吉斯亭（Kyshtym）事故

1957年9月29日，俄國烏拉山區車里雅賓斯65號城（Chelyabinsk-65, 後改名為Ozyorsk）的一個再處理廠核廢料槽的冷卻系統失常，導致溫度上升，最後引發非核爆炸。部分槽內70噸的放射性廢棄物釋放到大氣中，輻射雲擴散放為高達20,000平方公里，直接造成200人死於癌症，11,000人被迫撤離輻射區。

## 3. 五級事件

### (1) 英國溫斯喬廠放射線物質外洩事件

1957年10月10日，英國塞拉費而德（Sellafield., UK）溫斯喬（Windscale）核廢料再處理廠的操作人員發現氣冷式石墨反應器度溫度異常上升，核反應堆陷入火海後，立即用消防水滅火，導致大量的放射性物質外洩。輻射影響至數百公里外北歐地區。英國境內約200人罹患癌症，其中半數死亡[86]。

### (2) 美國賓州三浬島反應爐心毀損事件

1979年3月28日，美國賓夕法尼亞州哈利斯堡（Harrisburg）附近的三哩島（Three Mile Island）核能電廠管道破裂，反應爐內釋壓閥門未關閉，導致冷卻水從閥門流出。操作人員又誤判冷卻水流失事故的警報，等到發現真實情況才執行爐心補水；然而，為時已晚，反應爐核燃料已熔毀一半。雖然放射性物質外釋量很有限，而且沒有人死亡，但由於廠內衝擊程度大，被判定為5級意外。財產損失高達24億美元。

三浬島事故對於公共安全及周圍居民的健康上並無不良影響，主要原因在安全外殼發揮了重要作用，凸顯了其作為核電廠最後一道安全防線的重要作用。此事件也讓核能界警覺到操作人員的緊急應變、控制系統的人性化設計等的重要性。此事件發生後，為避免意外再度發生，核電廠安全係數與設施大幅提高，核電廠興建數量頓時銳減，核子工程師紛紛轉行。此現象一直到21世紀初化石燃料價格高漲後，才開始改變[87]。

## 4. 四級事件

### (1) 英國溫斯喬再處理廠放射線物質外洩事故

1973年，英國溫斯喬核廢料再處理廠放射性物質洩漏流入作業區，造成處理槽放熱反應。

### (2) 法國聖羅蘭廠反應爐受損事件

1980年，法國聖羅蘭（Saint Laurent）核能電廠發生事故，造成反應爐部份毀損，但沒有放射性物質外釋，基於廠內衝擊程度，判定為4級事件。

(3) 阿根廷布宜阿諾斯核電廠事件

1983年，阿根廷首都布宜阿諾斯市（Brunos Aires）的Embalse核能電廠內，由於工作人員在執行爐心修改作業時未遵循安全規定，燃料到達臨界狀態（能夠發生核子分裂的條件），功率急速上升，當場造成3~4公尺外的操作員死亡。他所承受的伽瑪射線劑量21戈雷（Gy：1焦耳/公斤），中子劑量22戈雷。依廠內衝擊準則，列為4級事件。

(4) 日本東海村核燃料處理廠發生臨界事故

1999年9月30日，日本JCO公司位於東京市郊外東海村（Tokaimura）核燃料處理廠在核燃料轉化過程中，未遵照安全規定擅自更改程序，致使鈾溶液達到臨界狀態，而發生了核裂變連鎖反應，並持續20小時之久，造成一名工作人員死亡。依廠外與廠外衝擊程度而論，均列4級。根據世界核能協會（World Nuclear Association, WNA）統計，低於100位民眾暴露在輻射中，距離核電廠300公尺內的161位民眾強制撤離。

## 5. 三級事件

(1) 西班牙凡德洛斯核電廠異常事件

1989年10月19日，西班牙塔拉戈納省凡德洛斯（Vandellos）核能電廠內渦輪油與氫氣外洩後，失火爆炸，嚴重破壞安全系統與機組。雖然放射性物質外洩沒有外洩，反應爐或圍阻體也未受損，但是安全系統受到損害，因此依深度防禦準則，判定為3級意外。

(2) 巴基斯坦喀拉蚩KANUPP核電廠事故

2012年，巴基斯坦3名工作人員執行完工業輻射照影後，未發現Ir-192（67 Ci）射源卡在導管尚未退回屏蔽內，就將它置於身旁。他們三人開了30分鐘車程回到辦公室後，發現分別接受了2.02、0.81、0.81西弗（Sv）輻射劑量，超過法定年限值的10倍。

(3) 日本福島核電廠輻射水外洩事件

2011年3月11日，發生大地震後，福島第一核電廠不斷發生何輻射汙染水外洩。附近港灣的觀測井的地下水，檢驗出含輻射汙染的水。 2013年7月22號，不具名人士透漏核輻射汙水早已大量外洩至太平洋。8月20日宣布洩漏水量高達300立方米，放射性物質外洩8000萬貝克（Becquerel，簡稱貝克Bq，是放射性物質或放射源輻射強度單位）。根據日本原子能研究開發機構在2012年3月份發表的試算結果顯示，福島第一核電廠所洩漏的銫134與銫137，約有七成流入海中。

(4) 我國萬里核二廠工作人員接受劑量超值事件

1993年3月20日，位於萬里鄉的第二核能發電廠二號機進行大修。執行用過控制棒傳送作業時，控制棒吊至接近水面的位置，造成工作人員暴露於高劑量輻射。由於劑量超過法定年劑量限值，依廠內衝擊程度準則，判定為3級事件。

## 6. 二級事件

(1) 金山核一廠品管疏失事件

1993年2月15日，金山鄉第一核能發電廠二號機起動時，汽機功能測試作業發生緊急停機。停機是由於大修執行現場變更申請時，未遵守程序所造成的。依據深度防禦準則，引發安全系統的等級雖為0級，但本事件卻是因品質管理疏失所造成的，因此列為1級意外。

(2) 恆春核三廠放射性廢水排放事件

1993年4月29日，恆春第三核能發電廠一號機年度大修時，因值班人員機警覺度低，且反應失誤，造成使用過燃料填換池水位下降、廠區內非預期區域重大污染與約5000加侖放射性廢水排放至廠外海域。依廠外衝擊準則，放射性物質外釋對民眾之影響微小，不足以構成3級意外；依廠內衝擊程度準則，為2級意外；依停機期間異常事件分級，則屬影響用過燃料池事件中的1級事件。綜合上結果，判定為2級事件。

## 7. 一級事件

### (1) 萬里鄉核二廠反應器急停後,反應器水位持續下降事件

1992年12月13日,萬里鄉第二核能電廠一號機滿載運轉中。由於汽機廠房冷卻器故障,導致主蒸汽管路隔離閥關閉與反應器緊急停機。停機後,又因操作不當,以致短時間內高壓爐心噴灑系統與爐心隔離冷卻水系統無法正常操作,反應器水位持續下降。依據深度防禦準則,此事件被判定為1級意外。

### (2) 金山鄉核一廠廢料運送車滑落事件

1999年9月1日,核一廠承包商司機駕駛著運送車,前往一號廢料貯存庫時,至廠內一號廢料貯存庫門口,司機下車辦理入庫手續時,運送車順著坡道滑下掉落乾華溪中。車上雖載運著31桶由二號機燃料池所拆換的燃料儲存舊格架,但並未外洩,且對環境並沒有負面影響。依照廠內衝擊及深度防禦準則,本案應判為為0級,然而,此事件反映出廠內放射性廢料運送的程序不當,品質管理有嚴重缺陷,因此提昇為1級事件。

## 8. 零級事件

### (1) 萬里核二廠排放

1994年1月1日,第二核能電廠的1、2號機穩定運轉中。由於廢料系統所清出的污泥袋破漏,導致廢水的導電率升高。操作人員以失效的除礦器處理廢水,導致廢水酸性過高。電廠人員估算,此廢水經廠內熱廢水(即循環海水)稀釋後,排放值即可符合放流水標準,因此將兩批次酸性偏高廢水排放。由於所排放的廢水放射性均遠低於排放限值,並未造成廠內外輻射影響。依據深度防禦準則,判定為0級事件。

### (2) 核一廠、核二廠輸電路故障事件

1999年7月29日,金山鄉第一核能電廠1、2號機與萬里第二核能電廠1、2號機滿載運轉中。位於台南縣山區之326號高壓鐵塔倒塌,導致龍崎嘉民海線及龍崎中寮山線同時跳脫,造成電力系統南北解聯,北部電力系統頻率降低,導致核一、二廠反應器保護系統自動停機,主汽機、發電機跳脫。依深度防禦準則,緊急停機原因為單純輸電線路故障,因此判定為0級事件。

# Review
## 重點整理

### 一、危害的四大種類

1. 物理危害
2. 化學危害
3. 生物危害
4. 人因危害

### 二、意外發生的三個階段

發起→散佈→後果

### 三、意外事件的三種類型

| 種類 | 內容 |
|---|---|
| 程序性意外 | 不遵循規定行事所造成的意外，只要加強訓練監督、制定新的法規，及要求管制者審慎檢核，就可以找出合適的解決方法。 |
| 工程性意外 | 由設計上的瑕疵所引起的意外，可以透過現場經驗與實驗過程中所獲得的數據，改善設計。 |
| 組織性意外 | 較難瞭解且不易掌控，這類意外事件的發生是複雜的科技與那些必須應用這些科技的複雜組織的特徵。 |

### 四、影響風險知覺的因素

1. 自願和非自願風險。
2. 短期與長期後果。
3. 預期的機率。
4. 可逆效應。
5. 風險程度的恕限值。
6. 延遲與立即風險。

## 五、安全設計的判斷原則

1. 符合法律標準。
2. 符合「公認工程規定」的標準。
3. 開發本質較安全的替代設計。
4. 應用防呆設計。

## 六、安全設計的手段

1. 危害辨識。
2. 避免或消除危害。
3. 控制危害。
4. 緩和、隔離與圍堵。
5. 風險程度的恕限值。
6. 處理危害。

## 七、防範意外措施 5E 原則

| 5E 原則 | 內容 |
|---|---|
| 教育訓練<br>（education） | 建立員工正當的安全意識、工安規則以及緊急防範逃生措施。 |
| 鼓勵<br>（encouragement） | 鼓勵員工遵循規範，建立獎勵制度。 |
| 工程控制<br>（engineering） | 著重於設計的合理化、安全化，使營建的水準符合設計要求及安全標準等。 |
| 強制執行<br>（enforcement） | 管理階層利用職權要求員工遵循行政命令、指令、作業標準、步驟或理念，以加強或補充工程控制（及設備、程序控制）的不足，而非取代合理的工程控制。 |
| 評估<br>（evaluation） | 包括危害辯識、風險評估等。 |

# Chapter
# 07 智慧財產權

**知識即權力。**

——阿里‧本‧阿比‧塔利卜（Ali ibn Abi Talib）

　　2016 年 12 月 12 日，美光記憶體公司（Micron Technology）宣布併購華亞科技後，上百位華亞科工程師集體跳槽到中國紫光集團所屬的長江存儲與安徽省的合肥長鑫公司。2017 年 4 月，美光透過檢調單位協助，訴諸法律行動，提告百人，意在防止相關營業和技術機密遭竊取。

　　2017 年 9 月 6 日，台中地方法院對聯華電子公司提起公訴，控訴聯電透過美光離職員工竊取動態隨機存取記憶體（DRAM）的製程機密。聯電在 2018 年 7 月發出重訊指出，在中國福州中級人民法院控訴美光侵犯其半導體製程專利，並獲得勝訴。2018 年 11 月 1 日，美國司法部起訴福建晉華、聯電，以及晉華總經理等三名台灣人，竊取美光的商業機密，圖利福建晉華。2020 年 6 月，台中地院審理終結後正式判決，除判罰聯電公司新台幣 1 億元外，並將涉案員工分別處以 4.5 至 6.5 年徒刑，併科新台幣 400 萬至 600 萬元罰金。聯電不服，已依法提起上訴。2021 年 11 月，聯電與美光達成和解，聯電除將支付一次性保密金額給美光，並將提供產能給美光，共創商業合作機會（圖 7-1）。

　　2009 年 11 月 10 日，台灣積體電路公司與中國中芯國際積體電路公司達成和解，結束了長達 6 年的官司。中芯國際同意於 4 年內支付台積電 2 億美元外，並無償贈與台積電 10% 的中芯股權；台積電則同意撤銷對中芯國際的侵權控訴，不僅不派駐董事，且不參與中芯國際日常經營工作。和解宣布後，中芯創辦人、執行長張汝京博士辭職，由王寧國接任總裁、執行董事與執行長。

　　2003 年 6 月，威盛公司向新竹地方法院具狀控告聯發科所生產的 DVD-ROM 與 Combo 控制晶片侵犯威盛在台灣的專利。2004 年 8 月，威盛與聯發科達成和解。

　　由以上案例可知，企業對於維護智慧財產的安全，不遺餘力，必要時則尋求法律訴訟，以免商業機密流入競爭對手中。工程師不僅應該了解所接觸的資訊中是否屬於商業機密、設計圖或配方等智慧財產，除協助維護雇主或客戶的智慧財產外，也必須避免涉入侵權嫌疑。

圖 7-1　2021 年 11 月，聯電與美光達成和解

| 項目 | 台積電 TSMC | 中芯國際 SMIC |
|---|---|---|
| 2020 年營業額 | 1.34 兆 | 39 億 |
| 2020 年毛利率 | 53.10% | 23.57% |
| 年產能 | 超過 1300 萬片<br>12 吋晶圓約當量 | 540 萬片<br>8 吋晶圓約當量 |
| 先進製程水準 | 5 奈米（2020/Q3）<br>3 奈米（2022/Q4） | 14 奈米（2019/Q4） |

圖 7-2　台積電與中芯國際比較

# 7-1
## 定義

智慧財產權（Intellectual Property）簡稱智財權，泛指智力所創造出的成果。依據世界智慧財產權組織（World Intellectual Property Organization, WIPO）於1967年所界定的範圍[1]，智慧財產權包括：

1. 文學藝術和科學作品。

2. 表演藝術家、錄音和廣播的演出。

3. 在人類一切活動領域內的發明。

4. 科學發現。

5. 外型設計。

6. 商標服務標記、商號名稱和牌號。

7. 在工業、科學、文學或藝術領域內其他一切來自知識活動的權利。

　　智慧財產權具有專有性、地域性與時間性三個特性：專有性係指除權利所有人同意或經由「強制許可」、「合理使用」或「徵用」等法律程序外，任何人不得享有或使用該項權利（圖7-3）。換句話說，權利所有人獨占或壟斷的權利受到法律嚴格保護。地域性是指除國家間簽有國際公約或雙邊互惠協定外，在特定地區所保護的某項權利只在該地區生效。時間性是指法律對智財權的保護，有一定的有效期限。專利保護期15到20年，工業設計保護期至少10年，商標則可享受無限期的保護。

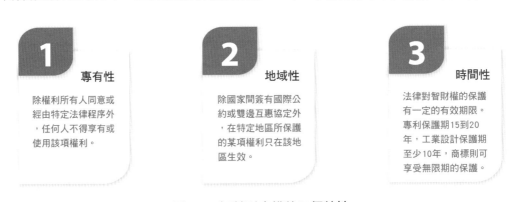

**1 專有性**
除權利所有人同意或經由特定法律程序外，任何人不得享有或使用該項權利。

**2 地域性**
除國家間簽有國際公約或雙邊互惠協定外，在特定地區所保護的某項權利只在該地區生效。

**3 時間性**
法律對智財權的保護有一定的有效期限。專利保護期15到20年，工業設計保護期至少10年，商標則可享受無限期的保護。

圖 7-3　智慧財產權的三個特性

# 7-2

## 相關法律

　　我國法律中並沒有「智慧財產權法」，而分別由下列法律保護：

1. 技術發明：專利法（發明、新型）。

2. 外觀設計：專利法（新式樣）。

3. 企業（商品或服務）標誌：商標法。

4. 積體電路電路布局：積體電路電路布局保護法。

5. 專有技術或營業秘密：公平交易法、刑法、營業秘密法。

6. 營業名稱：公司法、商業登記法。

# 7-3

## 侵權種類

　　智慧財產權侵權案例可分為下列4類：

1. 未經授權或許可，抄襲或模仿工業設計、製造或研發技術或商業機密。

2. 未經授權或許可，公開使用已有專利保護的工業技術、設計或方法。

3. 未經授權或許可，抄襲、模仿或任意使用商標、設計圖案。

4. 未經授權或許可，任意傳播、下載著作、音樂、錄音、錄影等。

　　第一類多發生於高科技產業或跨國性大型企業間。由於科技不斷地創新，公司間的競爭趨於白熱化，高階經理人不擇手段，藉挖角之名，以達竊取或抄襲競爭對手的技術機密之實在所難免。1990年代所發生洛佩茲事件與2000年代台積電與中芯國際的訴訟就是此類最著名案例。

第二類有關專利權侵犯，並不一定完全是抄襲或竊取，有些是不約而同、獨立發展而成，且已應用多年，只是未申請專利權保護而已。然而，只要觸犯他人已核准的專利，被人檢舉或被專利權擁有者發現後，不僅要賠償損失，還要付專利使用費。例如，宏達電與美國蘋果、中石化與美商 Celanese公司的專利糾紛。表7-1中列出過去重大智慧財產侵權案例，以供參考。

表 7-1　近年來重大制裁侵權訴訟案 [2]

| 日期 | 原告 | 被告 | 侵權訴訟摘要 |
|---|---|---|---|
| 2001/09 | 英特爾（Intel） | 威盛 | 在美國對威盛 P4X266 晶片組提出侵權告訴，隨後追加香港、英國、德國各地的訴訟。2003/04 和解，以解決雙方在五個國家中的 11 件訴訟案（涉及 27 件專利侵權爭議），同時也簽訂專利交互授權契約。 |
| 2001/09 | 威盛 | 英特爾（Intel） | 2002/12/23 P4 侵權纏訟威盛首度打贏英特爾。2003/2/20 美國最高法院駁回 Intel 指控威盛 AMD 相容晶片組上訴案，威盛勝訴。2003/4 和解，解決雙方在五個國家中的 11 件訴訟案（涉及 27 件專利侵權爭議），簽訂專利交互授權契約。 |
| 2003/06 | 威盛 | 聯發科 | 威盛向新竹地方法院具狀控告聯發科 DVD-ROM 與 Combo 控制晶片產品侵犯威盛在台專利。2004 年 3 月威盛及其子公司威騰與聯發科就台灣及美國訴訟達成和解。 |
| 2003/12 | 台積電 | 中芯 | 在美國加州地方法院控告中芯與其美國子公司侵犯三項專利權及竊取營業機密，並對其提出終判禁制令與財務損害賠償。2005/02 和解，中芯將在六年內以分期方式支付台積電 1.75 億美元；台積電將撤銷在美國聯邦法院美國加州地方法院、ITC 及台灣新竹地方法院所有正在進行中的訴訟案件，然而保留再提告訴的權利。此外，雙方同意到 2010 年 12 月底止就相關專利進行交互授權。 |

| 日期 | 原告 | 被告 | 侵權訴訟摘要 |
|---|---|---|---|
| 2004/12 | 日本半導體能源研究所（SELC） | 奇美 | 向東京地方法院聲請禁制令，要求禁止市場上的相關廠商，在日本販售使用奇美電子 27 吋面板的液晶電視產品。日本消費性電子產品通路商西友公司已表示無法再繼續銷售可能有問題的產品。 |
| 2005/06/ | 友達 | 夏普 | 夏普在台進口的型號 e750 之 PDA 液晶顯示模組侵害友達的專利，並向法院聲請假處分。 |
| 2005/03 | 工研院 | 建興 | 建興生產的薄型光碟機中 loader 部分疑侵害工研院中華民國 525,148 號發明專利，經多次授權協商均告破裂，因此向新竹地檢署控告建興電涉嫌侵權並提出民事損害賠償，要求新台幣一千萬元的授權金。 |
| 2005/08 | 松下電器 | 聯發科、微星、OPPO Digital | 於美國加州北部聯邦地方法院指控三家公司侵犯其系統晶片三項專利，要求停售該晶片，並請求損害賠償。 |
| 2005/08 | 瑟蘭斯（Celanese） | 中石化 | 以中石化生產的醋酸製程侵害其台灣專利，向高雄地方法院提起民事訴訟賠償，主張侵權時間自 85/08/30 至 88/05/17。高雄地院於 94/08/24 判決中石化應賠償新台幣 8.9 億元。中石化表示其生產之醋酸製程是由美商孟山都公司（Monsanto）合法授權，並無侵權情形，上訴二審。 |
| 2005/08 | 富士通 | 南亞科技 | 富士通在東京地方法院控告南亞科技日本分公司侵犯專利權，請求禁止南亞科技日本公司進口或銷售用於個人電腦的同步動態隨機存取記憶體，並要求賠價。 |
| 2010/10 | 奇美電子 | 索尼 | 奇美在美國與中國大陸提出專利侵權訴訟，要求賠償並禁止索尼販賣侵權商品。 |

| 日期 | 原告 | 被告 | 侵權訴訟摘要 |
|---|---|---|---|
| 2017/06 | 日亞化 | 宏達電 | 日亞化在德國杜賽道夫地方法院控告宏達電的智慧型手機 HTC U Ultra 所配置的白光 LED 侵害其 YAG 專利，即歐洲第 EP0936682 號（DE 69702929），並請求提出帳冊及損害賠償。 |
| 2018/11 | 美國司法部 | 聯電 | 竊取美光公司 DRAM 製程商業機密。 |
| 2020/05 | 基康生技 | 華聯生技 | 基康向台北地方檢察署遞狀控告華聯生技涉嫌侵犯台灣基康「非侵入性胎兒染色體基因檢測項目」智慧財產權，華聯反駁指出雙方的該檢測項目都是代理華大基因公司（BGI Genomics）的產品，華聯生技確實依法取得原廠合法的授權而推出相關基因檢測服務，並無所謂侵權情事。 |

第三類多為廠商應用與知名廠牌商標類似或幾可亂真的圖案，以造成消費者錯誤印象，而獲取利益。例如坊間有業者以KLC為標誌，販賣與肯德基炸雞KFC名稱的商品，經公平交易委員會認定上述行為已違反公平交易法，開罰數十萬元[3]。

著作權所保護的是原創作人或著作人獨立創作的形式表達，而不是思想。因此，在判斷著作權是否遭受侵害時，必須考慮下列兩個因素：第一，被侵害的必須是形式的表達而非思想；第二，被告必須有接觸或實質相似的抄襲行為，因此，兩個相似的著作必須要確認是否有接觸或抄襲行為[4]。古典文學中不乏描述春花秋月的詩詞，雖然內容類似，但文句不同，並無侵權問題。

第四類多發生於互聯網路盛行後，許多人不熟悉著作權法，未經許可非法下載、轉載或傳播著作、音樂、錄音、錄影等，而被法律制裁。例如，2003年，國際唱片協會向台北地方法院控告台灣最大的線上音樂網站飛行網（Kuro）侵權案即為典型案例。為避免發生第四類侵權，請參閱賴文智律師的論文（賴文智，部落格常見錯誤著作權概念及常見授權方式，2015年8月14日。）。

由於第三、四類與工程專業較無關係，不在此贅述。本章僅討論第一、二類侵權案例。

# 7-4
# 案例

## 一、台積電與中芯國際訴訟侵權戰

### （一）前言

2009年11月10日，台灣積體電路公司與中國中芯國際積體電路公司達成和解，結束了長達6年的官司。中芯國際除了同意於4年內支付台積電2億美元外，並無償贈與台積電10%的中芯股權，而台積電則同意撤銷對中芯國際的侵權控訴，不僅不派駐董事，且不參與中芯國際日常經營工作[5]。

### （二）台積電合併世大半導體

2000年，當世大半導體總經理張汝京出差在外時，在法人股東中華開發的主導下，將公司以50億美元賣給台積電。台積電合併德碁和世大兩家半導體公司後，不僅吸收了三千多位原先德碁及世大的優秀工程師，股本也增至1157億元，8吋晶圓年產量可達340萬片。台積電營業額可破50億美元的目標，較去年大幅成長90 以上，可望於2001年躋身於全球前十大半導廠商[6]。

當時半導體業界傳言，張忠謀有意留張汝京在台積電工作，但張汝京執意離開，他的出走是造成二人不和的導火線。其實任何熟悉這兩個人個性與行事風格的人都知道張汝京不可能留下，因為他在張忠謀麾下最多只能做個建廠主管，不可能獨當一面或成為接班人選。

### （三）中芯崛起

2000年，中國政府頒布了促進軟體業與半導體業發展的國務院18號文後，積極投入半導體業的發展。張汝京覺得機不可失，毅然決然地帶著上百位世大子弟兵，到上海成立中芯國際公司，企圖複製台灣晶圓代工模式。由於張汝京是台灣半導體界第一個到大陸投資的高階經理人，深受中國政府的重視，很快得到中央的大唐控股與直屬上海市政府的上海實業的支持。

他首先在浦東張江園區內的農田中興建了中國的第一座八寸晶片廠，然後在北京、武漢、深圳等地通過建立新工廠，完成了大陸所謂的「菱形佈局」。儘管公司持續產生虧損，張汝京從未停止擴張的腳步。不到4年時間，中芯國際產量已達世界百分之六，僅次於台積電、聯電與新加坡特許半導體，躍為全球第四大晶圓代工廠，並於2004年分別在美國與香港掛牌上市。

至2009年止，中芯國際在上海、北京、天津等地擁有4座8吋廠、3座12吋廠，並受托運營成都、武漢12吋廠與深圳8吋廠，成為中國規模最大、全球第三的晶片廠[7]。

## （四）官司與對決

中芯國際成立後發展迅速，不到四年，業務量已占全球6%，對台積電與聯電自然造成極大的威脅，何況中芯國際不斷地以優厚條件從台積電挖角。2001年底，台積電員工間就傳出半年前另有一名俞姓研發部門經理在離職投效上海中芯前，因寄出電子郵件中夾帶技術資料，而被公司電腦部門發現[8]。2002年1月，台積電懷疑離職專案經理劉芸茜小姐涉嫌以電子郵件將公司重要資料如「十二吋晶圓廠設置設計圖」、「晶圓製程和配方」等重要資料，先後11次以電子郵件方式外洩給中芯國際，向台北市刑事警察局針對該名員工提起訴訟[9]。

由於檢察官搜索劉芸茜家中，扣押其電腦。在電腦硬碟裡的資料和電子郵件中，發現當時中芯首席營運總監Marco Mora確實曾明確要求劉芸茜提供台積電十二吋晶圓廠的製程、設備列表[10]，新竹地檢署於2002年12月依背信罪提出起訴。然而，劉姓女子堅稱她所透露的資訊是她自行設計，並非台積電所有，絕對不是洩漏商業機密，中芯也持續否認擁有台積電技術。

中芯國際則宣稱該公司除自行研發技術外，先後取得多家半導體公司技術授權、轉移，絕無侵權及不合法行為。公司政策嚴格規定員工嚴禁接受或使用不屬於公司的智慧財產權和機密資料。

台積電以逆向工程方式分析中芯國際的產品，發現中芯國際的產品與台積電的一模一樣。2003年12月19日，台積電向美國北加州聯邦地方法院對中芯國際提出侵犯專利及竊取營業秘密二項訴訟，訴請禁制令處分與財務損害賠償。台積電訴狀中指出，中芯藉由不當方式竊取台積電營業秘密，並侵害5項製程專利。

依據美國法律，商業秘密屬於州法所規範，聯邦法院並沒有管轄權，因此台積電就「中芯竊取商業秘密」部分改向美國加州法院提起訴訟，而「侵害專利權」部分則仍繼續在美國聯邦法院爭戰[11]。

2004年3月23日，台積電在對中芯國際的侵權和竊取商業機密的控訴中，描述了中芯國際渴望引誘台積電的雇員，以獲取專有的晶片製作技術的過程。台積電的高層經理人聲稱，在電子顯微鏡下，兩公司所生產的晶片是「驚人地相似」。在另一份文件中，中芯國際的一位前雇員稱曾目睹中芯的非法行為。證人估計，中芯國際0.18微米技術約有90%是複製台積電的技術。

2004年8月，台積電又向美國國際貿易委員會(ITC)提起中芯侵權訴訟，具體要求ITC禁止任何侵害台積電相關權益的中芯產品輸美，並以中芯故意侵權為由要求3倍損害賠償[12]。

如果禁制令訴請成功，中芯所觸犯的相關專利或技術所生產的產品在法官裁定間前不能在美國銷售。由於當時中芯國際已經委託德國、瑞士信貸等證券公司發行 7.5億美元股票，以每股3美元承銷價於2004年初在美國那斯達克與香港上市，台積電的控訴案不僅會引起美國主管當局的重視，與影響在美國上櫃與資金的籌募，甚至會影響北京12吋晶圓廠的投產[13]。

2005年2月，台積電與中芯國際就專利侵害和相關爭議問題糾紛達成庭外和解協議。中芯國際將在6年內支付台積電1.75億美元，台積電則撤銷在美國聯邦法院、美國加州地方法院、美國國際貿易委員會、與台灣新竹地方法院所有正在進行中的訴訟與訴願案件。由於每年所支付的3000萬美元僅占中芯國際營業額的1~2%，張汝京認為對公司業務影響不大。

2006年9月，台積電再度與中芯國際翻臉。台積電認為中芯國際違反和解協議，使用不法手段盜用公司商業機密，請求美國加州阿拉米達郡（Alameda County, California）法院判決中芯國際立即停止相關侵權行為，同時賠償台積電的相關損失。兩岸半導體業者認為，台積電在此時提出訴訟可能是針對中芯國際所開發的90奈米技術。由於台灣政府的禁令，台積電在中國大陸只能採用0.25微米的製程，無法滿足中國大陸客戶的需求。中芯國際在製程技術與建廠的快速發展已經嚴重影響台積電的市場，必須採取法律行動以抑止中芯國際的擴張[14,15]。

2009年11月3日，美國阿拉米達郡高等法院陪審團除初步判決台積電勝訴，並將於5日對損害賠償細節進行審理。中芯在美國及北京法院對台積電所提出的控訴仍在進行中。

2009年11月10日，中芯國際宣布與台積電和解，中芯國際將分期4年支付2億美元現金，同時向台積電發行新股及授予認股權證，交易完成後台積電將持有中芯國際10%股份，成為第三大股東。台積電則同意撤銷對中芯國際的侵權控訴，不派駐董事，且不參與中芯國際日常經營工作。和解宣布後，中芯創辦人、執行長張汝京博士辭職，由曾任華虹集團CEO及華虹集團附屬公司NEC董事長的王寧國接任。

## （五）結語

經過6年的訴訟，台積電終於勝訴，未來如果中芯國際在市場上惡性競爭，台積電可中止授權，讓中芯國際的產品無法銷售。台積電以法律戰逼和的策略讓中芯國際的股東、中央與地方政府成了另外一個贏家。

台積電中芯國際和解後，台積電繼續成長，2020年營業額為1.34兆元，年成長率高達25.3%，創歷史新高紀錄，約佔全球約55.6%的代工市場。它在美國《財富》（Fortune）雜誌於2018年所評選的全球最大500家公司排行榜中，名列第251名。中芯國際營業額約39億美元，毛利率約23.57%，皆創歷史新高，是僅次於台積電、格羅方德（Global Foundries）、聯電的全球第四位晶圓代工廠。

張汝京的「十年一覺中國夢」，雖敗猶榮，因為他不僅奠定了中國半導體工業的基礎，也贏得「晶圓教父」之名。

## 二、洛佩茲事件－通用汽車與福斯汽車的訴訟

### （一）前言

自1990年，全球化興起後，汽車工業競爭更加白熱化。如欲在高度價格競爭的市場上脫穎而出，必須不斷推出創新產品與降低成本。如欲降低成本，除了精減人工，進行自動化生產外，還必須持續降低零組件的採購成本。零組件的採購價格是整車廠（及供應商）最為核心的機密之一，如能掌握競爭對手的零組件供應商與價格，即可在高度競爭市場上取得先機。

1993年，福斯公司為了降低採購成本，大膽說服通用公司的歐洲採購主管洛佩茲與其7位得力部屬跳槽，然而，此舉卻引發了通用公司的不滿，以及長達4年共11件的訴訟。通用公司控訴洛佩茲等人盜竊了成千上萬份資料與商業機密。洛佩斯案是有史以來最大的工業間諜案，雙方不僅花費了大量精力與百萬美元以上的訴訟費用，而且還共同演出了一部史無前例的商場上勾心鬥角和個人背信忘義的連續劇[16]。1997年1月9日，雙方終於達成協議，結束了長達數年的商業機密偷竊訴訟，福斯公司同意於7年內向通用公司購買價值高達10億美元的汽車零組件。

### （二）通用汽車公司的困境

歐寶汽車公司（Opel）是德國老牌汽車公司，自1899年起即開始生產汽車。1929年，歐寶被通用汽車公司收購，曾經是通用汽車在歐洲市場上最主要的品牌。1970年代，歐寶出產的汽車在德國汽車市場的占有率高達20%。石油危機發生後，歐寶在歐洲的市場逐漸被福斯與福特公司的產品所取代，因而引發了財務危機。

石油危機發生後，以生產省油的小型汽車聞名的豐田、日產、本田等日系汽車廠牌開始出現在歐美大陸的高速公路上。以生產舒適、耗油的大型車為主的通用、福特與克萊斯勒等美國汽車公司開始受到威脅。1978年，克萊斯勒公司面臨財務危機，除任命前福特公司總經理李‧艾科卡擔任董事長外，並尋求美國政府協助。通用汽車雖然於1979年推出小型車輛，但是在美國市場佔有率仍節節下退，從1979年的47%降至1989年的35%。1991年，通用的財務情況持續惡化，赤字高達45億美元，是美國有史以來汽車業最大的赤字[17]。1992年，通用汽車公司虧損可能高達230億美元，全公司上下都設法降低成本。

## （三）洛佩茲崛起

何塞・洛佩茲（José Ignacio López de Arriortúa）是西班牙籍、歐寶汽車公司的採購主管。他是一個對工作狂熱的經理人，且擅於激勵部屬。洛佩茲認為零組件的價格不應該由生產成本所決定，而必須因應顧客的需求而調整。供應廠商必須持續不斷的精簡製程，以降低成本。他的名言「降低成本是提高利潤的最好方法」至今仍被許多汽車工業高層主管奉為圭臬。歐洲汽車零組件供應商曾稱他為呂塞爾斯海姆屠夫或沃爾弗斯堡殺手。他的作法與理念被汽車業界稱為「洛佩茲效應」。

1987年，歐寶董事會為了解決財務危機，任命洛佩茲為生產及採購總監。1988年，洛佩茲升任通用汽車歐洲區採購總監。洛佩茲上任後，即大刀闊斧地進行一連串的改革。他不惜破壞與零件供應廠商間長期的和諧合作關係，要求較低的價格、較高的品質與較短的交貨期限，還要求廠商依照他所發展的8點精益製造原則（lean-manufacturing principles）生產[18,19]。

起初供應廠商大力反對這種違反傳統的商業模式，但為了生存仍然不得不屈服在洛佩茲的淫威之下。洛佩茲的強悍作風不僅大幅降低通用汽車公司的採購費用，也提升了通用車系的競爭力。他的業績引起通用與福斯兩家公司高層主管傑克・史密斯（Jack F. Smith）與斐迪南・皮希（Ferdinand Karl Piëch, 1937-）的興趣。

1992年4月，傑克・史密斯被董事會臨危受命，擔任通用公司的總經理，全力拯救奄奄一息的公司。他上任第二天，就任命洛佩茲負責通用公司的全球採購業務，大幅削減零組件的採購支出。洛佩茲的戰果輝煌，1年內即將通用汽車公司採購支出砍掉3.14%，約11億美元。當年11月，傑克・史密斯接任公司執行長後，要求洛佩斯在未來2年內，再削減40億美元。由於洛佩茲長期在通用公司工作，熟悉北美與歐洲業務，再加上執行長史密斯對他的信任，他的影響力遠超過他所負責的全球採購業務[20]。在史密斯的心目中，洛佩茲是通用公司起死回生的最大功臣[21]。

## （四）福斯公司的接觸

雖然當時福斯公司是歐洲汽車市場上業績最好的廠商，但是製造成本也是最高。洛佩茲在歐寶公司的傑出表現，自然也引起了福斯董事會與皮希的興趣。1992年夏天，皮希與福斯汽車公司董事們到美國汽車城底特律開會時，洛佩茲的名字就被提起。董事們認為他是北美福斯公司負責人的適當人選，建議福斯爭取洛佩茲跳槽。

在5個月內，福斯董事諾伊曼不斷地與洛佩茲聯絡，建議他與皮希見面。起初，洛佩茲沒有興趣，但是當史密斯被任命為通用公司執行長後，洛佩茲同意於11月29日在德國法蘭克福機場附近旅館的餐廳中與皮希餐敘[16]。兩人一見如故，相談甚歡。

1993年初，業界盛傳多家製造廠商有意拉攏洛佩茲，通用公司為了防止他跳槽，於2月間提升他為副總經理。3月初，福斯公司邀請他擔任僅次於總經理皮希的副手。他的年薪高達160萬美元，是他在通用薪水的4倍。此時，通用公司承諾提升他為權位僅次於執行長史密斯的北美業務的總經理，然而洛佩茲不為所動，帶著他的7個號稱「武士」的得力幹部投靠福斯公司。史密斯對於洛佩茲的背叛一直耿耿於懷，因為洛佩茲是史密斯一手提拔、而且也是最信任的部屬。史密斯曾對好友說：「他永遠不能原諒洛佩茲這種背信忘義的行為」[16,18]。洛佩茲在他的自傳中提到，他離開通用的主要原因是因為通用否決了當初所承諾的在西班牙的建廠計畫。

## （五）通用公司控訴

洛佩茲離職後，通用汽車公司的律師立即採取行動，要求福斯公司歸還洛佩斯可能帶去的任何資料。由於福斯公司否認，通用向德國法院以敲詐勒索、舞弊與偷竊商業機密控告洛佩茲及他的 3名部屬與福斯公司。通用公司在控訴書中指出，洛佩茲與他的部屬總共偷竊了約2萬份、數百萬頁的技術資料，分別裝在70個紙箱與電腦硬碟中。德國官方也同時開始調查這個案件。雖然洛佩茲與福斯公司極力否認，但是由於德國檢調單位在福斯辦公室內，搜到幾十箱通用汽車公司的資料，德國檢調單位於1996年對洛佩茲等4人提起公訴。

1997年1月，雙方終於達成協議，結束了長達數年的商業機密偷竊訴訟，福斯公司同意於7年內向通用公司購買價值高達10億美元的汽車零組件。1998年，德國檢察官單位認這個複雜案件僅牽涉洛佩茲等4人與兩大汽車公司，長其訴訟不僅浪費公帑，且與公共利益關係不大，因此，決議與洛佩茲等4人和解。檢方僅要求他們捐助328,000美金給慈善機構，就撤銷了對他們的控訴。2000年5月，美國底特律大陪審團以偷竊商業機密罪名起訴洛佩茲等4人。美國法務部甚至要求西班牙引渡洛佩茲至美國接受審判；然而，由於西班牙最高法院宣判洛佩茲不得被引渡[19]。只要洛佩茲不在與美國有引渡條約的國家內被捕，他就可以一直逍遙於美國法律的制裁之外。

## （六）結語

洛佩茲事件是一個典型違反商業倫理的案例。員工跳槽、轉換跑道或以高薪由競爭對手挖角不僅司空見慣，而且也是職場常態。然而，藉挖角竊取競爭對手的商業機密不僅違反倫理，甚至涉及刑責。這個案件主要的關鍵在於洛佩斯是否由通用公司時帶走任何屬於公司的機密資料。洛佩茲自始至終不僅否認他帶走了任何屬於通用公司的機密文件，而且堅持他所帶走的資料都是他個人所蒐集的私人資料。然而，以目前的倫理與法律規範而言，任何人在任職期間所蒐集與開發的與公司業務相關的文件、研究成果的所有權皆屬於雇主所擁有，因此未得雇主的同意，不得隨意洩漏或作為私人用途，否則視為偷竊。

1997年，通用與福斯和解後，洛佩茲離開福斯公司，回到西班牙家鄉隱居。他除了偶然擔任兼職顧問外，已經遠離任何汽車公司管理的核心[19]。

## 三、美商瑟蘭斯公司控告中石化專利侵權案

### (一)前言

2011年6月29日，中國石油化學工業開發公司（簡稱中石化）宣布與美商瑟蘭斯國際公司（Celanese International Corporation），達成和解，結束超過十年的專利侵權訴訟案，雙方依約定不得洩漏和解內容[21]。表7-2列出雙方訴訟過程摘要。

瑟蘭斯國際公司在訴訟過程中，一直堅持其專利是有效的，然而中石化則堅持其技術來自美國孟山都化學公司，並未使用瑟蘭斯專利。瑟蘭斯公司曾與中石化就「由甲醇與一氧化碳製造醋酸之方法」專利權洽談授權事宜，惟並未達成協議。

**表 7-2　美商瑟蘭斯公司控告中石化專利侵權案摘要**

| 日期 | 說明 |
|---|---|
| 2006/2/8 | 美商瑟蘭斯公司控告中石化於 1990 年 9-12 月間侵害瑟蘭斯專利 |
|  | 「由甲醇與一氧化碳製造醋酸方法」，法院判決中石化賠償 2300 萬元 |
| 2005/8/24 | 1996-1999 年，侵害專利，判中石化賠償 8.97 億元 |
| 2007/6/29 | 台北地方法院一審判決，中石化於 2000-2005 年間，繼續侵害專利， |
|  | 判賠 20 億元（瑟蘭斯專利期間為 1987-2005 年） |
| 2009/6 | 台灣高等法院判決中石化在 8.97 億元侵權案中勝訴，對方不服上訴， |
|  | 現正審理中。 |
| 2009/7/23 | 台灣高等法院判決中石化在 20 億元侵權案中勝訴，將移至台灣智慧 |
|  | 財產權法庭審理。 |
| 2011/6/29 | 中石化與瑟蘭斯達成和解，和解內容保密。 |

### (二)醋酸

醋酸（acetic acid）又稱乙酸，化學式為$CH_3COOH$，是食醋酸味主要來源與成分，也是聚對苯二甲酸乙二酯（寶特瓶與人造纖維）、醋酸纖維素（電影膠片）、聚乙酸乙烯酯等主要原料。全球需求量約650萬噸，其中以美國瑟蘭斯公司在德州休士頓近郊的工廠產量高達150萬噸，居全球第一位。

## （三）醋酸生產技術

醋酸可由人工合成或生物發酵法產生，食品級醋酸多由生物發酵法生產，約占總產量10%。絕大多數工業用醋酸皆由甲醇與一氧化碳經金屬觸媒化合而成。首先將甲醇與碘化氫作用，以產生甲基碘，再與一氧化碳化合，產生乙醯碘（Acetyl Iodide, $CH_3COI$），最後再將乙醯碘水解，以產生醋酸。化學反應式如下：

$CH_3OH + HI \rightarrow CH_3I + H_2O$；

$CH_3I + CO \rightarrow CH_3COI$；

$CH_3COI + H_2O \rightarrow CH_3COOH + HI$。

早期，工業級醋酸是應用乙醛氧化法生產。1925年英國瑟蘭斯公司開發出第一個甲基羧基化以合成醋酸的實驗裝置。由於醋酸具腐蝕性，且反應須在超過200大氣壓下進行，當時無法製造出高壓與耐腐蝕的反應器，因此無法大量生產。1963年，德國巴斯夫化學公司（BASF）用鈷作催化劑，可在250℃與680大氣壓下生產醋酸，但是仍然不具經濟價值。

1970年，美國孟山都化學公司（Monsanto）應用銠羧基化合物與碘化物組成的觸媒，可將甲醇、一氧化碳在175℃與30-40大氣壓條件與水與醋酸的介質下反應。由於此技術具有製程簡單、原料價格低、操作條件和緩、產率高達99%、品質佳、副產品少等優勢，此技術取代乙醛亞化法，成了醋酸生產的主流技術。

瑟蘭斯於1975年自孟山都公司取得醋酸生產技術。中石化則於1979年取得孟山都公司專利授權，授權金為 351萬美金。雙方除設廠生產外，並積極改善製程，各自擁有不同的研發專利。90年代後期，英國石油公司（BP）應用銥化合物（[Ir(CO)₂I₂]）為觸媒，產率更高，逐漸取代孟山都法[22,23]。

## （四）瑟蘭斯控告中石化侵權

1987年，美國瑟蘭斯國際公司取得「由甲醇與一氧化碳製造醋酸的方法」的中華民國第090738號發明專利。此專利期限由1987年9月16日起至2002年9月15日止，後經延展至2005年4月3日。

自1999年起，瑟蘭斯國際公司對中石化提出1件刑事與3件民事專利侵犯案件。專利法中有關侵權部分略述於後：

專利法第84條第1項：「發明專利權受侵害時，專利權人得請求賠償損害，並得請求排除其侵害，有侵害之虞者，得請求防止之」。

專利法第56條第2項：「方法專利權人，除本法另有規定者外，專有排除他人未經其同意而使用該方法及使用、為販賣之要約、販賣或為上述目的而進口該方法直接製成物品之權」。

2011年6月29日，中石化宣布與與瑟蘭斯達成和解，結束超過十年的專利侵權訴訟案，和解內容不得而知。

## （五）結語

瑟蘭斯與中石化間長達10年的4件訴訟戰最後以和解方式落幕。瑟蘭斯（原告）認為中石化（被告）以該公司專利技術生產醋酸，而控告其侵害其專利。地方法院法官則是依據原告提出眾多專家證人的分析，而認定被告是採用原告的專利方法生產。地方法院在判決書中花了很大的篇幅交代其如何取捨雙方的證辭及意見，是有關方法專利侵權頗為罕見的實務案例。

最高法院與高等法院並未採納上述專家證人的意見，而認為原告並未就被告確實使用其專利方法予以證明，不應勝訴。即使被告沒有證明自己使用的方法與原告的專利方法不同，也不能認為原告勝訴[24]。

瑟蘭斯於1987年9月16日即已取得「由甲醇與一氧化碳製造醋酸的方法」的中華民國第090738號發明專利。中石化則於1979年取得孟山都公司專利授權。由於雙方技術皆來自美國孟山都化學公司，相似度自然很高。如果中石化始終應用由孟山都公司所轉移的技術，而未自行改善，可能就不至於被瑟蘭斯認為侵權。從另一個角度而言，即使自行開發或在所移轉的技術上自行改善的成果，皆可能被控侵權。因此，業者必須隨時留意各國所核准的專利，以免自行研發的成果落入他人專利範圍內而被司法機關判為侵權。

# 四、宏達電與蘋果專利訴訟

## （一）前言

2012年11月11日，台灣宏達國際電子工司公（HTC）與美國蘋果公司（Apple）聯合發表聲明雙方已達成全球和解協議，撤銷雙方所有專利訴訟。雙方同意簽訂為期十年的專利授權契約，授權範圍涵蓋雙方現有與未來所擁有的專利[25]。雙方雖未透露和解條件與內容，不過依據國際專利訴訟經驗律師，宏達電每支手機可能須支付十至二十美元權利金。

這場專利戰爭長達32個月，雙方在美歐地區共提出60件訴訟，費用高達十餘億元。雙方旗鼓相當，蘋果在美國勝訴2件，宏達電在英國勝出3件，55件和解[32]。

## （二）手機廠商間的專利戰爭

智慧型手機兼具個人電腦與傳統手機的功能，專利所牽連的範圍自然很廣，因此，個人電腦軟硬體廠商如蘋果、英特爾（Intel）、微軟（Microsoft）等與傳統手機廠商諾基亞（Nokia）、易立信（Ericsson）、高通（Qualcomm）、摩托羅拉（Motorola）、谷歌（Google）等都牽扯在內，相關專利權項高達25萬個。任何兩家手機製造廠商間的專利戰都可能牽扯到其餘廠商專利權。

手機市場競爭激烈，機種更新與功能擴充快速，製造廠商多以專利侵權訴訟，防止競爭對手侵入既有市場。目前，手機專利訴訟多達300件，橫跨11個國家。蘋果是全球被告件數最多的公司，宏達電則是台灣被告件數最多的公司[26]。

## （三）宏達電崛起

宏達電成立於1997年，初期是掌上型電腦與個人數據機（PDA）原始設計製造商（ODM）與代工生產廠商。2000年，宏達電與後來併入惠普的個人電腦製造廠商康柏克（Compaq）合作生產的iPAQ掌上電腦，被列為金氏世界紀錄裡功能最強的PDA。由於宏達電在生產與測試的過程中，曾向微軟公司反應出大量的軟體缺陷，有助於Windows CE的升級，因而受到微軟高層的重視[27]。

2002年，微軟與宏達電合作，推出了全球第一支應用行動視窗Windows mobile的掌上型電腦。由於與微軟合作關係良好，宏達電成了 Windows 手機的頂級生產廠商，在行動視窗平台的市佔率高達80%。此時，宏達電順勢推出兼具通話與訊息傳輸功能的XDA，並與英國與法國電信公司 Orange合作。由於智慧型手機包含無線上網、郵件、多媒體等服務，每戶每月平均服務費提升數倍之多，全世界電信公司也開始請宏達電訂做手機。宏達電藉此機會，以低價策略將其版圖擴展到全球50家以上電信公司[27]。當時，美國前4個電信公司中，3家最暢銷的手機都是宏達電代工製造的。由於宏達電製造的手機暢銷，也帶動了手機晶片製造商高通與德州儀器等元件製造商。這種互利關係所形成的閉路迴路，使宏達電的業務不斷地衝向更高的山頭。

2004年後，智慧型手機的需求雖然日益增加，但由於供應者眾多，代工利潤卻愈來愈低。2006年，宏達電決定脫離代工，邁向自主品牌的艱辛道路。

此時，曾經的合作夥伴突然間變成了競爭對手，他們紛紛轉向別的代工廠，致使宏達電股價一路狂跌。宏達電分別於2007年與2008年，推出HTC Touch 和外型驚艷的 HTC Diamond後，股價才開始回溫。

2005年，谷歌收購安卓公司後，繼續研發這款以Linux為基礎的行動裝置作業系統，隨後又成立以支援谷歌所發表的手機作業系統與應用軟體的「開放手持設備聯盟（OHA）」。2008年，美國T-Mobil 電信網路公司所銷售的世界上第一支以安卓為作業系統的智慧型手機T-Mobile G1，就是宏達電所開發的。由於應用安卓作業系統的宏達電手機不僅具有iphone的大螢幕、多點觸控、左右撥動螢幕便能滑動選單的功能，而且種類多、價格較為低廉，在美國市場上頗受歡迎。

2010與2011年，宏達電在美國銷售量上超過三星（Samsung）與蘋果，並在世界通訊行動大會（World Mobil Congress, WMC）上傲世群雄，得到「2011年最佳手機公司」大獎[27]。當年，宏達電營收4658億元、盈利620億，股價最高達到1300元，市值10,000億元。

## （四）訴訟

當越來越多的智慧型手機製造商開始應用安卓作業系統後，蘋果開始感覺受到威脅。首先對宏達電開刀，期以達到殺雞儆猴的效果。2010年3月2日，正式在德拉瓦州地方法院與美國國際貿易委員會（ITC）對宏達電提起訴訟，控告其非法使用20項涉及iPhone用戶介面、基礎構架、硬體的專利擁有權。兩造間訴訟與相關訊息摘要如表7-3所顯示。

表 7-3　宏達電與蘋果間訴訟與相關訊息 [28]

| 項次 | 日期 | 說明 |
|---|---|---|
| 1 | 2010/3/2 | 蘋果控告宏達電侵犯一項專利。 |
| 2 | 2010/4/27 | 宏達電每支手機必須付微軟 5 美元權利金。 |
| 3 | 2010/5/12 | 蘋果並未侵權。 |
| 4 | 2010/6/21 | 蘋果二告宏達電侵犯 4 項專利 |
| 5 | 2010/4/2 | 宏達電以 7,500 萬美元（約台幣 22 億元）的價格，向美國無線通訊公司 ADC 購買 82 項專利。 |
| 6 | 2011/6/14 | 蘋果必須支付一筆賠償金，並持續支付專利使用費。 |
| 7 | 2011/7/1 | 蘋果與微軟、索尼共同以 45 億美元的價格，取得加拿大北電網路 6,000 項專利。 |
| 8 | 2011/7/7 | 宏達電以 3 億美元，向威盛電子買下顯示卡公司 S3 Graphics，並取得 235 項專利。 |
| 9 | 2011/7/8 | 蘋果三告宏達電侵犯 5 項專利。 |
| 10 | 2011/8/16 | 二告蘋果侵侵犯 3 項專利。 |
| 11 | 2011/9/7 | 三告蘋果侵侵犯 3 項專利。 |
| 12 | 2012/6/21 | 四告宏達電濫用 4G ／ LTE 無線通訊專利。 |
| 13 | 2012/7/4 | 英國法院裁定宏達電並未侵犯蘋果專利。 |
| 14 | 2012/11/11 | 宏達電與蘋果達成專利和解。 |

資料來源：吳凱琳（2012）蘋果、宏達電和解追蹤報導 2：互告七次，終換得和平十年，天下每日報，11 月 12 日。

　　蘋果表面上控告宏達電，但是骨子裡卻是對谷歌開戰，因為自從谷歌併購安卓與成立開放手持設備聯盟後，應用安卓系統的智慧型手機的市占率愈來愈高，嚴重影響蘋果的銷售。蘋果執行長賈伯斯（Steve Jobs）認為谷歌模仿iPhone 手機的行為已經「背叛了雙方間的聯盟關係」[29]。業界普遍認為控告宏達電是蘋果反擊谷歌的前奏曲，其目的在於延緩谷歌安卓系統在手機市場上擴充。宏達電率先在手機產品上開放多點觸控特色是引發蘋果出擊的導火線，但是其他手機廠商如諾基亞、摩托羅拉、樂金（LG）、三星等遲早會被牽連在內。

　　在長達32個月的期間內，雙方在美歐地區一共提出60件訴訟案，訴訟費用高達十餘億元。審判結果互有輸贏，雙方旗鼓相當，其中蘋果在美國勝訴2件，宏達電在英國勝出3件，55件和解[26]。和解內容雖未公布，但是業界推估宏達電每支手機可能須支付蘋果10-20美元的權利金。2020年，宏達電手機的全球市占率雖然在10年內由2011年的10.7%降至1%之下，但是它在智慧型手機與台灣工業發展史上占有一席不可磨滅的地位。王雪紅實踐了一個台灣企業家前所未有的夢想：一個資源與人才有限的本土公司居然能於2010及2011兩年間以自己的品牌在美國手機市場上贏過蘋果與三星兩大科技巨人。

　　財團法人國家實驗研究院人員張小玫認為此項訴訟給台灣廠商四點提示：

1. 當專利戰變成了一種手段，廠商就不能存有「專利無用」的思維[26]。「有時候專利不一定要做成產品才能賺錢，但如果沒有專利，無法在專利戰中獲勝。」蘋果在與宏達電訴訟的過程中，就付出了慘痛的代價才導向和解。

2. 先前技術是打擊敵人專利的最佳武器，並從對手專利申請的檔案中，找出申請上的疏失，來逼迫對手撤回。

3. 隨時應該強化專利品質與專利組合，並有計畫、策略性購買專利達到自我保護。

4. 歐洲已成為全球科技業專利鬥爭的第二戰場，企業必須鑽研歐洲專利法，並建立專利訴訟的標準作業流程，以控管訴訟風險。

## （五）結語

　　以專利侵權訴訟為手段，在高科技產業戰中打擊競爭對手，已經是常態。台灣廠商宜由蘋果對宏達電的專利侵權訴訟中，汲取教訓。廠商必須未雨綢繆，及時補強專利地圖，否則難以生存。

# Review
## 重點整理

### 一、智慧財產權的定義

泛指智力所創造出的成果。

依據世界智慧財產權組織所界定的範圍包括：

1. 文學藝術和科學作品。

2. 表演藝術家、錄音和廣播的演出。

3. 在人類一切活動領域內的發明。

4. 科學發現。

5. 外型設計。

6. 商標服務標記、商號名稱和牌號。

7. 工業、科學、文學或藝術領域內其他一切來自知識活動的權利。

### 二、智慧財產權的特性

| 特性 | 內容 |
|---|---|
| 專有性 | 除權利所有人同意或經由特定法律程序外，任何人不得享有或使用該項權利。 |
| 地域性 | 除國家間簽有國際公約或雙邊互惠協定外，在特定地區所保護的某項權利只在該地區生效。 |
| 時間性 | 法律對智財權的保護有一定的有效期限。 |

## 三、我國智財權相關法律

| 種類 | 法律 |
|---|---|
| 技術發明 | 專利法（發明、新型） |
| 外觀設計 | 專利法（新式樣） |
| 企業（商品或服務）標誌 | 商標法 |
| 積體電路電路布局 | 積體電路電路布局保護法 |
| 專有技術或營業秘密 | 公平交易法、刑法、營業秘密法 |
| 營業名稱 | 公司法、商業登記法 |

## 四、智財權的侵權種類

1. 未經授權或許可，抄襲或模仿工業設計、製造或研發技術或商業機密。

2. 未經授權或許可，公開使用已有專利保護的工業技術、設計或方法。

3. 未經授權或許可，抄襲、模仿或任意使用商標、設計圖案。

4. 未經授權或許可，任意傳播、下載著作、音樂、錄音、錄影等。

# Chapter 08 研究與學術倫理

**誠實是最好的政策。**

──愛德溫・桑德斯（Edwin Sandys）

　　2006 年，南韓首爾國立大學調查委員會調查報告指出，首席科學家黃禹錫於 2004 及 2005 年發表在 Science 的論文中偽造實驗結果。他的幹細胞研究被世界各大媒體稱為近百年來最為驚人的科學醜聞。南韓法院宣判，黃禹錫挪用研究經費與非法獲取人類卵子有罪，判刑兩年、緩刑三年。2014 年，韓國導演林順禮將黃禹錫然而學術詐欺事件拍成電影《舉報者》。

圖 8-1　南韓科學家黃禹錫

　　2021 年 5 月 19 日，德國家庭事務、老年、婦女及青年部部長姬菲（Franziska Giffey）辭職，因為有人指控她當年在柏林自由大學所提的博士論文中涉嫌抄襲。德國是歐美兩洲中最崇拜博士頭銜的國家，政治人物中擁有博士學位者比比皆是。剛卸任的女總理安格拉・梅克爾是量子化學博士，而希特勒的左右手－國民教育與宣傳部長約瑟夫・戈培爾則是哲學博士。

　　由於學術研究以「求真」與「創新」為目的，抄襲是學術界的大忌。當論文抄襲被發現後，輕則學位被取消，重則聲敗名裂，難以在社會中立足。

圖 8-2　德國家庭事務、老年、婦女及青年部前部長姬菲（Franziska Giffey）

然而，仍然有些年輕學子為了學位，不惜冒學術之大諱。近年來，政治人物因博士論文被指控抄襲的事件層出不窮。除姬菲外，前教育部長沙萬（Annette Schavan）與前國防部長古騰伯格（Karl-Theodor zu Guttenberg）也都因論文被發現抄襲後黯然退出政壇。

2015 年 9 月，美國環保署對德國福斯汽車公司發出違法通知，控訴福斯公司在近六年所售出的 Passat 及 Jetta 柴油車款中的引擎控制模組安裝作弊的程式碼，僅於測試時啟動污染防制裝置。2016 年 6 月，福斯承認自 2009 年起即在柴油車軟體中安裝此作弊程式，並同意福斯公司同意提撥 100 億美元賠償金給 47.5 萬輛福斯與 2000c.c. 柴油車的車主，並買回車輛或修理原車。車主將依其汽車使用年份，獲賠 5100 至 1 萬美元現金。此舞弊新聞發布後，福斯股票於兩天內狂瀉 30%，市值損超過 300 億美元。

由以上案例可知，研究人員為了盛名、財物的誘因或升等的壓力，不惜偽造實驗數據或抄襲他人研究成果，不知不覺間走上不歸路。雖然暫時達到所追求的目標，但是被揭發後，一世英名毀於一旦。

圖 8-3　福斯汽車公司於 2013 年生產的 Passat 柴油車。圖左為外型，圖右為渦輪增壓直接噴射裝置（TDI）。

# 8-1
## 基本原則

依據美國工程專業發展委員會於1941年公布的定義，工程是「以科學原理為基礎，所模擬、設計、開發、建構或操作結構、機械設備、裝置、生產程序或上列的組合的創新應用」。工程師們無論在求學或執行專業過程中，難免會參與研究、測試或實驗工作。即使一些在生產場所或顧問公司工作的工程師們，在職業生涯中也可能牽涉到樣品蒐集、分析與創新產品設計、測試等。因此，工程師不僅應該探討與研究工作相關的倫理議題，並從前人的案例中吸取經驗，以免重蹈覆轍。

美國電機電子、化學、機械或土木工程師學會的倫理守則中，皆提到下列與研究倫理有關的兩點原則：

1. 以誠實與客觀的態度，依據現有數據陳述或估計。

2. 認同事們獨特的貢獻及能力。

美國全國專業工程師協會的基本準則的第三條要求會員「只以客觀、真實的態度，發表公開聲明」。英國皇家工程院要求會員「以誠實、準確、公正態度，表達與審閱工程證據、理論、及解釋」。

學術研究的基本道德為理性、客觀、一致、誠實、負責、合作、公平、開放等8項。全球著名大學皆制定學術研究倫理守則，以導引教師、學生與研究助理。1992年，美國心理協會（American Psychological Association）所修訂的「心理學家倫理信條與守則」所提出的「正直、公正、尊重人權與人類尊嚴、善行與不傷害、忠誠與責任」等五項倫理原則，普遍為社會科學及教育心理學界奉為圭臬。

2013年，科技部前身—國家科學委員會所公布的學術倫理原則共有7項，分別為「重視品質、資料明確、重視原創性及真實性、力求客觀公正、注意個人隱私、公開研究成果、依個別貢獻排序」等[1]。此倫理原則已普遍為國內學術界所認同。

誠如西諺所云：「誠實是最好的政策」。誠實不僅是做人處事，也是研究工作中最重要的道德標準。研究人員首先必須以誠實的態度面對所探討的議題；其次，在

研究過程中，保持絕對客觀的態度，避免預設立場；最後誠實報導研究的結果。由過去違反研究倫理的案例中可知，許多傑出研究者在年輕時皆有為有守，可是受到環境壓力或獎賞誘因後，難免誇大研究結果的行為，有些甚至偽造研究數據。這種現象多發生在大學之中，因為無論碩、博士研究學位的取得或教授的升等都必須發表有價值的研究論文。某些在實驗室內苦研數年仍然無法畢業的學生或升等的教授們難免鋌而走險，企圖以偽造的數據證明自己的假說或理論。少數大學教授或醫藥研究人員，為了出名也可能犯類似的錯誤。新產品上市的壓力，也會迫使測試工程師修改數據，以證明其合乎法規或工業標準。

自從上個世紀末期以來，企業界與大學合作研究的情況愈來愈普遍。產學合作固然可以促成產業界與學術界交流，將學術研究成果應用於產業之中，有助於產業升級，但是也會造成爭議。例如僅發表對產品有利的結論或數據，故意忽略它的副作用與缺點。

有時，已發表的研究結果經過業界深入探討後，證明是錯誤的情況在所難免，然而，這僅僅是單純的錯誤結論或陳述，並非蓄意欺騙。由於工程實驗或測試工作所牽涉的範圍遠較科學研究廣泛，參與的人力亦較多，有人設計與組裝實驗設施，有人協助實驗或測試步驟的進行，也有人以數據解讀、專業顧問或討論方式參與，因此，認同所有參與成員的貢獻與權利分享是研究倫理中非常重要的一環。

# 8-2
## 研究中的不當行為

經濟合作暨發展組織（Organization for Economic Cooperation and Development, OECD）全球論壇將科學研究不當行為依照研究、執行方式、資料或數據取得、發表、行為與經費運用為六大類，其中如偽造、變更或剽竊數據為研究不當行為的核心，其餘為間接與研究相關的不適當行為，例如執行方式、數據保存、個人態度及行事作風、經費運用或發表部分的不良表現（表8-1）。

表 8-1　科學研究不當行為 [2]

| 1. 研究不當 | 2. 執行方式不當 |
| --- | --- |
| · 偽造、變更或剽竊數據<br>· 蓄意錯誤解讀數據<br>· 選擇性剔除不完美的數據 | · 應用不適當研究方法<br>· 研究設計不良<br>· 實驗、分析或計算錯誤<br>· 違反人體實驗協議或規範<br>· 虐待實驗動物 |
| **3. 資料或數據取得不當** | **4. 發表不當** |
| · 未保留原始資料或數據<br>· 資料、數據儲存或管理不當<br>· 扣押資料或數據 | · 將對研究無貢獻的人列為作者<br>· 未將有貢獻者列為作者<br>· 增殖（將同一研究結果切割，以發表多篇論文）<br>· 未改正發表紀錄 |
| **5. 個人行為** | **6. 經費應用不當** |
| · 行為不當<br>· 領導、監督與指導部屬不周<br>· 忽視社會或文化規範 | · 同儕評審不公<br>· 應用不當憑據或論文紀錄<br>· 將經費應用與研究無關的事物<br>· 發表沒有根據或惡意的言論 |

　　研究人員有時會因個人的主觀因素或外在壓力，僅僅依據一些微小且未經確認的效應或現象導致錯誤的結論。這種「自我蒙蔽」的現象雖非蓄意欺騙，但是後果不堪設想。短期間，這些驚人的發現或結論震驚科學界，但是卻無法通過多方獨立的驗證。主事者雖然身敗名裂，在同儕間的信用破產，但是他們所提出的錯誤但創新的理論卻會不斷地被有心人士傳播，造成社會大眾的困擾。1953年，諾貝爾化學獎得主歐文·朗謬爾（Irving Langmuir）將這種「自我蒙蔽」的現象稱為「病態科學」，並提出下列六項特徵[3]：

圖 8-4　歐文·朗謬爾
（Irving Langmuir）

1. 所觀察到的最大效應是由微小的起始因素所造成的，效應幅度大小與起始因素的強度無關。

2. 效應的幅度幾乎接近可偵測到的準確度的極限。

3. 宣稱高準確度。

4. 提出違背經驗、匪夷所思的理論。

5. 以臨時起意、未經思考的藉口，回應批評。

6. 開始時，支持與批評者的比例，上升至50%左右，然後逐漸被人遺忘。最顯明的例子為冷核融合、聚合水、水記憶等。

　　一些在學術上非常有成就的科學家也會因為求好心切陷入自我蒙蔽的陷阱，成為科學界的笑話。

# 8-3
## 案例

## 一、實驗數據造假

### （一）實驗室舞弊影響

　　中央與地方環境保護機關雖然有權強力管制產業的汙染物排放，然而，由於人力、物力的限制，無法監測每一個汙染源。環保機關只能要求汙染源產生單位自行監測與申報。只有在必要或有人檢舉時，才進行監測。美國環保署長期將環境檢測與監測的任務交由民間實驗室執行。受委託的實驗是為了降低成本，不惜偽造實驗數據，大幅低估某些場所的汙染狀況，導致無法挽回的環境與生態的破壞。以1989年至1992年間事件為例，美國環保署發現，總共有15件廠商偽造廢水排放監測數據的案件，其中數件當事人已被司法機關起訴[4]。有些不肖廠商甚至偽造人體樣本數據，誤導檢調單位的判斷。

## （二）實驗室舞弊類型

2014年，美國環保署督察辦公室認為，環保署缺乏充足夠的行政管理步驟，難以確保實驗數據的正確性與完整性[5]。督察辦公室建議，環保署除了應該修正相關政策外，應該在現行政策中，增加一項因應偽造數據發生時的措施。

此外，環保署應發展出一套準則，以概述犯罪調查中，發現偽造數據後的反應，並且訓練相關員工有關盡職調查程序。這些建議已經獲得環保署同意，相關建議也已付諸執行。表8-2列出美國環保署督察辦公室整理的20種數據偽造的型式：

表 8-2　美國環保署督察辦公室公布的環境檢測數據偽造的 20 種類型 [6]

| | |
|---|---|
| 1. 資訊限制 | 11. 測序分析 |
| 2. 數據操弄 | 12. 在樣品中加入其他物料 |
| 3. 缺乏正確取樣步驟 | 13. 修改實驗日期 |
| 4. 錯誤的取樣方法 | 14. 僅選擇合格的檢測數據 |
| 5. 錯誤的校正方法 | 15. 樣本不具代表性 |
| 6. 不適當的操作方式 | 16. 樣本標籤錯誤 |
| 7. 未遵循標準檢驗作業步驟或方法 | 17. 未確認樣本有效保存時間 |
| 8. 篡改既有數據 | 18. 紀錄存不全 |
| 9. 偽造數據 | 19. 能力不足 |
| 10. 遮蓋既有數據或檔案 | 20. 訓練不足 |

## （三）罪名

環境監測與檢測分析數據舞弊不僅必須接受刑法與民法所規定的法律制裁，且會受到政府相關單位的行政處分。刑事罪為郵件或電信詐欺、虛假陳述、偽造文書、詐欺、隱瞞重罪、妨礙公務等罪。如罪名成立，必須坐牢或罰款處分。違法民法則必須賠償委託者的損失。行政處分為吊銷營業執照、停權等。

## （四）預防策略

美國環保署督察辦公室建議下列步驟，以發現實驗室舞弊：

1. **數據複檢：**

    (1) 由同儕、小組長、第三方或品管人員複驗。

    (2) 檢查數據複檢步驟中的易於舞弊的部分。

    (3) 主管走動管理。

    (4) 隨機抽樣複檢或以人為方式計算。

    (5) 複查樣本分析日期與紀錄，以避免工作人員偽造實驗結果。

2. **比較實驗簿上記載的內容與電腦檔案內登記的數據。**

3. **到實驗台上直接隨機抽查。**

4. **電子稽查。**

5. **不預警突擊稽查：**

    (1) 內部技術或數據查核。

    (2) 第三方獨立查核。

    (3) 隱性調查或將已知結果的樣本混入未檢驗的樣本中。

    (4) 將部份樣本請其他業者確認實驗結果。

6. **內部或外部檢舉。**

## （五）美國案例

### 案例一、美國農藥實驗數據造假

#### 1. 農藥應用

    依據美國環保署的定義，農藥泛指任何能夠預防、摧毀、驅逐、或減輕害蟲的物質或混合物。舉凡能殺死對人類有害、且與人類競爭食物、破壞財產、散播疾病或造成困擾的蟲類、細菌、病毒等生命體的化學品、生物製劑、殺菌劑，抗感染劑。由於農藥可以有效地控制害蟲或雜草的成長，有助於農作物的生產，因此農藥的使用量大幅上升。

## 2. 農藥註冊

　　由於農藥所造成的負面影響可能等到幾個月、甚至幾十年後才會顯現出來，因此證明農藥安全確實是一件艱難的任務。1970年，美國環保署由農業部接管農藥的註冊後，依據下列兩個聯邦法規管理農藥：

(1) 聯邦殺蟲劑、殺菌劑及滅鼠劑法（Federal Insecticide, Fungicide, and Rodenticide Act, FIFRA），規定農藥於美國的管理、售賣、評審、登記、暫停或撤銷農藥登記供銷和使用，授權EPA執行。

(2) 聯邦食品、藥品及化妝品法（Federal Food Drug, and Cosmetic Act, FFDCA），則賦予EPA制定食品或動物飼料中的農藥殘留容許量。

　　申請者首先必須提交下列資料：

(1) 試驗資料：產品特性、對人體健康及環境影響評估、農藥殘留容許量、製程。

(2) 標籤資訊：職業數據、使用說明、適當警語。

(3) 符合法律規定與繳交費用的相關證明。

　　再經過下列書面審核及專家評估，以決定是否通過申請：

(1) 先審閱人體健康風險、職業風險及環境風險等項目。

(2) 綜合該申請案提交的所有科學資料，由專家進行風險評估，以評估該產品或成分對人體健康及環境的衝擊。

(3) 考量風險評估及專家審查的結果、風險緩減措施、是否有已註冊的可替代農藥、並協同風險管理，以決定是否通過申請案。

## 3. 偽造實驗數據

　　由於環保署是依據生產廠商所提交的資料進行審查，如農藥生產廠家串通執行實驗的實驗室以偽造或修飾過的資料送審，則專家們依據偽造的資料所做的風險評估毫無意義。1970年代，許多美國生產農藥的化學公司收買執行動物實驗的公司合作，以偽造的數據矇騙過關；其中以工業生物測驗實驗室（Industrial Bio-Test Laboratories,簡稱IBT）的所造成的影響最為驚人，執行過美國境內三分之一化學品的毒性測試。

　　1976年，美國食品藥物管理署（FDA）發現IBT所做的農藥毒性報告中的結論與原始數據不合後，環保署下令稽核所有IBT執行的與農藥產品註冊相關的研究。安德里安·格羅斯（Dr. Adrian Gross）博士所領導的稽核小組發現，該公司所做的毒性研究與測試有嚴重的缺陷與不當行為，其中不僅包括經常性的數據造假、竄改，還從未申報實驗老鼠的死亡紀錄[7]：

(1) 大批因中毒而死亡的實驗動物經常被替換，然而從未記錄於實驗報告中。

(2) 產品測試數據和實驗結果報告是由合格產品的報告全套複製而來。

(3) 應用虛假數據取代造成負面效應或致命結果的數據。

(4) 偽造實驗室技術人員的簽名。

(5) 在某些報告的某部分已列明死亡與被解剖的實驗鼠，不僅會在同一報告的其他部分中「復活」，且會繁殖後代。

(6) 應用未曾接觸農藥的控制組動物，以替換實驗組中死亡的實驗動物。

(7) 大量隱瞞與扭曲出現在實驗動物身上的癌症、睪丸萎縮、死亡等症狀。

(8) 由於實驗人員在假期時疏於餵食，實驗動物經常因飢餓或衛生條件不佳死亡。

　　格羅斯博士與稽核人員複查時發現，IBT於初次稽核後，用碎紙機銷毀了大量原始資料、實驗與客戶名單，其中包括所有關於2,4-D、其他六種除草劑、人造增甜劑、甜蜜素和塑膠成分的研究資料。

　　1983年美國環境保護署宣布，IBT總裁約瑟夫·卡蘭德拉博士（Dr. Joseph Calandra）與3位副手被司法單位以未遵照標準科學步驟、謊報實驗結果與事後企圖掩飾證據等罪名起訴。美國聯邦稽核員發現IBT偽造許多在美國、加拿大、瑞典與其他國家登記的約300多種農藥如克菌丹殺菌劑（captan）、silvex 除草劑、毒殺芬殺蟲劑（toxaphene）等測試數據都是偽造的。多達483種農藥所提供的長期研究（檢查其對癌症、出生缺陷、基因誘變、生殖能力的破壞等）有99%無效。幾乎所有IBT測試的產品，包括2,4-D、草甘膦、莠去津除草劑和66種在加州紅腿蛙棲息地禁用的的大多數產品至今仍在出售。IBT的負責人雖因犯罪被判刑，但是其所造成的環境生態破壞與人畜的傷亡難以評估與補償[8]。

不久，美國環保署的稽核人員發現，82個受稽核的實驗室中，47個有嚴重的「資料不全」的缺失。約22所實驗室銷毀全部實驗報告與原始數據，導致稽核無法進行。《領導者郵報》（Leader Post）記者彼得‧馮史坦柏格（Peter von Stackelberg）發現，這些實驗室只不過重演IBT實驗室的老把戲而已。他們以銷毀文件的方式，湮滅造假的事實[9]。

1991年，美國環保署發現替孟山都等多家生產殺蟲劑廠商執行生化研究與測試的德州奧斯丁市的克萊文實驗室（Craven Laboratories）不僅偽造數據，甚至還任意操弄科學儀器。由於多位員工認罪，負責人被判5年徒刑及罰款5萬美元，公司除被罰550萬美元外，還須退還客戶370萬美元[10]。

## 4. 結語

自從IBT偽造事件發生後，美國環保署於1978年開始推動「優良實驗室操作規範」（Good laboratory Practice, GLP），以確保實驗數據的取得與驗證的可靠性。環保署要求所有相關毒性、動物實驗必須由經過認證的實驗室執行。如果實驗室違反優良實驗室操作規範中所訂的規範時，輕則罰鍰，重則坐牢。GLP制度推動後，大規模造假事件大為降低，但是由於貪婪所致，鋌而走險的案例仍偶有所聞。

### 案例二、偽造血液分析數據

2005年2月23日，路易斯安那州巴頓魯治市基格琳女士（Shawn Decareaux Kulgarlin）因郵件舞弊與妨礙公務罪名，被聯邦地方法院判46個月有期徒刑與13,359美元罰金。基格琳女士曾經在環保署的實驗室舞弊的犯罪調查中，作偽證而被法院判12個月刑期、3000美元罰金與3年緩刑。她在緩刑期間，又偽造所承包的安德生工業鷹架服務公司的血液分析的報告中的數據，而被舉發[11]。

### 案例三、偽造工業廢水數據

2013年8月22日，美國密西西比州傑克遜市聯邦法院宣判泰妮‧懷特（Tennie White）因偽造實驗數據與對聯邦檢調人員撒謊罪名，必須服40個月有期徒刑與三年觀護期，並繳交1000美元罰金。泰妮‧懷特是密州一個環境檢測實驗室的負責人。2009年10月～12月，她接受客戶委託負責該公司排放水的檢測。然而，她不僅並未

執行這項檢測任務，將偽造的數據交給客戶作為排放水品質申報書的依據外，還在後續的聯邦犯罪調查中說謊[12]。

## （六）中國案例

近年來，中國大陸空氣品質日趨惡劣。2015年11月27日至12月1日，北京連續多天重霾籠罩，11月30日局部區域PM2.5濃度接近每立方米1,000微克，屬於危險級別，是近年來最嚴重的污染。

河北11個市出現陰霾，其中衡水的空氣質量指數為500，有市民形容空氣呈現淡黃色，醫院呼吸科就診的人數增多。天津17個監測站達到嚴重或重度污染，當地政府下令到12月底停止所有建設工程。

據BBC新聞網報導，美國駐華大使館的測量數據顯示，截至8日9時，北京主要污染物PM2.5的含量為250。北京市環境保護監測中心的同一時間AQI數據為266，為重度污染[13]（圖8-2）。

圖 8-5　2015 年 12 月 8 日，北京啟動史上首個空氣重污染紅色預警 [14]。

## 案例一、監測點設置於公園內

　　中國大陸氣象台的空氣污染數據來自於分布在全國各個城市的空氣監測點；然而，許多監測點大多設置於環境品質較佳的公園內。2012年，北京市內有8個國家監測點設置於公園內，占總共27個監測點的三分之一，15個在郊區，根本無法反映北京市內的空氣品質。有些成市如成都，空氣品質監測站方圓兩百米內嚴禁燒烤，還有專人定時定點給監測站噴水加濕[15]。

## 案例二、以棉紗堵塞空氣採樣器

　　自2016年2月起，西安市環保局長安分局官員偷配鑰匙並記住密碼，用棉紗堵塞採樣器，造假上報數據。事件曝光之後，多名官員被調查。

## 案例三、企業線上監測資料舞弊

　　2017年4月，為應對本輪重污染天氣，環保部7個機動督查組持續在北京、天津、石家莊、唐山、保定、邢臺和安陽市開展專項督查，已發現120個企業線上監測資料造假等問題。截至目前，北京、天津、唐山、保定、廊坊、鄭州、鶴壁、安陽、新鄉、焦作、濮陽、運城、晉城市已經啟動空氣重污染橙色預警，邯鄲、邢臺市啟動黃色預警[15]。

　　近日發現的問題如[16]：

1. 安陽市黃縣豐源新型材料公司二氧化硫線上監測數據為負數。

2. 邢臺市一家熱力公司的操作人員刻意操弄線上監測系統，將排放濃度限制於合格範圍內波動。當地公安局已將舞弊者拘留。

3. 唐山市聖雪大成唐山製藥公司，15蒸噸鍋爐線上監測蠕動泵管破裂，導致煙 氣稀釋，線上數據不準確。

4. 唐山福海鑫鋼鐵有限公司加熱爐煙氣線上監測分析儀資料明顯異常，二氧化硫資料為0，並且擅自關閉數據取得裝置，使數據無法傳輸到監控平臺。

5. 石家莊市力龍陶瓷公司在檢查時臨時開啟脫硫設施，督查組離開5分鐘後，即停止脫硫塔作業。

6. 北京市通州區利豐雅高長城印刷有限公司廢氣淨化設備未啟動，企業偽造設備操作紀錄表。

7. 邢臺市開發區東良貼面廠拒不接受督查組與地方環保部稽查。

### 案例四、環保部稽查，發現 3119 家企業不合格

2017年2月15日至3月18日，環保部會同北京、天津、河北、河南、山東、山西6省市，對逾8500家企業進行督查。督察人員發現3119家企業未落實排氣污染防制治或監測數據不正確，甚至有舞弊行為；例如，北京市北汽集團下屬有關企業，執行VOCs（揮發性有機物）排放標準不嚴格；鄭州市中國鋁業河南分公司在重污染天氣應急期間，排放量增加或燃煤量增加；北京首鋼冷軋薄板、廊坊市安次區富智康精密電子（廊坊）等拒絕環保督查人員檢查等[17,18]。

### 案例五、中國 10 名涉嫌造假污染資料的公司官員被拘禁

2015年12月17日，中國環保部網發佈，廣東東莞市一家汙水處理工廠、甘肅的一家可口可樂合資企業等8家公司的10名高管因用偽造環保資料阻撓或操縱環保監察被警方拘留。根據中國有關法律，污染罪犯可面臨長達七年的徒刑[19]。

## （七）台灣案例

### 案例一、數據不實 南亞涉短繳 2.5 億空污費

依據2013年1月25日的蘋果日報報導，新北市地方檢察署依據新北市環保局所查扣資料，發現南亞塑膠樹林廠涉勾結軟體公司，以電腦程式自動「修飾」煙囪排放空氣污染物數據，藉此向環保署短報應繳空氣污染防制費。初估五年間少繳至少兩億五千萬元。檢警於24日搜索該廠，並約談前廠長、副廠長等十二人，其中已有人坦承舞弊[20]。

### 案例二、其他短報空汙費案例 [21,22]

1. 台化新港廠涉短報汽電共生廠空污費長達5年，2012年7月，遭嘉縣環保局開罰補繳20億元空污費，台化提訴願。

2. 華亞汽電廠遭桃縣環保局發現從2006年到2011年，短報空污費3.3億元，遭追繳近6.6億元，經理馮榮明等9人依詐欺罪判刑5到10月不等，均緩刑定讞。

3. 永豐餘新屋廠被發現連5年偽造監測數據，遭追繳4900餘萬元，該廠汽電主任簡文政詐欺罪判刑5月，緩刑2年。

4. 南亞錦興廠遭桃縣環保局發現，5年內空污監測數據有異，短繳空污費，遭追繳1.7億元。

5. 中油、台塑以較便宜的空污費費率申報，3年內超收民眾空污費近30億元。2010年，監察院調查認為中油有違失，提案糾正經濟部及中油，但台塑是民營企業不受拘束。

6. 2016年6月，位於屏東縣新園鄉的李長榮實業位製桶工廠，被查出涉嫌以虛報空汙費降低公司成本，檢警前往公司查扣帳冊21箱，認為新園廠長、會計陳、倉管物料管理人員等3人有串證之虞，向法院聲押獲准，初估不法獲利逾3000萬。

## 二、德國福斯公司柴油車舞弊事件

### （一）柴油引擎排氣

柴油引擎較汽油引擎具有下列優點：

1. 高壓縮比。

2. 高熱效率。

3. 在中低轉速時的高扭力。

4. 每公升所行駛的里程為較同型汽車的1.5倍。

5. 二氧化碳排份量低。

由於柴油精鍊的程度遠低於汽油，不僅成分較為複雜、碳的數量多、碳鏈長而且穩定，因此，燃燒所產生的廢氣有害物質較多，例如以碳粒為主的懸浮微粒與造成光煙霧的氮氧化物。

　　柴油車廢氣排放管制汙染物為一氧化碳、氮氧化物、碳氫化合物與懸浮粒子。由於柴油引擎的燃燒效率較汽油引擎高，一氧化碳與碳氫化合物排放量比汽油引擎低。加裝碳微粒過濾器後可降低懸浮粒子的排放，但其氮氧化物排放量比汽油引擎高。美國氮氧化物的排放上限為每公里0.043公克；歐規五期為每公里0.18公克，六期為0.08公克。我國於2007年，將重型柴油車非甲烷碳氫化合物與氮氧化物（NMHC+NOx）污染標準降低至2.4公克／馬力，輕型柴油引擎降低為0.044公克／公里。

　　柴油引擎成本較汽油引擎高，因為它必須裝置渦輪增壓器、廢氣再循環系統、共管式噴射系統、柴油碳微粒過濾器、尿素觸媒還原劑（AdBlue）等才可以減低廢氣排放。有些公司會採用噴射尿素溶液的方法，將有毒的氮氧化物還原成無污染的氮氣和水蒸氣。福斯汽車則採用EGR廢氣循環系統，藉由在進氣管路中導入已經燃燒過的廢氣以及新鮮空氣混合燃燒，減少氮氧化合物的含量。此種方式會降低引擎本身的馬力，影響車主開車的心情。

　　目前，世界各國皆在實驗室中以引擎動力計測試車輛耗油與汙然物排放。2015年，德國福斯公司承認應用軟體偽造排氣數據發生後，歐美與日本各國開始探討道路測試的可能性。表8-3中列出揭發過程時間表。

表 8-3　柴油車排氣數據造假事件 [23]

| 日期 | 事件 |
|---|---|
| 2014 | 美國西維吉尼亞大學科學家向國際清潔運輸協會申請經費，對福斯公司生產的 Passat、Jetta 柴油車款與 BMW 的 X5 系列進行道路氮氧化物排氣測試，發現 BMW 的車接近宣稱值，但福斯的車卻超出好幾倍。 |
| 2015/9/18 | 美國環保署對福斯發出違法通知，指出福斯近六年所售出的柴油車款中引擎控制模組有作弊的程式碼。 |
| 2015/9/22 | 福斯坦承全球約 1100 萬輛柴油車安裝此軟體。 |
| 2015/9/23 | 福斯汽車執行長溫特寇恩辭職負責。 |
| 2015/9/29 | 福斯汽車確定要處理出問題的 1100 萬輛車，與政府討論召回事宜。 |
| 2015/10/14 | 福斯坦承旗下柴油車裝有第 2 套軟體，可在檢測時減少排放量。 |
| 2015/10/15 | 福斯召回歐洲 850 萬輛問題車。台灣福斯也自主召回，通知 1.8 萬名車主。部份車款只需進行引擎控制模組的韌體更新，但某些車款必須在噴油嘴加裝額外的裝置。 |

| 2015/11/2 | 美環保署指控福斯 3000c.c. 的柴油車也安裝造假軟體，包括保時捷在內，但皆遭否認。 |
|---|---|
| 2015/11/12 | 福斯自爆內部調查，指多款汽油車的二氧化碳排放量不實；保時捷宣布停售遭美環保署點名廢氣排放造假車款。 |
| 2016/6/28 | 福斯汽車最後在美國以 153 億美金和解，其中 100 億用來補償車主，27 億用來研究環境補償，20 億拿來做零污染排放，剩下 6 億是部份州所提出的需求。 |

## （二）排氣測試

國際清潔運輸理事會（International Council for Clean Transportation, ICCT）一個跨國性、非營利組織。它接受各國政府的委託，協助世界各國交通或環保機構執行汽車、航空器、航海設備與燃料相關的耗能與污染排放測試，並擬定廢氣排放標準。2012年，美國密西根州的約翰‧捷爾曼（John German）與柏林的彼得‧默克（Peter Mock）（圖8-6）合作，針對包括福斯汽車在內的十幾車款的柴油車進行道路實測，其目的在於證明汽車工業所開發的柴油車足以通過較歐洲嚴苛的美國排放標準，而且不會影響性能。路試測試工作是由西維琴尼亞大學替代燃料中心主任丹尼爾‧卡德（Daniel Carder）（圖8-7）所領導的5人團隊負責，路試總經費只有5萬美金[24,25]。

自2012年至2013年5月，測試人員由美國西南岸的加州聖地牙哥市起，一直到西北角華盛頓州西雅圖市止，總共進行二千公里的長途測試，們發現福斯的Jetta與Passat兩款車的氮氧化物排放量不僅遠高於其他測試車種，而且在公路的排放量比在實驗室的高出15~35倍。2013年5月，丹尼爾‧卡德向ICCT提出了正式的報告。

圖 8-6　約翰‧捷爾曼(左)與彼得‧默克 [30]

圖 8-7　丹尼爾‧卡德與測試設備 [31]

## （三）認錯與賠償

約翰・捷爾曼與彼得・默克決定將測試結果通報加州清淨空氣委員會與美國聯邦環保署。自2014年5月起，兩個機關調查後，在舊金山地方法院提出控告。起初一年半，福斯汽車堅持絕無造假行為，而且宣稱只要回廠調整就可達成美國政府的排放規定。然而，一直到環保署與加州清淨空氣委員會發出強烈警告，要全面停發福斯汽車2016年車型的牌照時，福斯汽車才於9月才承認自2009年起在汽車軟體中植入複雜的編碼，如果追蹤動作顯示汽車被送進實驗室測試時，汽車便會自動開啟汙染控制程序，其餘時間關閉汙染控制[25]。

福斯公司同意提撥100億美元賠償金給47.5萬輛福斯與奧迪2000c.c.柴油車的車主，並買回車輛或修理原車。車主將依其汽車使用年份，獲賠5100至1萬美元現金。福斯還將支付27億美元相關罰款，並提撥20億美元於零污染排放的技術研發上[33]。德國聯邦交通監理局要求福斯，必須在10月6日之前提出「確實符合廢氣排放標準的作法與時間表」。

其實自2008年開始，至2015年才被揭發，是因為美國「數位千禧年著作權法」保護了該特殊軟體，車主甚至美國政府都無法查軟體內容。舞弊消息傳出後，福斯汽車市值短短幾小時內蒸發156億美元，兩天內，股價狂瀉超過30%。英國廣播公司（BBC）引用一家德國報紙報導，宣稱這是「汽車史上代價最高的愚蠢行徑」。

## （四）結語

福斯汽車占全球的汽車銷售量10%，其中有七成出口。2014年營業收入超過2020億歐元。福斯集團的全球員工近60萬人，其中在德國的人數佔了德國汽車產業的三分之一。即使此次舞弊事件幾乎「動搖國本」，但是福斯公司上下一心，發奮圖強，2016年時，福斯生產1017.5萬輛汽卡車，超過豐田成為世界第一大汽車公司。

福斯舞弊事件嚴重威脅柴油車的發展。雖然，歐洲大部份汽車仍然使用柴油車，汽車製造廠商也一直強調柴油是控制廢氣排放重要手段之一，然而此事件可能讓消費者喪失信心。油電混合車與電動車或將成為最大的贏家。

## 三、違反學術倫理案例

### （一）國際案例（含中國大陸）

國際間常見違反學術倫理的問題為：

(1) 偽造無中生有之結果或數據。

(2) 篡改／選擇性地揭露成果。

(3) 抄襲或直接複製他人成果。

(4) 一稿多投。

(5) 其他如掛名作者、挪用研究經費、專利歸屬爭議等。

### 1.偽造

(1) 南韓黃禹錫偽造實驗結果

1952年，黃禹錫出生於南韓窮苦農家。他5歲喪父，母親為人放牛，以維持家計。黃禹錫從小就立志做獸醫。靠著獎學金與親友的資助，他終於在29歲那年獲得首爾大學獸醫博士學位。

以後十餘年間，他的研究成就非凡，不僅於1993年首度完成牛的人工受精，並且於1997年與1999年分別升任正教授與完成韓國首例的複製牛。他的奮鬥歷程成為南韓學子的典範。

2004年2月，他第一次成功從人類的體細胞中製作了胚胎幹細胞（ES細胞），並刊載在科學（Science）雜誌上。此舉震驚了全世界，使他一夕之間成為南韓的民族英雄[26]。2005年1月1日，韓國通過立法並執行為黃禹錫量身訂作的《生物科技道德法》。10月19日成立世界幹細胞中心（The World Stem Cell Hub），將其任命為中心主持人。韓國政府宣布每年投入2500萬美金，給他的研究團隊進行相關研究[27]。2005年5月，他號稱成功將人體細胞移殖到人的卵子細胞上，並把細胞培養成為胚胎。

2006年，南韓首爾國立大學調查委員會調查報告指出，黃禹錫於2004及2005年發表在Science的論文中偽造實驗結果。他的幹細胞研究被世界各大媒體稱為是近百年來最為驚人的科學醜聞。南韓法院宣判，南韓科學家黃禹錫挪用研究經費與非法獲取人類卵子有罪，判刑兩年、緩刑三年[28]。

(2) 貝爾實驗室研究員偽造數據

2002年，美國貝爾實驗室開除一位32歲的德裔研究員修恩（Jan Hendrik Schön），因為他在1998至2001年間發表於《科學》、《自然》（Nature）和《應用物理學通訊》（Applied Physics Communications）等期刊的三十幾論文中，至少有16處偽造或修改數據。他的博士學位在2004年6月被德國康斯坦茨大學撤銷[29]。

(3) 美國大學教授變造研究數據，被法院判刑

佛蒙特大學（University of Vermont）波蒙（Eric Poehlman）教授是肥胖學權威，共發表過兩百多篇期刊論文。其同事華特·狄尼諾（Walter DeNino）舉發他變造研究數據取得政府研究經費。波蒙在法庭上承認，他向國家衛生研究院（National Institutes of Health）所提出的17個、總額高達290萬美元的研究計畫是根據變造的假數據。波蒙因此被法院判刑1年又1天，是美國歷史上第一個因此項罪刑而坐牢的學者[30]。

(4) 美國哥倫比亞大學研究生偽造數據

哥倫比亞大學調查結果指出，斑谷·賽珍（Bengu Sezen）在2000-2005年在該校化學系就讀期間，以偽造實驗數據發表了9篇論文；因此，決定取消了她的博士學位，但未追究她的指導老師達利伯·山姆斯（Dalibor Sames）的責任[31]。

## 2. 篡改／選擇性的揭露成果

(1) 孟德爾選擇性發表研究成果

遺傳學大師格雷戈·孟德爾(Gregor Mendel, 1822 ~ 1884AD)從實驗資料中，預選出特定性徵，以佐證所欲提出的理論。由於豌豆實驗的結果過於完美，引起後人懷疑他曾剔除某些不完美數據[32]。

(2) 日本早稻田大學理化博士以加工圖片發表論文

日本早稻田大學理化博士小保方晴子曾於2014年1月在《自然》期刊發表世界首例有效製作STAP細胞的論文。這篇論文引來美國學者攻擊，聲稱論文中有2張照片疑似造假。早稻田大學調查後，發現小保方的論文應用了加工過的假圖片。《自然》也於7月撤銷這篇論文。論文共同作者、小保方的指導教授笹井芳樹召開記者會致歉後自殺身亡[33]。

圖 8-8　小保方晴子

(3) 中國井岡山大學教師論文造假

2009年12月19日，國際學術期刊《晶體學報》官方網站刊發社論，宣稱中國井岡山大學的兩位教師至少70篇論文被證明是偽造的，決定撤銷。他倆修改已發表晶體結構中的1、2個分子後，再以新晶體結構重新發表論文。29日，井岡山大學召開新聞發佈會，兩人除了被開除職務，並撤銷專業技術資格外，還被開除中共黨籍[34]。

### 3. 抄襲／剽竊

(1) 德國前國防部部長古滕伯格

2011年，德國前國防部部長古滕伯格男爵被人發現他的法學博士論文涉嫌抄襲剽竊。他除了將國會研究員的報告原封不動占為己有外，並有多達270頁的文章中沒有註明出處。由於嚴重違反學術倫理，他除了被拜羅伊特大學褫奪其博士學位外，還辭去國防部長的職位。德國聯邦議院議長拉莫特、自由民主黨議員米琳、自由民主黨市長戈特史密特等都遭到審查，部分人士被撤銷博士學位[35]。

(2) 德國教育部長沙萬博士論文抄襲

2013年2月5日，沙萬（Annette Schavan）遭母校—杜賽道夫大學哲學所判定她於1980年提交的博士論文「系統性地蓄意抄襲」，決定取消博士頭銜。9日晚間，沙萬在總理梅克爾（Angela Merkel）陪同下，宣布辭去教育部長職務[36]。

2012年4月，一個稱為「沙萬剽竊」（schavanplag）的網站，列舉他的博士論文中沒有標出引註的許多段落，因而開始面對各界質疑。迫使校方成立15人的調查委員會，調查論文抄襲一案。

經過10個月的調查，調查委員們在對沙萬的論文進行了論證後，指出其抄襲的段落有60處之多，該委員會5日最終以12票通過取消沙萬博士頭銜的決定。

(3) 上海交通大學院長偽造研究成果

前上海交通大學微電子學院院長陳進曾於2003年先後於上海發表大陸自製高速的0.18微米DSP晶片（漢芯晶片），但是經過檢測後，不但晶片無法達到需求，且被發現晶片為陳進於2002年自美國買進十片摩托羅拉DSP晶片，並以砂紙將晶片表面的原廠字樣磨掉，然後焊入漢芯標誌。上海交大已將他免職，中國大陸政府也取消相關研究計畫[37]。

(4) 巴西SCI期刊涉嫌與論文造假公司合作

2016年9月20日，美國知名抄襲監測網站Plagiarism Watch應用英文論文抄襲檢測系統iPlagiarism，發現 11篇由中國學者署名的論文內容與圖表類似，其中有6篇刊登在一個巴西SCI期刊 遺傳與分子研究（Genetics and Molecular Research）。抄襲監測網站懷疑這些論文都是由一個與遺傳分子研究期刊密切合作的公司，收費為中國學者發表涉嫌抄襲、造假的論文。2015年，該期刊總共發表1605篇論文，其中78.1%論文作者為中國人[38]。

## 4. 挪用研究經費

(1) 美國大學研究員盜刷公務信用卡

2013年，美國杜克大學生物學家艾琳·波茨 康德（Erin Potts-Kantg）因為盜刷學校公務信用卡購物並偽造收據，涉嫌貪污2.5萬美元被捕，並被杜克大學開除[39]。

(2) 美國大學教授挪用研究經費

美國賓州州立大學格林姆斯（Craig Grimes）教授因將國家衛生研究院的3百萬研究經費用於私人用途而被起訴。如果證明有罪，他將面臨35年刑期與75萬美金罰款。

(3) 美國西北大學濫用研究經費

美國國家科學基金會（National Science Foundation）認為西北大學 （Northeastern University）濫用該基金會所部著的研究經費，要求大學償還2700萬美元[40]。

## 5. 論文代寫

(1) 醫藥期刊論文代寫

在藥廠與醫學器材公司工作的科學家發表論文難免受到他們雇主的影響，因此從學術中立的立場而論，他們的結論難以公平公正。為了業務需要，藥廠或儀器製造廠商有時會付錢邀請醫生、教授或在學術機構的研究人員掛名在他們的研究論文上，雖然這些人並未參與研究或論文的寫作。也有大學的研究論文中大量藥廠研究人員所撰寫的資料或藥廠所聘請的DesignWrite公司所提供的研究背景與文獻回顧資料，但藥廠研究人員與DesignWrite公司卻未列名於作者群中[41]。

刊登在著名的新英格蘭醫學期刊（The New England Journal of Medicine）的論文中，約有11%被認為有嚴重的論文代寫問題。

(2) 英國大學外籍學生論文代寫情況嚴重

泰晤士報調查，自2013年至2015年，英國129所大學共發現5萬起作弊，多數是歐盟以外的外籍學生。

史塔福郡大學（Staffordshire University）超過半數作弊案例牽涉外國學生，雖然外國學生人數僅占所有學生的5%。倫敦瑪麗王后大學（Queen Mary University of London）查出論文涉及抄襲、找人代寫的學生中，75%是外籍學生，其中三分之一來自中國大陸。在網路上、倫敦中國城，都可找到代寫論文的廣告。4000字的論文要價500英鎊。英國媒體估算，論文代寫在英國的商機每年約有2億英鎊，折合台幣93億元[42]。

(3) 中國大陸學位論文代寫情況猖獗

代寫論文已經成為一個產業，廣東省有專營論文造假與買賣的公司，業務範圍包括代寫、代發，以及「寫發全包」。每篇論文都有明確的價格，一篇職稱論文要「代寫保發」，只需1000多元。學位論文則比較貴，博士論文約5萬至6萬元，碩士論文則為5000至1萬元左右，專業類論文如醫學論文則更貴。該公司的生意頗為興旺，2016年1月已完成接近1395件訂單，購買論文的顧客不少是博士生[43]。

**6. 冒用專家審稿人，編造審稿意見**

2017年4月27日，德國出版商斯普林格（Springer）宣布，所屬的《腫瘤生物學》（Tumor Biology）期刊因發現作者編造審稿人和審稿意見，將107篇論文撤銷。觀察者網報導，斯普林格提供的作者來自中國大陸上海交通大學、浙江大學、中國醫科大學等名校。這些論文作者提供虛假的審稿意見。部分論文作者冒用本領域專家的名字申請郵寄地址，在專家不知情的情況下，從虛假郵箱向期刊提供正面誇讚論文的審稿意見[44]。


**（二）台灣學術倫理爭議案件**

**1. 抄襲**

(1) 前國防部長因論文抄襲而請辭

2013年8月，國防部副部長楊念祖接任國防部長6天後，遭人檢舉他在專書中所發表的文章涉嫌抄襲。事發後，他坦承文章由國防部某軍職人員代寫，其中確實抄襲外國人的文章，因而請辭下台[45]。

(2) 「鋼琴王子」升等著作抄襲

2011年9月，有「鋼琴王子」之稱的陳姓講師原已通過台北市立教育大學（台北市立大學前身）音樂系升等，由講師升任副教授，然而教育部學術審議委員會發現他的升等著作中，研究動機與目的等部分不僅誤植該系系主任歐玲如多年前發表的論文，且有多處敘述未註明出處，決定撤銷其副教授資格[46]。

(3) 大學系主任因抄襲被撤銷副教授資格

2010年，明道大學中國文學系主任羅姓講師申請升等副教授的論文「蘇曼殊文學研究」遭人檢舉，約有130頁涉嫌抄襲兩岸三地相關研究。2016年7月，經教育部學審會開會後，決定撤消她的副教授資格[47]。

(4) 大學校長因論文抄襲而請辭

前農委會主任委員、中興大學校長彭作奎的得獎論文「農產貿易自由化對台灣農業生產與農民分得比例影響」被國科會（科技部前身）判定為抄襲自美國馬里蘭大學教授加德納（Gardner）的著作。國科會不僅將追回17萬元補助經費，並且停止他三年申請研究補助的權利，彭作奎也因此而辭去校長職位[48]。

## 2. 造假

(1) 大學教授論文數據遭質疑造假

中興大學張邦彥教授刊登於「細胞（Cell）期刊」論文，圖片數據受到造假質疑，作者於第一時間要求細胞期刊給予兩個月重做實驗，未獲該期刊接受，作者撤回該論文。作者重做實驗，後續研究結果投稿至「生物化學期刊」，獲接受刊登[49]。

(2) 大學女教授論文造假被判刑

逢甲大學自動控制系前陳姓女教授曾以在國際期刊發表31篇論文，在六年內由助理教授升至副教授、教授，然而經人檢舉後，校方發現她所發表的論文樣本都是她所謊稱與偽造的，根本未經學術期刊發表，因此撤銷她的教授與副教授資格。台中地院則依詐欺罪判她一年六月徒刑[50]。

2016年，陳女申請台中國立勤益科技大學教職，勤益科大委請駐洛杉磯台北經濟文化辦事處協查後，發現陳女提出各項文件均是偽造。經外交部告發後，檢方依法將她起訴。法官認定陳女犯行明確，依偽造文書罪判她1年8月有期徒刑，緩刑4年，並須向公庫支付15萬元[51]。

(3) 台大醫學院教授論文造假遭解聘

台灣大學教授郭明良與張正琪刊登於國際期刊的多篇癌症研究成果，遭國外匿名網站質疑偽造與修改實驗數據。台灣大學經過4個月調查，認定兩人「違反學術倫理」，多年來有多篇論文有不同程度錯誤，包括一篇被撤稿的論文出現大量錯誤圖片，「已經超過無心之誤用」，決定將兩人解聘。由於其中包括台大校長楊泮池所共同掛名的論文，許多學者認為楊校長應該負責，但調查小組未懲處校長[52]。

## 3. 以人頭帳號自行審查

前屏東教育大學副教授陳震遠，涉嫌以假帳號侵入英國振動與控制（Journal of Vibration and Control）期刊的論文審查資料庫，審閱60篇自己投稿的論文，而遭期刊撤銷。事發後，陳已離職，事後遭科技部停權10年不得申請研究案。教育部長蔣偉寧也由於掛名於5篇論文而辭職[53]。

## 4. 挪用研究經費

(1) 大專院校教授涉挪用國科會補助款弊案

自2012年起，檢調單位全面清查國家科學委員會（科技部前身）歷年來所補助各大專院校的研究計畫單據，發現數百名教授以無關實際支出的發票來報銷。至2016年為止，各地地檢署共約談數百名台大、成大、嘉義、中正、中山、高醫等大學教授，其中已有多位被判刑[54]。

最高法院刑事庭會議決議，公立大學教授不屬於《刑法》上公務員，因此未來核銷費用不實案件，將以詐欺、偽造文書罪偵辦。

(2) 學生當人頭，教授被控詐研究費

國立成功大學外國語文學系鄒姓教授被人檢舉她於執行國科會、教育部研究計畫期間，涉嫌以學生當「人頭」詐領酬勞及津貼，甚至連孩子的保母費、家教費單據也拿來報帳，詐領金額高達108萬元。經地檢署調查屬實後，於2010年3月24日依詐欺、偽造文書罪起訴[55]。

### 5. 論文代寫

台灣每年約有五萬名碩士生畢業，學術界早有與論文代寫相關的傳言。依據蘋果日報調查發現，論文代寫業者「Hey! Paper全國最大論文社」公開在網路攬客。這家公司自稱已有十餘年歷史，旗下現有七位資深教授、及各領域簽約的老師、博士、碩士，師資數百名，可提供日、法、德、西等六國語言服務，每件收費十多萬。律師廖芳萱指出業者用廣告、口述方式引誘代寫論文，按《學位授予法》，得處二十萬至一百萬罰鍰，並可累計處罰。教育部宣稱，如果發現論文代寫，除註銷學位外，還罰金60萬元[56]。

### 6. 論文掛名

台灣與東亞各國的學術界在激烈競爭下，出現了各種奇特的掛名方式：第一，同儕間相互合作掛名，以提升業績；第二，將大專院校院校長、學術界權威或政府官員列為共同作者，加強論文的身價或影響力。

台大郭明良教授有關的研究團隊所發表的大多數論文都是多位作者掛名，其中有4篇為台大校長楊泮池共同掛名。然而，當其中11篇論文被檢舉涉嫌造假後，包括台大楊校長等掛名作者卻置身事外，豪無承認錯誤的道德勇氣。教育部長蔣偉寧由於掛名於以人頭帳戶自行審查論文的陳震遠的5篇論文而辭職[57]。

長庚大學生物醫學系教授周成功說：「胡亂掛名的文化」在醫學界特別嚴重。上位者既無任何貢獻，且無任務，但就是要在學生發表論文上掛名。「這是醫界的潛規則」。周成功認為，學術界一再發生造假弊端，與主政者以SCI論文數目做為評斷研究的優劣與關心大學排名的心態有關。他指出，中國醫藥大學的助理教授聘書上，就規定一年要產生幾篇論文，「這是全世界沒有的事情，非常荒唐」。教育部太看重排名和學術論文引用指標，正是「逼人作假」的推手[58]。

# Review

## 重點整理

### 一、學術研究的基本道德

1. 理性
2. 客觀
3. 一致
4. 誠實
5. 負責
6. 合作
7. 公平
8. 開放

### 二、心理學家倫理信條與守則

1. 正直
2. 公正
3. 尊重人權與人類尊嚴
4. 善行與不傷害
5. 忠誠與責任

### 三、學術倫理原則（國科會公布）

1. 重視品質
2. 資料明確
3. 重視原創性及真實性
4. 力求客觀公正
5. 注意個人隱私
6. 公開研究成果
7. 依個別貢獻排序

## 四、科學研究中的不當行為

| 1. 研究不當 | 4. 發表不當 |
|---|---|
| · 偽造、變更或剽竊數據<br>· 蓄意錯誤解讀數據<br>· 選擇性剔除不完美的數據 | · 將對研究無貢獻的人列為作者<br>· 未將有貢獻者列為作者<br>· 增殖<br>· 未改正發表紀錄 |
| **2. 執行方式不當** | **5. 個人行為** |
| · 應用不適當研究方法<br>· 研究設計不良<br>· 實驗、分析或計算錯誤<br>· 違反人體實驗協議或規範<br>· 虐待實驗動物 | · 行為不當<br>· 領導、監督與指導部屬不周<br>· 忽視社會或文化規範 |
| **3. 資料或數據取得不當** | **6. 經費應用不當** |
| · 未保留原始資料或數據<br>· 資料、數據儲存或管理不當<br>· 扣押資料或數據 | · 同儕評審不公<br>· 應用不當憑據或論文紀錄<br>· 將經費應用與研究無關的事物<br>· 發表沒有根據或惡意的言論 |

## 五、「病態科學」的特徵

1. 所觀察到的最大效應是由微小的起始因素所造成的，效應幅度大小與起始因素的強度無關。

2. 效應的幅度幾乎接近可偵測到的準確度的極限。

3. 宣稱高準確度。

4. 提出違背經驗、匪夷所思的理論。

5. 以臨時起意、未經思考的藉口，回應批評。

6. 開始時，支持與批評者的比例，上升至50%左右，然後逐漸被人遺忘。

# Chapter 09 環境倫理與永續發展

**地球是艘太空船。**

——葛瑞・哈維（Gary D. Harvey）

　　過去半個世紀以來，科學與技術快速發展，不僅大幅提升人類的生活水準，也降低職業病與意外的發生。人類的整體命運雖然遠較五十年前為佳，但這半個世紀的科技發展與應用不僅沒有解決種族、文化衝突、人口、糧食與能源等問題，還造成生態環境破壞與汙染。廿一世紀人類面臨的問題不比半世紀前少，甚至需要更多的努力與智慧突破。人類目前面臨的問題以能源、溫室效應、環境汙染等最為嚴重：

## 一、能源

　　人類生活水準的提升必須仰賴廉價的能源，但是化石能源大量消費造成溫室效應與環境汙染。如何開源節流，並以再生能源取代化石能源是未來的挑戰。

## 二、溫室效應

　　自從工業革命後，大氣中二氧化碳的濃度增加了 28%。科學家預測若不採取任何防治措施，約西元 2100 年時地表溫度將較目前增加 1℃至 3.5℃，海平面將上升 15 至 95 公分，嚴重影響整個生態環境（包括地球、海洋與人類的經濟、社會等）及全球氣候。

## 三、環境汙染

　　由於人類環境道德水準並未隨著工業化與生活水準而提升，造成環境汙染與大量廢棄物，嚴重破壞水源、河川、海洋的生態。南極的臭氧洞每年正以美國陸地面積大的速度擴大；空氣品質惡化，全球約有 1.25 億的人口生活在汙濁的環境中。塑膠廢棄物甚至在美國加州與日本之間的太平洋海域形成一個約 150 萬噸、約台灣 40 倍大的垃圾島。

　　以上三個議題不僅息息相關，而且與工程專業有密切的關係。工程師在某種程度上必須對這三個議題所衍生的問題負責，因為工程科技的發展與大規模工程的興建不僅促進化石燃料的需求，而且大幅增加溫室氣體、汙染物的排放與環境生態的破壞。

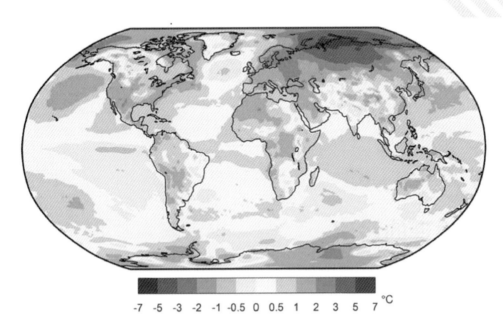

圖 9-1　2020 年與 1981-2010 年之間地球溫度差異

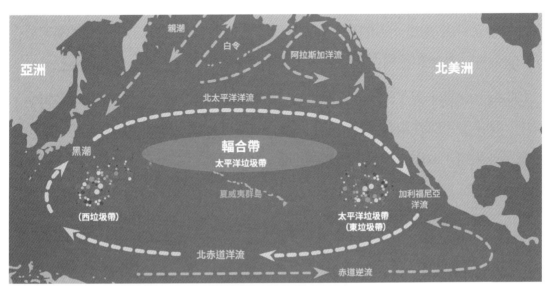

圖 9-2　太平洋垃圾帶

# 9-1
## 環境倫理的基本理念

環境倫理以「地球太空船」為基本理念[1]。地球是生命的綠洲，它不僅提供食物、飲水、燃料，讓萬物生長、繁衍，並且有效地再生與處置廢棄物。由於地球載著萬物航行於浩瀚的宇宙中，實際上也是一艘太空船，因此，地球（環境）與人類的關係有如太空船與船員的關係一般。

# 9-2
## 環境倫理的發展

環境倫理的發展可分為順從自然、改造與利用自然、與自然協調發展等三個階段。原始社會的生產力低，抵禦自然災害的能力有限，人類對自然現象由畏懼而崇拜，屈從自然的決定論是此階段的主要環境倫理思想。

工業革命發生後，由於機器逐漸取代人力，生產力大為增加，不但改善生活環境，還改變了社會制度。民智開放後，不僅不再畏懼自然，反而認為人類凌駕於自然，因此支配、利用和控制自然的想法普遍深植人心。

1962年，美國卡森（Rachel Carson）女士在《寂靜的春天，The Silent Spring》一書中，指出濫用DDT殺蟲劑的結果，不僅傷害許多物種生命，還嚴重影響自然生態的平衡。如果再不改變，春天不再鳥語花香，人類將難以在地球上生存[2]。本書出版後，一時洛陽紙貴，從一本單純的科普書籍成為轟動全球的警世木鐸。由於此書強烈警告世人環境汙染的可怕與可能帶來的危機，立即引起廣泛的迴響與爭議。

「成長的極限」報告[3]也曾悲觀地預測，人類社會的發展終將因為資源限制等因素而趨於極限。由於環境災難不斷發生，環境保護觀念逐漸為人類所接受。有識之士與國際環保組織普遍認為人類必須順應自然，惟有改變人對環境的認識與行為，才能永續生存於地球之上，與自然協調發展的倫理遂成為環境倫理的主流思潮。

# 9-3
# 環境倫理學說

「環境倫理」是探討人類和自然環境之間的道德關係。隨著時間進展，考量範圍從過去侷限以人為主的道德論理思想，以及人是萬物之靈觀念的「人類中心倫理」，逐漸擴大到「生命中心倫理」與整個生態系的概念。由於人類只是整個地球生命社區的一員，必須承擔保護自然的責任、尊重其他物種，並維護後代使用資源的權利[4]。

## 1. 人類中心主義

自兩千多年前，希臘哲學家普羅達哥拉斯（Protagoras）提出「人是萬物的尺度」的理論後，人類逐漸發展出以人類為中心的主義。由於此主義認為自然萬物的存在是為了滿足人類的需求，僅具工具性和實用性的價值，是造成環境汙染與惡化的主要根源。

## 2. 生命中心倫理

生命中心倫理尊重生命個體，認為任何具有生命的個體皆有道德價值，包括邊沁（Jeremy Bentham）的「動物會感到痛苦」、辛格（Peter Singer）的「動物解放」、黎根（Tom Regan）的「動物權」、史懷哲（Albert Schweitzer）的「尊重生命」、泰勒（Paul Taylor）的「尊敬自然」等學說。

## 3. 生態中心倫理

生態中心倫理主張對整體生態系給予倫理的考慮。整體生態系的平衡和穩定比個體的生命生存還重要。生態中心倫理包含了「大地倫理 The Land Ethics」和「深層生態學 Deep Ecology」。

## 4. 大地倫理

李奧波（Aldo Leopold,1887-1948）認為「凡是保存生命社區的完整、穩定和美麗的事都是對的，否則都是錯的。」[5]，生命社區的範圍應該擴大，涵蓋土壤、水、植物和動物。人類只是生命社區的普通成員，應改變人類是優越物種的想法，尊重整個生態體系。

## 5. 深層生態學

奈斯（Arne Naess）所倡導的深層生態學否定人類自恃超越自然的態度，認為人類應該保護所有的物種[6]。深層生態學主張「自我實現 Self-Realization」和「生命中心平等 Biocentric Equality」，前者就是透過與自然界的互動，以實現自我實現的過程；後者則將視所有的有機體為平等的成員，共同存在於互相關聯的整體中。

# 9-4
## 永續發展的起源與定義

### 一、起源

　　「永續發展 Sustainable evelopment」或「可持續發展」一詞最早是由「國際自然及自然資源保護聯盟」、「聯合國環境規劃署」、與「世界野生動物基金會」等三個國際保育組織，於1980年出版之「世界自然保育方案」報告中首先提出。1987年10月，世界環境發展委員WCED在「我們共同的未來Our Common Future」的報告中界定其內涵[7]。

　　1992年，世界各國齊集巴西里約熱內盧召開了「地球高峰會議UN Conference on Environment and Development」，提出「21世紀議程 Agenda 21」，作為全球策動永續發展的行動藍圖，並通過「氣候變化綱要公約」、「生物多樣性公約」、「里約宣言及森林原則」等章程。同年的12月，再成立聯合國「永續發展委員會UNCSD」，以推動各項永續發展工作，內容包括經濟與社會、環境與資源、政府與民間、公約及組織、資金及技術等五項[8]。迄今已有一百三十餘國成立國家級的永續發展委員會，將永續發展的理念規劃成為更具體的行動方案。1997年，行政院成立「永續發展委員會」，負責我國永續發展工作之規劃及推動。

　　1997年3月，聯合國召開「里約後五年會議 Rio+5 Conference」，由各國政府報告依「廿一世紀議程」在其國內實施的狀況，以追縱全球「永續發展」執行之成果。

　　2002年8月，再度於南非約翰尼斯堡召開「里約後十年會議Rio+10 Conference」，會中研討全球人口持續成長，對糧食、水、居所、衛生、能源、醫療服務及經濟保障等需求龐大，如何提昇經濟及社會發展，促進人類生活，同時保護自然環境及資源的問題，以落實「廿一世紀議程」的主張。

　　2012年6月22日，聯合國永續發展大會於於巴西里約召開「里約後二十年會議Rio+20 Conference」，討論與檢討永續發展及消除貧窮之脈絡下的綠色經濟與永續發展體制架構。大會的三大目標為：對永續發展重新作出政治承諾、檢討已執行之永續發展進展及差距，與處理新浮現的挑戰。

聯合國於2015年8月通過「消除貧窮、終止飢餓、健康福祉、優質教育、淨水與衛生、能源負擔、兩性平等、就業與經濟成長、創新與基礎建設、減少不平衡、確保永續消費與生產、氣候行動、保育及維護海洋資源、保育生態領地、和平正義的健全制度、共同實現目標之夥伴」等17項「2030永續發展目標」，期望2030年能順利推動社會的發展，並且有效降低世界的貧困與飢餓，使得全球社會盡可能能趨於穩定與平衡。

## 二、永續發展的定義

永續發展的定義雖多，其中以1987年世界環境發展委員所界提出的定義[7]最常被學者引用：「以不犧牲下一代人的需求為原則下，滿足當代人的需求」（Development that meets the needs of the present without compromising the ability of future generations to meet their own needs）。

永續發展除了包含公平性、永續性及共同性三個原則外，尚需架構在生態環境的永續之上，才能追求經濟發展，進而朝向社會公平目標努力。因此在永續發展的層次上，永續生態環境為最基層，其次為永續經濟，最後為永續社會（圖9-3）。

永續發展的含意視國家發展階段而異，工業化國家所追求的目標為透過技術的創新提升產品品質與改變消

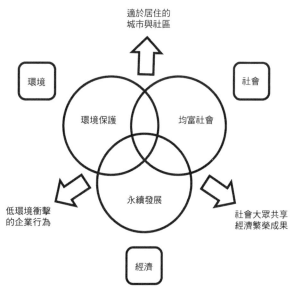

圖 9-3 永續文明：環境、社會與經濟 [9]

費型態，以減少單位產量的資源投入與汙染排放，進一步提高生活品質與關心氣候變化等全球重大環境問題；一些開發中國家永續發展所追求的目標在於發展經濟、消除貧窮、解決糧食和人口、健康、教育等問題[8,10,13]。

# 9-5
## 環境倫理與永續發展的關係

環境與人類的經濟、社會活動息息相關，如果人類的生產、消費和發展不考慮環境與生態的維護，不僅地球所蘊藏的資源終將消耗殆盡，環境與生態也會被破壞，嚴重影響未來世代的生存。因此，必須將環境與生態的保護納入經濟與社會的發展的考量之中。近二十年來，與自然協調發展的概念早已成為環境倫理的主流思潮。

永續發展包括經濟、生態及社會等三類的持續發展，在生態持續的基礎下，保證經濟的持續成長，以達到持續社會發展的最終目的[11,12]。

永續社會的環境倫理的基本原則為：

1. 地球上資源的供應是有限的，人類必須與所有生物共享資源。

2. 人類是自然的一部分，必須順應自然法則，違反自然法則必將咎由自取。人類不能征服自然，必須與自然和諧共處。

3. 在自然環境的限制下，人類應謀求自然資源的最佳利用，加強保育。

為了達到永續發展的目的，除了提高環境倫理意識外，還必須積極執行永續發展政策，才能拯救環境（圖9-4）。

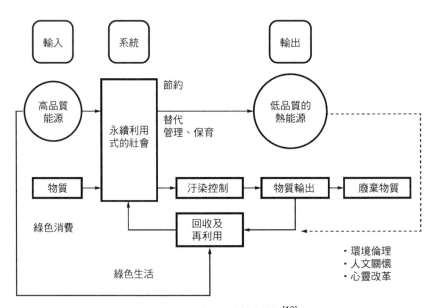

圖 9-4　拯救環境的對策 [10]

# 9-6
## 永續發展政策

## 一、人口問題

宜設法控制人口成長、提高人口素質、調整人口結構和改變消費模式的政策，以維持生態圈物種的豐富度。

## 二、工業發展

建立以合理利用自然資源為核心的工業發展，實施清潔生產。要調整產業結構，大力發展質量效益型、科技先導型和資源節約型企業。逐步將工業汙染控制重點由生產末端治理轉到首端預防，將汙染物消除在工業生產過程中。

## 三、能源問題

提高能源使用效率，以緩和能源供求矛盾、減少環境汙染；將能源議題納入土地使用、基礎建設及交通運輸的整體規劃方案中；發展再生與潔淨能源技術及多元化能源供給，提高能源供應的安全及穩定性；擬訂適當的政策，主導再生能源、能源效率及潔淨技術的創新與成本降低；建立永續能源發展架構如永續能源與政策、開創再生能源市場及競爭力、永續能源的尖端研發、利用金融誘因機制激勵。

## 四、農業生產

應推廣生態農業，實施合理利用土地的政策，合理灌溉與用水政策，科學施肥與農藥的政策。

## 五、城市發展

建立合理的城市結構，控制大城市發展，合理發展中、小城鎮；以城市發展的空間規劃及生態規劃為基礎，實施有利於城市合理佈局的投資政策和緩解城市人口壓力的價格政策；實施城市綠化和自然保護政策。

# 9-7

## 案例

　　永續發展涵蓋環境、社會與經濟等三個領域，必須結合政治、經濟、社會、都市計劃、工程、農業等各種不同專長的專家、民間團體與社會大眾共同參與，才能產生績效。工程師自然責無旁貸，必須不斷地開發相關技術，才能達成目標。在此謹將相關發展介紹於後，期以達到拋磚引玉的效果：

1. 綠色建築與都市

2. 循環經濟

3. 綠色生產

## 一、綠色建築與都市

　　綠色建築或綠建築（Green Building）泛指以環境友善與資源有效利用為原則的所設計、興建的建築物。建築師與工程師們試圖在人為建築與自然環境間取得平衡點。

　　綠建築的指標有下列9項：

1. 生物多樣性指標：增加生物棲地，使物種多樣化。

2. 綠化量指標：將建築所排放的二氧化碳轉換成植物吸收量，降低二氧化碳濃度。

3. 基地保水指標：使土地涵養水源，減少都市洪荒。

4. 日常節能指標：節省日常使用能源。

5. 二氧化碳減量指標：使用低二氧化碳排放的建材。

6. 廢棄物減量指標：運用自動化及規格化，避免浪費。

7. 室內健康指標：避免有音、光、熱、空氣、電磁波等影響室內健康的因子。

8. 水資源指標：節省水源。

9. 汙水與垃圾減量指標：減少日常汙水與垃圾使用量。

## （一）成功大學孫運璿綠建築研究大樓

┨ 關鍵說明 ┠
孫運璿綠建築研
究大樓

　　成功大學力行校區的「孫運璿綠建築研究大樓」 是成功大學自行設計與興建的「綠色魔法學校」，為近年來台灣最著名的綠建築（圖9-5）。它不僅外觀新穎、氣勢磅礡，而且設計精良，曾獲得下列三項建築獎項：

1. 2011年，台灣最高「鑽石級綠建築」。

2. 2011年，美國綠建築協會（U.S. Green Building Council） LEED「白金級綠建築」。

3. 2013年，英國羅德里其出版社（Routledge）所出版的「世界最綠的建築」評選為全球最綠的綠建築。

圖 9-5　成功大學孫運璿綠建築研究大樓 [13]

這座建築物是由台達電子文教基金會董事長鄭崇華所捐贈、林憲德教授領軍，協同三位教授與十二位博碩士生所共同打造的一棟充滿夢幻的美麗綠建築。林憲德教授與成大建築系師生致力於綠建築的具體表現。

大樓是一個充滿趣味的建築教育基地：地上三層、地下一層，樓板面積4800平方米，內設一間300人國際會議廳、六間中小會議室及行政研究辦公室與一間「亞熱帶綠建築博物館」。每平方米樓地板面積耗電僅40.3度，在全球45座最綠的綠建築中最低。在九大指標均獲得頂尖的評估，例如節能65%、節水50%、綠建材使用率100%，已達到史無前例的綠建築水準。最難能可貴的是每坪建築費用僅8.7萬元，與一般市面行情相當，不僅是「平價綠建築」的最佳寫照，也是臺灣推動綠建築平民化運動的里程碑示範[14]。

設計方法包括建築本體與自然通風的軟性節能手法、以及設備減量的方法：

1. 應用節能設備與太陽能、風能再生能源，以及自然浮力通風等技術，讓300人的國際會議廳一年內僅8個月需要空調。

2. 空調節能達到28%。

3. 空調與吊扇並用的設計，讓辦公區空調節能效率高達76%。

4. 應用高效率燈具、感應器、微調光、陶瓷複金屬燈二次反射照明設計等，節省40%電能。

5. 應用三年內回收年限的高效率節能設備。

6. 應用回收年限長（20年）的太陽電池，以提供部分電力需求。

7. 開口、遮陽、屋頂隔熱、自然通風設計。

8. 水循環利用：使用過自來水經化糞池以及人工濕地處理後，再經碳粒過濾後納入地下儲水槽，以作為庭園澆灌之用。

9. 地面雨水收集與東北樓梯間的雨水撲滿。

10.尊重環境、保留老樹及足夠的開放綠地空間，作為新舊區域的緩衝區帶。

## （二）歐洲綠色首都－瑞典斯德哥爾摩

2010年獲選為歐洲綠色首都（2010 European Green Capital）的斯德哥爾摩市建立於14個主要島嶼與兩萬多個小島上，具有發達的交通路網與便捷的公共運輸系統，有「北方威尼斯」之稱。全市人口82萬，面積約209平方米，95%居民生活在「300米內有綠地」的怡人環境中，是瑞典的首都與北歐的金融、商業、文化中心。

**關鍵説明**

2010 歐洲綠色首都－斯德哥爾摩

圖 9-6　歐洲綠色首都－瑞典斯德哥爾摩 [14]

斯德哥爾摩市有1000個公園、7個自然保護區、1個文化保存區、1個國家公園與24個官方海灘。她有世界上最大的區域供冷系統網絡，每人每年回收垃圾量約95公斤，目前規劃至2050年時，全市將不再使用任何化石燃料。該市主要特點如下[14]：

### 1. 藍色城市

水域佔地表面積10 以上，除梅拉倫湖（Lake Malaren）與薩爾特舍灣（Saltsjön）外，還有12個小型湖泊，提供游泳、野餐、划船及其他遊憩活動。梅拉倫湖提供100萬人生活必需的飲用水源。

## 2. 清潔城市

廢水以先進技術將含氮、磷等汙染物含量降至較歐盟更嚴苛標準後，才可排放。廢水處理廠所產生的沼氣經純化後，作為公共汽車、私人汽車與計程車的燃料。市中心南邊5公里的Hammarby Sjostad社區設有生態友善系統，以處理住家與辦公室的能源、廢物、汙水與水。73.5%的廢棄物經過焚燒以產生電力與區域供熱所需的能源，其餘25%可以回收再利用，僅1.5%經生物處理。

## 3. 連結城市

自1994年起，Stokab電信公司即開始在市區中安裝光纖網路，以提供電信營運商使用。2010年，斯德哥爾摩市的光纖網路長達120萬公里，任何一個角落皆可與固定或移動寬頻網路相連接。 透過現代資訊科技的使用，每年約可節省7億歐元以上。

## 4. 氣候智慧城市

溫室氣體排放低，1990年平均每個市民的二氧化碳排放量約5.4噸，至2009年時，已降至3.4噸。預期至2015年，將可減至3噸以下。95%市民住家300公尺範圍內有大眾運輸服務，尖峰時段約78%的居民搭乘公共交通工具到市中心上班或洽公。68%市中心的旅次則以步行或自行車代步。

斯德哥爾摩市早在半個世紀前就開始提供區域供熱，目前約70%住戶使用，且多為再生能源。區域供熱系統熱效率高，汙染物排放量低，不僅大幅減少家庭或社區所使用的燃油鍋爐數量，而且降低二氧化碳的排放，從而改善空氣品質。自1990年起，已減少593萬噸二氧化碳排放量。

## 5. 願景

2007年所通過的2030年願景計畫（Vision 2030）[15]為：

(1) 多面向與充滿體驗的城市

將成為自然環境與水資源環繞身邊的多元化且充滿體驗的城市，重點包含提供充足的教育資源與工作機會、發達的資訊產業及穩定的能源供應系統、都市規劃、水岸城市等。

(2) 創新與成長

斯德哥爾摩未來將持續擴張，其國際競爭力強勁，被視為歐洲成長最快的地區。

## 二、循環經濟

### （一）定義

　　循環經濟以再生與再利用為原則，透過規劃與設計，使資源能有效地重複利用，同時應用再生能源與可生物分解及非毒性化學物質為原料，以降低環境汙染。

　　循環經濟比廢棄物回收更為積極與主動，因為在製程規劃與設計時，即已將回收再利用方式考慮在內。不僅可以將廢棄物重複利用，還可達到「零垃圾、零廢棄物產出」的目標。循環經濟的基本原則為[16]：

1. 減量化原則：減少進入生產和消費過程中物質和能源流量，通過預防而非末端治理的方式來避免產生廢棄物。

2. 再利用原則：延長產品和服務的時間強度，盡可能多次或多種方式地使用物品，避免物品過早成為廢棄物。

3. 再循環原則：廢物品的回收利用和廢棄物的資源再利用。

### （二）發展契機

　　循環經濟系統可分為生物循環及工業循環，如圖9-7顯示，六大發展契機與商機為：

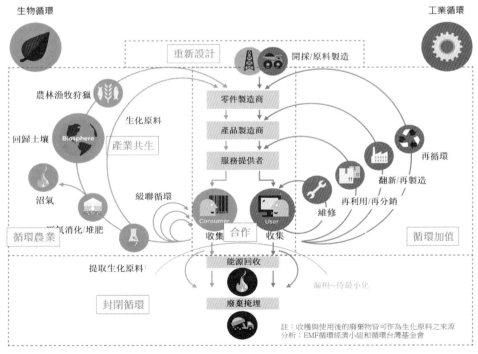

圖 9-7　循環經濟的物流模式 [17]

1. 重新設計：將資源重複使用可能性考慮在內重新設計。

2. 循環加值：藉維修、再利用、翻新、再製造等過程，有效率地運用資源，將產品與資源的價值最大化，以創造企業與消費者的雙贏局面。

3. 循環農業：透過生物精煉製程，提煉藥品或化學品等高價值材料，作為食品及飼料，並應用厭氧消化及堆肥等方式，以取代掩埋或焚化，不僅取得較高經濟效益，還可營造永續的農業環境。

4. 封閉循環：妥善規劃回收方式，以提升回收率與創造龐大的商業利益。

5. 合作：以共生、共享等方式，提高資源運用的效率。

6. 創新商業模式：透過產品與商業模式的創新與重新設計，以確保產品可在市場上與高效率、低成本，傳統線性製造的商品競爭。

## （三）案例

### 1. 保特瓶回收

　　2007年，德式馬企業董事長黃華德成立「大愛感恩」公司，以保特瓶抽紗技術生產環保紡織原料，並行銷各種回收物研發出的環保商品。公司所有的投資及利得，完全回贈慈濟基金會作為慈善公益。自2006年以來，已生產30萬條環保毛毯問世。大愛感恩除生產環保布、環保紗、塑膠脂粒等紡織原料外，也生產衣物、毛毯、襪子、袋子等民生用品。2010年，營業額已達兩億元，並開始盈利。台灣每年回收5萬公噸以上的保特瓶，但5個2公升保特瓶，可以織成1件大號T恤；35個2公升保特瓶，則可做1個睡袋；40個2公升保特瓶，就能織出1平方公尺的毛毯。

　　傳統紡織品染整過程耗水大，染1公斤的布，不僅需要100公斤的清水，還會產生大量廢水。環保紗除可利用保特瓶的原色，還在生成聚脂粒的過程中，混入有顏色的色母粒。雖然布料顏色變化較少，卻能節省用水，並降低廢水產生[17]。

　　2010年，海地大地震後，美國賓州匹茲堡市居民伊恩・羅森柏格（Ian Rosenberger）去幫忙救災。他發現當地街道與下水道中有許多廢棄的寶特瓶。

他靈機一動，成立了這家Thread公司，先將海地與宏都拉斯的廢棄保特瓶轉換成纖維，再與棉混合成帆布、單寧布與平紋針織面料。目前，添柏嵐（Timberland）、惠普（HP）、肯尼斯寇爾（Kenneth Cole）等國際著名公司皆使用它的產品。Thread公司每年由海地進口200噸寶特瓶，提供海地300個資源回收的就業機會。

Thread最近與Timberland合作，提供升級回收材料作為衣物、鞋子的使用。為了增加透明度，從包特瓶的收集、織品的製造、到運送給製造商的過程，所有的紡織品布料都可以追蹤到升級回收的每個階段[18]。

來自台南的洪慶齡是歐洲回收王，他所經營的活塑集團（Green Goup）是現今東歐最大的資源回收企業，年營收高達60億美金。二十年前，洪慶齡夫婦到羅馬尼亞創業，起先從事編織袋製作，後來併購了國營企業，又提出符合歐盟法規的環保回收概念，獲得政府大力支持，順理成章地走進廢棄物回收事業[19]。

他所研發的智慧回收島以光學感測器，依據條碼、瓶子重量或長度等判斷瓶子的大小，只需要1～2秒就可將保特瓶直接壓縮。壓縮後的保特瓶再送至回收工廠，再經拆解、自動分選、粉碎、清洗、乾燥、熱熔等工序，即可再生利用。

洪慶齡已在臺南市設立一座大型智慧回收站，並與家樂福合作提供購物金回饋，希望將此智慧回收站推廣到其他縣市。

## 2. 生物碳轉化技術

藍柵技術公司（LanzTech）將循環經濟的概念應用在含碳的工業廢氣上。該公司應用氣體發酵技術，可將鋼鐵廠、煉油廠、石化廠，或農林業所產生的一氧化碳與水轉化為氫氣與二氧化碳，然後再經氣體發酵過程產生酒精與二丁醇。2014年，它在上海寶鋼公司內年產400公秉酒精實驗工廠已連續運轉8個月以上[20]。據該公司估計，全世界年產500萬噸的鋼鐵廠都使用氣體發酵技術時，可生產1億公秉酒精。

### 3. 設備租賃模式

荷蘭皇家飛利浦電子公司（Royal Dutch Philips Electronics. Ltd）提供一項新的商業模式，以設備租賃取代以往的出售模式。飛利浦不僅提供燈具與維修，並且還負責回收，客戶僅需付服務費用。這種創新的商業模式不僅可以協助客戶降低資本支出，還可免除維護與廢棄物處理費用。飛利浦可將回收設備中未損壞的零組件重新利用，可大幅減少新材料的使用量與廢棄物處理量[21]。

### 4. 電子產品回收再利用

科技快速發展，縮短電子產品生命期。2014年，全球約產生4200萬噸的電子廢棄物，其中只有13%被送至中國、印度、越南、巴基斯坦等國家循環使用。以生產電腦出名的美國戴爾公司（Dell, Inc.）體認這個問題的嚴重性後，即於2009年起禁止向國外輸出電子廢棄物。2015年，戴爾與聯合國工業發展組織（United Nations Industrial Development Organization, UNIDO）簽了一個5年合約，在亞非與拉丁美洲國家開發與執行永續管理電子廢棄物的模式。同年，戴爾逐步擴大再生塑膠與碳纖維的循環再利用，預計在2020年時，使用2.3萬噸的再生原料，並且回收2百萬噸電子廢棄物[21,22]。

美國勁量公司（Energizer, Inc.）以生產電池與手電筒聞名全球。勁量生產世界第一個含4%回收電池的鹼性電池 EcoAdvanced®。

### 5. 廢料回收

美國每年約有1100萬噸的衣物、鞋子、織品等進入掩埋場。以生產牛仔褲著名全球的利惠公司（Levi's）透過零售店收集各種品牌的舊衣物、舊鞋，再且與I:CO公司合作，將這些收集來的衣物轉為建築物的隔絕填料、緩衝材料或是新的紗線。同時，Levi's預期在2020年時完成他產品的封閉循環，將舊的牛仔褲轉為新的產品。

以生產休閒鞋、衣物品牌聞名全球的美國添柏嵐公司（Timberland）與輪胎製造商及經銷商Omni United合作，將廢棄輪胎回收，作為鞋底。由於輪胎與鞋底業者都是橡膠的最大使用者，此合作計畫不僅可以降低橡膠原料的使用量，還可降低廢橡膠數量。

## 三、綠色生產

　　綠色生產（Green production 或 Green manufacturing）泛指以節約能源、降低原物料使用量、減少汙染物產生與排放為目標的工業生產管理與技術。綠色生產與綠色技術（Green technology）、清潔生產（Cleaner production）或綠色化學等的內涵大同小異，其特點包括[23]：

### （一）應用再生能源

1. 選擇太陽能、風力、生質能等可再生的能源。

2. 應用高能源效率設備與製程。

### （二）提高資源使用效率，減少汙染物排放

1. 應用低汙染的生產技術、設備。

2. 提高資源使用率，減少原物料的浪費。

3. 提升技術、設備、原物料儲運管理與生產過程的管理，減少物料流失。

4. 降低汙染物產生與排放。

### （三）應用與開發清潔產品

1. 應用低危害、易生物分解的物質。

2. 具合理使用功能與壽命。

3. 產品具節能、節水、低噪音、低汙染、無毒等特性。

4. 產品易於回收、再利用與再生。

### （四）綠色化學

1. 以預防汙染與降低危害為目的，設計化學品結構與製程。

2. 以創新思維解決環境問題。

3. 降低與去除化學產品與製程的危害。

綠色生產的理念應該整合於產品設計、製程開發與生產等三個程序中：

1. 產品設計：本質較安全與環保為目標，設計產品。

2. 製程開發：由製程規劃、設計、設備採購、營建，一直到生產管理的流程。

3. 生產：由原材料加工、產品製造、廢棄物處理、汙染控制等。

綠色生產在產品設計的階段，就將產品生命週期的環境衝擊因素考慮在內，除生產低汙染、低耗能與低危害性的產品外，並避免產生環境的潛在危害與社會成本的負擔。

**案例一、台灣凸版國際彩光股份有限公司**

台灣凸版為台灣首屈一指的彩色濾光片專業製造公司，其主要產品應用於電視、顯示器、筆記型電腦、導航機、視聽產品與智慧型手機等液晶面板上。該公司除以綠色創新的前瞻思維致力於能源與材料節約、製程簡化、環境友善等綠色技術的應用外，並積極提升機台能源效率[24]：

1. 提升陣列設計開口率：提高彩色濾光片元件的透光率，可降低背光約2.7%能源使用量。

2. 製程簡化：搭配低溫多晶矽製程（Low Temperature Poly-Silicon Process, LTPS），以降低材料使用量與成本。

3. 水量最佳化：有效減少馬達能源消耗。

4. 評估動率較低的機台與附屬裝置使用的必要性與待機模式下各附屬裝置使用狀態，以提升能源效率。

**案例二、賓士 Smart 車系**

Smart系列汽車是Swatch手錶與賓士汽車公司（Mecedes-Benz）共同開發的袖珍型汽車。早在1970年代即開始構思，1998年開始量產（圖9-8）。它具有下列優點：

1. 應用95%可再生回收的材料。

2. 每公升油可行駛25公里。

3. 模組化設計，易於組裝與拆解。

圖 9-8　Smart 兩人座袖珍型汽車[25]

4. 生產線汙染物產生與排放量皆低。

5. 體積小，易於停車。

6. 資源利用率高。

### 案例三、綠色化學品

傳統感熱紙表面上多塗抹著一種特殊化學品，可於受熱後改變紙張的顏色。由於不需使用墨水或油墨，感熱紙普遍應用於傳真機、計算機、收銀機與信用卡終端機等廉價的熱感應印表機上。一些感熱紙的塗料含有雙酚A，不僅會導致內分泌的干擾，而且也會在感熱紙回收過程中，產生環境汙染。

為了降低危害化學品的使用量，陶氏化學公司將感熱紙上塗抹了一層不透光、無害的高分子空心球體ROPAQUE™ NT-2900。當感熱紙受熱後，空心球體會破裂崩潰，讓背景顏色顯示出來。

2017年6月12日，美國環保署將該年度的總統綠色化學挑戰獎頒發給美國陶氏化學公司（Dow Chemical Company）與德國克勒紙業集團（Koehler Paper Group），以獎勵它們對於降低環境負荷的努力[26]。

# 9-8
## 結語

「環境倫理」以自然生態平衡的維繫為重點，主張人類與其他物種同是地球生命社區的一員，皆為平等共存的，因此人類應該保護環境，才能使各種生物與環境得以永續的存在和發展。

「永續發展」是「以不犧牲下一代人的需求為原則下，滿足當代人的需求」[7]，也是由環境和自然資源的角度提出人類長期發展的策略和模式。

工程師應當以環境倫理的理念，作為尋求地球永續發展的依據。唯有基本的觀念理論正確，才能使我們在追求經濟發展與資源開發的同時，能夠考慮到對環境的影響，進而負起對環境物種保護，以及對後代人類使用資源的道德責任[7]。

# Review
## 重點整理

### 一、環境倫理的發展

順從自然→改造與利用自然→與自然協調發展

### 二、環境倫理學說

| 學說 | 內涵 |
|---|---|
| 人類中心主義 | 認為自然界萬物的存在只是為了滿足人類的需求，僅具工具性和實用性的價值，是造成環境汙染與惡化的最主要根源。 |
| 生命中心主義 | 尊重生命個體，認為任何具有生命的個體皆有道德價值。 |
| 生態中心主義 | 主張對整體生態系給予倫理的考慮，整體生態系的平衡穩定比個體的生命生存還重要。 |
| 大地倫理 | 「凡是保存生命社區的完整、穩定和美麗的事都是對的，否則都是錯的。」生命社區的範圍涵蓋土壤、水、植物和動物。人類只是生命社區的普通成員，應尊重整個生態體系。 |
| 深層生態學 | 否定人類自恃超越自然的態度，認為人類應該保護所有的物種。主張「自我實現」和「生命中心平等」。 |

### 三、永續發展的定義與原則

1.定義：「以不犧牲下一代人的需求為原則下，滿足當代人的需求」。

2.原則：(1)公平性　(2)永續性　(3)共同性

### 四、永續發展的層次

永續生態→永續經濟→永續社會

## 六、綠建築指標

1. 生物多樣性指標
2. 綠化量指標
3. 基地保水指標
4. 日常節能指標
5. 二氧化碳減量指標

6. 廢棄物減量指標
7. 室內健康指標
8. 水資源指標
9. 汙水與垃圾減量指標

## 七、循環經濟系統六大發展契機

| 發展契機 | 內涵 |
|---|---|
| 重新設計 | 將資源重複使用可能性考慮在內重新設計。 |
| 循環加值 | 藉維修、再利用、翻新、再製造等過程，將產品與資源的價值最大化。 |
| 循環農業 | 透過生物精煉製程，提煉藥品或化學品等高價值材料，作為食品及飼料，並應用厭氧消化及堆肥等方式，以取代掩埋或焚化。 |
| 封閉循環 | 妥善規劃回收方式，以提升回收率與創造龐大的商業利益。 |
| 合作 | 以共生、共享等方式，提高資源運用的效率。 |
| 創新商業模式 | 透過產品與商業模式的創新與重新設計，以確保產品可在市場上與高效率、低成本，傳統線性製造的商品競爭。 |

## 八、綠色生產的特點

1. 應用再生能源
2. 提高資源使用效率，減少污染物排放

3. 應用與開發清潔產品
4. 綠色化學

# Chapter
# 10 電腦與資訊倫理

**資訊就是資訊，既不是物質，也不是能量。**

——諾伯特‧維納（Nobert Wiener）

自從世界上第一部電腦—阿塔納索夫—貝瑞（Atanasoff–Berry Computer）（圖 10-2）於 1941 年夏天問世以來，電腦早已成為人類生活上不可或缺的工具。人類活動如通訊、資訊傳遞、公文處理、商業與工程設計、捷運或大型工廠的控制、金融服務等皆須依賴各種不同型式與功能的電腦。電腦的功能強大，不僅具有快速的計算、分析與搜索的能力，還可以經由數理邏輯判斷與豐富資料庫發展出人工智慧，協助人類大幅提升企業生產力與生活水準。

**關鍵說明**
電腦的發展歷史

然而，駭客或野心家也可應用電腦強大的功能，透過網際網路獲取龐大的非法利益或造成嚴重的禍害。電腦軟硬體發展迅速，造成政策與道德行為上的真空，自然而然衍生出許多前所未有的問題。

由於電腦相關的軟硬體的開發與網路的應用皆為工程師的傑作，如何將倫理的觀念與行為應用於電腦的使用上，對工程師來說自然責無旁貸。

圖 10-1　圖左為美國愛荷華州立大學教授阿塔納索夫教授，圖右為研究生貝瑞[1]

圖 10-2　阿塔納索夫與貝瑞共同開發的電子計算機[1]

# 10-1
## 定義

電腦倫理是應用倫理學領域中較為新穎的領域，它分析與探討資訊科技的特性、電腦應用對於社會的衝擊、資訊科技管理及發展與所衍生的倫理議題與約束，並研擬決策時所應遵守的道德規範與準則[2]。它的議題與網路倫理、資訊倫理（Information ethics）議題重疊，有時常被混淆。其實網路倫理的範圍僅限於網路上傳播或流通的資訊，而資訊倫理的範圍較為廣泛，舉凡圖書、多媒體、電腦、網路、生物資訊等皆包括在內。

# 10-2
## 起源

早在1940年代，美國麻省理工學院的諾伯特‧維納（Norbert Wiener）教授（圖10-3）就開始探討資訊回饋系統、資訊科技相關的倫理議題，並且奠定了電腦倫理的基礎。1948年，他首先提出動物與機器之間通訊規律的控制論（Cybernetics）概念，將只屬於生物的有目的的行為賦予機器之上[3]。1950年，維納在《人有人的用處》（The human use of human beings）書中，預測在資訊與通信設備的未來發展中，人與機器、機器與人以及機器與

圖 10-3　美國麻省理工學院教授諾伯特‧維納（Norbert Wiener）[6]

機器之間的資訊對社會的影響力日益重要。他預測未來可能出現的問題，並提出因應方法[4,5]。

　　1960年代中期，史坦佛研究院的唐・派克（Donn B. Parker）開始研究電腦犯罪與電腦不當使用的議題。他不僅於1968年在電子計算機協會（Association of Computer Machinery）通訊上發表資訊處理倫理規範，並且擔任倫理守則委員會的主席。1973年，電子計算機協會倫理守則委員會公布第一份與電腦應用與資訊管理相關的倫理守則[7]。

　　1980年代中期，個人電腦大量使用後，人類進入了資訊時代。資訊本身形成了我們形塑生活、維護尊嚴的思想資本。然而，此一思想資本的建構卻在許多方面容易受到侵害，例如：個人資訊被竊取謀利、生活所依賴的資訊有嚴重的錯誤或因阻礙而無法擷取有價值的資訊時，我們的思想資本即受到侵害[8]。資訊技術所造成的社會與倫理後果，如電腦犯罪、電腦失誤所引起的災害、資料庫的誤用所造成的隱私權的侵犯與軟體所有權的爭執等開始大量出現後，電腦倫理開始受到重視，探討電腦與資訊倫理的論文與教科書出現。1990年後，電腦與資訊倫理已成為應用倫理學的一個研究領域[7]。

# 10-3
## 倫理議題

　　美國南方衛理會大學（Southern Methodist University）資管系教授李察・梅遜（Richard O. Mason）將資訊倫理區分為隱私權、正確性、所有權與使用權等四大議題。1992年，電子計算機協會（Association for Computing Machinery）所發布的倫理準則包含智慧財產權、隱私權、機密權、專業工作品質、公平與歧視、對不可靠性的責任、軟體風險、利益衝突及未授權存取等[8]。雖然電子計算機協會的倫理守則針對對象是電腦或資訊從業人員，但由於電腦與互聯網路已成為每一個工程師不可或缺的生產、通訊與娛樂工具，工程師也應理解與遵守。其他相關議題還包括工作場所倫理、電腦犯罪、綠色運算等，而所有權與智慧財產權則放在一起討論[13,14]。

# 一、工作場所倫理

電腦與網路的不當使用造成企業很大的困擾，企業所擁有的高價智慧財產、紀錄與未來營運的規劃、策略都可能會被駭客盜取或竄改。由於每年員工在工作場所的非倫理與監守自盜的行為對於企業造成鉅大的財物損失，因此預防與杜絕員工非倫理行為已成為企業資訊主管的工作重點之一[9]。

工作場所與電腦相關的不當行為有下列幾項：

## （一）濫用網路資源

依據美國聖安東尼商業雜誌的報導，約70%線上色情網站的觀賞時間是介於星期一至星期五的上午九點至五點之間的上班時間。在上班時間觀看A片的行為，不僅降低生產力與工作效率，而且還可能讓公司暴露於病毒的危害。

## （二）電子郵件濫用

電子郵件濫用情況有下列五項，其中以最後一項最為嚴重：

1. 否認接收或閱讀過電子郵件。
2. 不在適當時間內回信。
3. 未得許可，閱讀他人電子郵件。
4. 冒用他人電郵址寄出郵件。
5. 員工將公司的機密資訊寄至競爭對手。

## （三）未經授權使用資訊

保險公司、醫院、銀行的電腦系統中皆有大量客戶資料，如果這些私密資訊被員工非法竊取、販賣與散佈，會對企業造成難以彌補的財務與商譽上的損失。公司不得蓄意透露這些資訊，否則會面對刑事責任與民事賠償。

為了防止工作場所的電腦相關技術或資訊遭受員工濫用，企業不僅訂定嚴格的資訊安全政策，還設置防火牆、網路內容過濾裝置、資訊安全憑證等。企業必須嚴格要求所有員工遵守資訊倫理規範，任何違反規範的員工皆須接受嚴厲的制裁，否則難以遏止濫用情況的繼續發生。智慧手機普遍應用後，由於企業無法管制無線電信網路，員工違反資訊倫理的行為更難以控制。

美國典腦倫理學者彼得・蒂皮特（Peter S. Tippett）提供企業下列行動計畫，以建立企業電腦倫理文化[7]：

1. 建立企業電腦倫理準則。

2. 建立電腦倫理政策，以彌補電腦安全政策的不足。

3. 將電腦倫理列入員工行為手冊之內。

4. 將電腦倫理列入公司倫理守則中。

5. 開設電腦倫理相關課程與講習。

6. 舉辦電腦倫理推廣活動。

7. 建置並推廣電子郵件隱私權政策。

## 二、安全與犯罪

自從網路普及後，病毒散佈、駭客侵入與盜取資訊、電腦犯罪等案例層出不窮，輕者導致個人或企業電腦檔案流失或中毒，重者危及國家安全。安全早已成為電腦倫理的主要議題，智慧型手機普及後資訊安全更為重要。美國安全軟體廠商Check Point的研究人員表示，惡意軟體CopyCat的最新變種在全球肆虐。目前已經感染了全球約1,400萬部Android設備。這種新病毒將會透過ROOT（Android系統的術語，能夠幫助使用者越過手機製造商的限制，解除安裝本身預裝的程式，或執行需要系統權限的動作）手機和挾持應用程式來獲利，據說已獲得數百萬美元的詐欺性廣告收入[10]。

> **關鍵說明**
>
> TED 演講─網路犯罪無所不在，我們如何因應？
>
>

電腦安全的議題多聚焦於電腦犯罪的道德與社會評估。應用電腦行竊所得的金額遠大於武裝搶劫而且快速，受害者難以及時察覺與防範。雖然電腦犯罪者躲在網路後面，沒有直接威脅受害者的身心安全，但是由道德的觀點而論，應用電腦網路勒索、行竊與傳統的強盜行為相同。

為了防止恐怖主義者的攻擊或駭客的入侵，政府或企業的資訊安全單位不僅過濾網路傳遞的訊息，而且還建立關鍵資訊建設的保護政策與設施。這些政策或設施雖然是以維護國家或企業的網路空間主權、安全和發展利益為目的而建立的，但是也可能侵犯到網路使用者的民權與隱私權。如何平衡資訊網路安全與個人權利一直存有很大的爭議[11]。

## 三、言論自由與內容控制

網路是一種有效的資訊與言論表達的媒介，它有如一把雙面刃的刀具，不僅可以快速傳播資訊與帶動經濟的發展，也可能因謠言或病毒的散佈，造成嚴重的損失。政府是否有義務或權利管理或檢查網路上所傳播資訊的內容，以確保網路上資訊的真實性、合法性與安全性呢？另一個角度而言，網路資訊內容的管理與檢查可能剝奪民主國家憲法賦予人民的發表與接受言論自由基本權利。

由道德的觀點而言，網路上言論自由不得超過現有法律的規範或約定俗同的標準。網路或電腦不應該容忍與下列議題相關的言論自由：

1. 色情。

2. 妨害國家與社會安全，如炸藥或槍械製造、殺人或自殺方法等。

3 製造種族或族群仇恨與對立。

4. 嚴重破壞他人名譽。

5. 散佈不實謠言等。


## 四、隱私權

隱私權可分為「空間隱私」與「私密隱私」。空間隱私指「保障個人生活私領域免於他人侵擾及個人資料之自主控制」；私密隱私指「保障人民決定是否揭露其個人資料，及在何種範圍內、於何時、以何種方式、向何人揭露之決定權，並保障人民對其個人資料之使用有知悉與控制權及資料記載錯誤之公正權[12]。」

資訊隱私權是對該資訊擁有者的資訊保密。侵犯隱私權會造成個人兩種傷害：

1. 洩漏他人不公開的資訊會暴露此人的私密空間，使他易於接受壞人的騷擾或勒索。

2. 個人的資訊是他的財產，未經授權不得使用這些資訊，否則便是偷竊的行為。

　　在電腦沒有大量被使用之前，個人的資料是由個人或承辦人員登錄在紙本表單上，然後存放在醫院、銀行、學校等單位的檔案櫃中。任何人如欲取得這些資訊，必須得到當事人或資訊保存單位的許可，然後到檔案櫃中找出所需檔案後，再影印或抄錄。由於步驟繁瑣與紙本資料體積龐大，他人很難竊取大量的個人私密資訊。然而，等到電腦大量應用之後，個人資訊儲存於電腦的磁碟或資料庫之中，不僅體積大為縮小，而且也易於竊取。任何人只要得到相關密碼，就可以將大量機密資訊下載。

　　互聯網路普遍後，個人隱私權更難以維護。任何人在互聯網路上瀏覽網站、搜尋資料、用信用卡購物、建置信箱時，會留下姓名、筆名、代號、電子信箱、住址、電話號碼等個人資料等。在電子佈告欄（bbs）、社群網站上發表意見或個人近況等也會留下紀錄。由於互聯網路的安全性並不周延，個人的隱私資料難免會遭有心人士蒐集、出售。電子信箱經常會被商業或色情文宣與廣告塞爆，而且個人的行動與言行也會受到威脅。社群媒體普遍之後，侵犯隱私權的案例層出不窮。這種行為不僅傷害別人，而且自己還須面臨法律的制裁。

　　匿名是隱私權的最高層形式，通常在網路通訊上扮演一個重要的角色。到底「匿名」具有什麼權利，以及該被尊重的程度達到什麼地步，一直是引人爭論的問題。

## 五、正確性

　　錯誤或過期的資訊，輕者造成使用者的困擾，重則導致錯誤的決策。飛機導航電腦系統發生失誤提供錯誤的資訊時，可能誤導飛機走入錯誤的航道。金融或證卷市場資訊系統發生錯誤或被人侵入時，會導致全球金融大亂。資訊使用者最大的難題在於如何在眾多的資訊中去蕪存菁，辨別資訊的正確性。資訊提供者提供錯誤的資訊時，應該負有何種責任呢？資訊管理者如未善盡管理之責，讓資訊遭人入侵竊取或修改，又負有何種責任？

## 六、所有權與智慧財產權

關於所有權的探討，有幾個問題可以先試著想一想：

1. 資訊在什麼情況下可以免費使用？

2. 什麼情況下應該付費或徵得所有權人的同意方能使用？

3. 什麼樣的資訊使用行為算是侵害別人的著作權？

4. 侵害著作權應負何種責任？

以上議題皆與電腦軟體與數據資訊的智慧財產權有密切的關係。智慧財產權泛指資訊資源的擁有者具有該資源特有、處置、傳輸及使用的權力，包括軟體、硬體和文件等有形財產與設計理念、管理方法、開發方法等無形財產。雖然智慧財產權法律明文規定原創者的行銷與散佈的權利，但是電腦軟體與數據資訊的智財權卻存有很大的爭議。

黛博拉・強生（Deborah Johnson）等認為軟體與數據資訊的地位與其它智慧財產一樣，只有原創者享有行銷權利，因為如果沒有龐大的利益誘因，軟體公司與程式設計師不可能投資大量的時間與金錢開發新的軟體。李察・史陶曼（Richard Stallman）、亞倫・史瓦茲（Aaron Swartz）（圖10-4）等人反對軟體主權的概念，他成立自由軟體基金會（Free Software Foundation），促進自由軟體的開發。亞倫・史瓦茲甚至因侵犯智財權被檢察官起訴後，憤而自殺明志。

圖 10-4　亞倫・史瓦茲

1996年，美國專利商標局公佈「電腦相關發明審查基準」後，電腦軟體專利申請案件與紛爭急速上升。目前，世界各國法律皆明確規定電腦軟體屬於著作權保護範圍，未經許可不得下載或散佈，否則與一般侵權行為相同，必須負民事責任。

購買盜版品，沒有涉及著作權的行為，不會構成侵害著作權，但買了盜版軟體後，必須將其灌入電腦，才能使用。灌入電腦硬體的行為，即會構成侵害重製權，可依著作權法第九十一條處罰。

　　雖然著作權法第五十一條規定：「供個人或家庭為非營利之目的，在合理範圍內，得利用圖書館及非供公眾使用之機器重製已公開發表之著作。」但將盜版軟體灌入電腦硬體使用，不必買合法軟體，已造成合法市場的替代，應該沒有合理使用的空間。

　　網路上流通的軟體包括免費軟體（Freeware）、公共軟體（Public domain software）、自由軟體（Free software）與共享軟體（Shareware）[13]（表10-1）。「自由軟體」與「共享軟體」受到著作權法的保護，對使用方式與期限有一定限制，必須得到原著作人的許可，否則便會侵害到著作權。

**表 10-1　網路上流通的軟體**

| 軟體類別 | 著作權 | 複製與使用 | 原始碼 | 範例 |
|---|---|---|---|---|
| 自由軟體 | 有 | 開發者決定 | 開放 | Firefox（火狐瀏覽器） |
| 公共軟體 | 無 | 免費 | 不開放 | FreeCAD |
| 共享軟體 | 有 | 試用期間免費 | 不開放 | WinRAR（檔案壓縮） |
| 免費軟體 | 有 | 免費 | 不開放 | MSN Messenger（即時通） |

　　企業、機關與學校皆建立電腦軟體管理及使用須知，以防止員工使用未授權的軟體。主要內容為：

1. 統一管理電腦軟體授權文件、購買證明、序號、原版光碟等。

2. 依規定採購所需軟體，得自行透過網路下載、安裝。

3. 定期查核電腦內所安裝軟體是否經過合法授權。

# 七、使用權

使用權探討在何種條件下，個人、企業或組織有權利獲取所需的資訊。換句話說，就是對於資訊的取得及散佈權與資源的掌控權等。使用權不僅維護個人使用資訊與控制資訊資源的權利，而且還包括尊重他人的使用權與不以不道德手段竊取他人的資訊。主要議題包括：

1. 何人有權利可以取用資訊？

2. 個人、企業與組織所擁有的資訊使用權。

3. 如何維護個人對資訊使用的權利？

4. 如何維護資訊使用的公平性？

5. 如何避免「資訊貧富」的現象？

6. 如何阻擋非法入侵和電腦病毒？

1973年，美國聯邦政府顧問委員會所提出的公平資訊實踐原則(Fair Information Practice Principles, FIPP)是美國電子商務所普遍接受的使用權守則[14]：

1. 告知、察覺：任何網站在搜尋消費者資料之前，必須明確說明其資訊使用政策。

2. 選擇、同意原則：消費者有權決定其所輸入的資料，除支援所需用途外，是否可被應用於其他的用途。

3. 存取、參與原則：必須提供一個方便快捷的管道讓消費者能隨時去檢視、審閱其本身資料的正確性與完整性。

4. 安全原則：必須採取負責的措施，以保證消費者資料的正確性、保障資訊安全與防範未授權的第三者擷取這些資訊。

5. 強制執行：無論是透過業者本身的自律、自我規範，或政府立法管制，皆須立法以確保消費者因受到傷害而得到補償。

## 八、其他議題

電子計算機協會倫理守則中除上述議題外，還包括下列幾項[15,16]：

### （一）機密權

要求資訊從業人員保護未授權的資訊。機密權與隱私權類似都是對資訊的保密，不同的是機密著重於企業、組織的業務機密、生產機密等方面；而隱私權則強調個人資訊的保密。

### （二）專業工作品質

資訊從業人員應努力於程式、產品及服務上，以達到最高品質。因此，資訊從業人員應強化專業能力，接受或提供合適的專業評論，與他人分享專業知識，維持高度個人標準，將產業標準納入生活中。

### （三）公平與歧視

資訊從業人員應展現公平、誠實及客觀的觀點來提供專業服務，不可有歧視的行為，以避免傷害到他人。

### （四）不可靠性的責任

資訊從業人員應該瞭解及遵守專業相關的法令，並承擔個人工作上的責任，在交付資訊產品予使用者之前，必須經完整測試的品質保證。

### （五）軟體風險

資訊從業人員應了解軟體具有不確定的可靠性存在。對於系統的設計應有完整的瞭解與評估，尤其是涉及安全性的問題，避免因系統設計出現傷害損失的情形。

### （六）利益衝突

資訊從業人員因具專業領域的知識和技術，在執行業務提供服務和設計產品時，若忽略了資訊倫理，可能引起利益衝突。

### （七）未授權存取

資訊從業人員必須本著誠實的倫理觀應用資訊資源。

## 九、綠色計算

　　綠色計算泛指應用各種軟、硬體技術，降低電腦工作負載、提高運算效率、減少電腦數量，降低電源能耗、改善電腦的設計等，提高其資源利用率和回收率，降低溫室氣體排放，以達到節能、檢碳、環保與節約的目的。

　　綠色計算策略的目的為：

1. 降低能源消費。

2. 認購綠色（再生）能源。

3. 減少紙張與其他消耗品使用量。

4. 降低設備處置的需求。

5. 用視訊設備，減少員工與客戶因公出差及旅行需求。

　　自1992年起，美國能源部與環保署開始共同推動的能星計畫（Energy star program），除將產品以能源消費量分級外，並執行節能標章認證計畫，以協助消費者、企業辨識節能產品。主要綠色計算措施為：

1. 為將電腦於不使用時，自動進入待命、睡眠、休眠等狀態，以降低能源消費與系統的使用。

2. 電腦輕量化與輕薄化。

3. 精簡型電腦（Thin client）應用。

4. 低能源消費電腦，如僅需三分之一燈泡電量的Zonbu 電腦。

5. 虛擬化：電腦的各種實體資源如CPU、記憶體、磁碟空間、網路適配器等經抽象、轉換後呈現出來，並可供分割、組合為一個或多個電腦組態環境。打破實體結構間的不可切割的障礙，使用者可以比原本的組態更好的方式來應用這些電腦硬體資源。這些資源的新虛擬部份是不受現有資源的架設方式、地域或物理組態所限制。一般所指的虛擬化資源包括計算能力和資料儲存。

6. 電子或電腦廢棄物回收與再利用。

# 10-4
# 電腦倫理十誡

1992年，美國電腦倫理協會（Computer Ethics Institute）公布的電腦倫理十誡[17]為：

1. 不得應用電腦傷害他人。

2. 不得干擾他人在電腦上的工作。

3. 不得偷看他人的檔案。

4. 不得應用電腦偷竊財務。

5. 不得使用電腦造假。

6. 不得複製或使用未付費的軟體。

7. 未經授權，不得使用他人的電腦資源。

8. 不得侵佔他人的智慧成果。

9. 在設計程式前，應衡量其對社會的影響。

10.使用電腦時必須表現出對他人的尊重與體諒。

# 10-5
## 電腦輔助設計

自從1970年代起，規劃、計算與繪圖等工程師主要的工作皆與電腦息息相關。早期，市場上僅有SPSS、SAS等統計或繪圖軟體，缺乏工程專業軟體。工程師不得不自行開發或應用前輩開發的軟體進行工程規劃與設計工作。由於這些軟體多為第一代未受過正規軟體設計訓練的工程師所撰寫，不僅軟體中存有許多缺陷，維護與支援不易，而且對使用者不友善。1980年中期後，各種商用專業套裝軟體如電腦輔助繪圖（CAD）、電腦輔助製造（CAM）、結構設計（PKPM、MorGain2016）、地震分析-ETABS、化工流程模擬-AspenPlus、計算流體動力學-CFD、有限元素分析-ANSYS、電子設計自動化（EDS）等有如雨後春筍地出現於軟體市場上，商用專業軟體形成主流，普遍為工程師所應用。

戰後嬰兒潮（1945年戰後至1964年出生者）世代工程師在學校裡或初出社會時，曾經接受過年長的教師或主管的教誨，懂得應用傳統的圖表與公式執行工程計算，因此習慣抽樣驗證套裝電腦軟體所提供的計算結果。X世代（1966-1980年間出生者）、Y世代（1981-2000年出生者）工程師在大學裡就已經習慣應用電腦撰寫作業與執行工程計算，缺乏應用圖表或公式驗證的習慣，往往難以發現軟體的極限、適用性與瑕疵的問題。

年輕的工程師往往誤以為只要熟悉專業軟體的應用，就可以成為這個領域的專家。他們不知道真正的工程專家不僅理解設計方法、軟體的適用性與限制，還能依據經驗做出合理的判斷。

另外一個爭議性的問題是，當專業工程設計軟體的瑕疵導致設計錯誤，最後造成化工廠爆炸或大樓、橋梁等建築物倒塌時，誰應該擔負責任呢？即使在這個專業領域裡，專家皆推薦這個軟體，工程師仍然要負最後的責任。畢竟軟體只是輔助設計的工具而已，工程師必須應用良好的工程判斷做出最後的決策。如果無法確認軟體的適用性或難以判斷所計算出的數據可靠時，仍然必須應用既有的、已驗證過的設計成果，以免引發意外。

# 10-6
## 電腦自主化

電腦自主化普遍存在於科幻電影或小說情節中。早在1968年,英國作家亞瑟‧克拉克(Arthur C. Clarke)的《2001:太空漫遊》(2001:A space odyssey)小說就開始探究先進科技的前景與危險性。人類雖然創造出一台可將太空船送進太空的HAL 9000電腦,但是卻無法完全掌控它,導致它的自主性一步一步地將人類推到危險之中。人工智慧尚未普遍之前,這種思維有點杞人憂天。過去半個世紀以來,電腦的普遍應用與自動化大幅提高工作效率與生活水準。過去電腦自動化所造成的問題多在軟體的瑕疵與操作者的誤判。任何一個小瑕疵皆可能擾亂該行業的秩序或引發衝突,如證卷市場崩盤、航空公司航班大亂、攔截飛彈失靈、行政系統失序等。

當人工智慧開始大量被應用之後,情勢開始轉變。人工智慧不但提升生產力與效率,而且可以比人類做出更優良與準確的判斷。IBM深藍(Deep Blue)與谷歌的阿爾法圍棋(AlphaGo)軟體分別擊敗頂尖的西洋棋與圍棋棋士,就是人工智慧優於人腦決策與判斷的經典案例。電腦不僅具有強大資料庫、計算分析與學習的能力,而且還不受體力與情緒的影響,終將取代財務分析師、工程師、醫師等技術性工作。

矽谷創業家馬丁福特(Martin Ford)在《機器人的崛起:技術與無工作未來的威脅》(Rise of the Robots: Technology and the Threat of a Jobless Future)中指出,「可預測性」或「經驗性」的工作會逐漸被智慧型機器人取代,因為具有學習能力的機器人不僅能深入分析與學習人類的工作紀錄,還能累積經驗,最後一定會取代人類的工作[18]。根據瑞士銀行估計,人工智慧對金融服務、醫療保健、製造、零售、交通等五大行業產生巨大影響,產值相當於亞洲國內生產總值(GDP)的三分之二。當越來越多的高收入腦力工作被智慧型機器取代時,絕大多數的人只能從事低收入服務型工作,不僅會造成消費力降低、經濟衰退,並加劇貧富差距與破壞社會安全網。

人工智慧的真正風險在於人類的「過度信賴」,它僅能針對資料庫中所儲存的大量數據進行分析,無法預測未知。由於數據本身不一定周全或完美,過分信任人工智慧的結果,難免會引起爭議。

尤其當對象與人類的生命有關時,例如病患死亡風險分析、囚犯是否值得獲准假釋、刑事司法領域的決策等,人工智慧的分析結果難以說服家屬或利害關係人等。

# 10-7
## 案例

### 一、智慧財產權侵犯

#### （一）P2P 非法下載

P2P（peer to peer）是應用點對點分散式網路架構傳輸型態進行網路資源分享，所下載檔案也可提供他人下載。常見的P2P軟體如BT、Emule、Ezpeer、Kazza、eDonkey等。由於不需中間伺服器和傳輸快速的便利性，P2P成為抓取網路資訊的利器。然而，當使用者任意在網路上大量交換受著作權法保護且未經授權之文章、圖片、音樂、影片等資料時，就侵害了著作財產權人之重製權及公開傳輸權[19]。

2004年4月，美國聯邦調查局聯合海外執法機構，在全美二十七州和十國突擊搜查，總共充公二百多種盜版電影、軟體和音樂。美國境內無人被捕，但新加坡警方證實，行動中有三名男子被捕。

2004年12月，日本人井上義博被控利用Winny檔案交換軟體並在網上傳播盜版電影，被判一年徒刑，為日本首例。設計Winny檔案交換系統的男子也成為全球首名因涉及開發侵犯電影版權軟體而被捕的人。

2005年1月，一名男子涉嫌利用BT（點對點檔案分享）程式傳播有版權的電影並供他人下載，在香港海關遭拘捕，成為全球首名因同類案件被捕的人。

2005年3月，美國亞利桑納州大學生達利韋爾是美國首位因從網上非法下載音樂和電影檔案而被判刑的人。他承認罪名，被判罰款約16萬台幣和接受感化、緩刑3個月[25]。同月，美國聯邦調查局(FBI)在名為的「高等教育」行動中，滲透了一個以Warez Scene為名稱的地下網路社團。經過追查成員間的電子郵件，FBI幹員逮到其中三人。這三人承認將數以千計具有版權的軟體、電影、新力Playstation 2及微軟Xbox的電玩軟體放到網上流傳[20]。

調查局探員表示：「不管他們的動機是牟利，還是自認的俠盜行為，偷竊就是偷竊，就算發生在網路世界，我們也會追查到底。」三人認罪後，法官准許他們不須繳付保釋金，即可外出。當年七月宣判後，他們將面臨三到六年有期徒刑。

2007年6月14日，立法院三讀修正的著作權法第87條，新增若未經同意或授權，意圖供公眾透過網路公開傳輸或重製他人著作，侵害著作財產權，對公眾提供可公開傳輸或重製的電腦程式、技術，而受有利益者，也視為侵害著作權，可處兩年以下有期徒刑、拘役或併科新台幣50萬元以下罰金[21]。

2004年9月昨9日，台北地方法院一審判決，飛行網（Kuro）會員陳佳惠因共同連續擅自以重製的方式，侵害他人著作財產權，處以有期徒刑四個月、緩刑三年。陳佳惠辯護律師陳鎮宏表示，這宗判決將是全世界P2P使用者，因侵害著作權被判刑事罪的首例。對消費者做這樣的判決很遺憾，將再繼續上訴。飛行網受此打擊後，已經改用EzPeer平台。

2006年底，上海步升公司控告北京飛行網，提供P2P音樂下載。北京法院判飛行網敗訴並賠償二十萬元，此案件是中國大陸首例P2P下載被判侵權案[21]。

2005年10月24日，香港屯門裁判法院裁定陳乃明侵犯電影版權罪名成立，令案件成為全球第一宗以BitTorrent發放侵權檔案被刑事定罪的案例。11月7日，陳乃明被判監禁3個月，同時准以港幣5000元保釋等候上訴。陳乃明的辯護律師指出陳的行為只是使檔案「可供取用」，而非「發佈」。官司糾纏兩年，陳乃明最後上訴至終審法院。終審庭法官認為，陳乃明在網上提供電影供網民下載，已屬主動的侵權行為，一致駁回其上訴。獲准保釋上訴的陳，須重返監獄服刑。陳於2007年6月25日刑滿出獄[22]。

國內知名點對點（P2P）下載軟體Foxy，因在網路上幫網友非法下載音樂、影片等，被控侵權高達上百億元；其名義負責人李憲明與負責廣告招攬的張希寧紛被判刑。兩人認罪和業者達成和解，並發聲明稿終止Foxy下載服務，停止使用者繼續違法下載[23]。

## （二）亞倫‧史瓦茲以死明志

由於電腦與資訊科技快速發展，開發關鍵性軟體的企業如微軟、谷歌、雅虎等迅速成長。開發這些軟體的神童如微軟的比爾‧蓋茲（Bill Gates）、雅虎的楊致遠、谷歌的賴利‧佩吉（Larry Page）與謝爾蓋‧布林（Sergey Mikhaylovich Brin）等在很短的時間成為人人所豔羨、腰纏萬貫的電腦大亨。然而，智慧結晶是否只能讓少數人擁有、獨佔呢？在法律與道德上，都仍存有爭議。有一派人仍然堅持，知識是自由的、是共享的。他們反對知識私有化，讓少數大企業以此牟利。有「網路神童」之稱的亞倫‧史瓦茲(Aaron Swartz)便是其中的代表人物。他一生投入資訊自由化運動、反對封鎖知識。早在14歲時，他就與人共同開發了「RSS推播技術」，並成立了反審查團體「要求進步」組織，力主反對SOPA/PIPA法案，以行動對抗龐大的體制[24]。

2011年，史瓦茲透過麻省理工學院的網路，下載了需付費的學術期刊資料庫「JSTOR」內文件共480萬份。JSTOR確定史瓦茲並未散布這些文件後，即放棄對他提告，然而美國聯邦政府不僅主動調查，而且還以4項重罪控告史瓦茲。2012年，麻州檢察官將罪名追加到13項。

2013年初，檢察官要求史瓦茲認罪，否則將面臨35年刑期與1百萬美金罰款。史他不堪其辱，選擇堅持理念，在住所上吊自殺，結束了26歲短暫的一生。他的自殺點燃美國民眾的怒火，讓罷免麻州檢察長歐堤茲的請願聯署人數超過法定門檻。

## （三）軟體抄襲－鏗騰與前達之爭

電腦軟體的智慧財產權一直充滿爭議。美國專利商標局一直到1996年才公佈「電腦相關發明審查基準」，將電腦軟體列入專利保護範圍之內。然而，軟體開發者必須公開軟體編碼，才可獲得專利保護。申請專利雖得到一定期限的保護，但也可能導致技術機密的洩漏，因為競爭者可以由軟體編碼中獲得設計理念與執行流程。競爭者只要迴避專利保障部分，即可編寫出類似功能的軟體。保障軟體智慧財產權的最佳策略是以商業機密的維護，而不是專利權保護。

鏗騰電子科技有限公司（Candence Design Systems, Inc., NASDAQ:CDNS）產品涵蓋電子設計的整個流程，包括系統級設計，邏輯整合，功能驗證，IC整合及布局布線，模擬、混合信號及射頻IC設計，全定製積體電路設計，IC物理驗證，PCB設計和硬體仿真建模等。全球知名半導體與電子系統公司皆將鏗騰軟體平台作為其全球設計的標準。自1991年起，鏗騰業績在全球電子設計自動化（Electronic Design Automation, EDA）市場高居首位。

1991年初，4位鏗騰的華裔離職員工組成阿卡薩斯（Arcsys）軟體公司，並於次年推出了以ArcCell為名的佈局與繞線軟體。雖然阿卡薩斯公司的銷售能力有限，但已經開始威脅到鏗騰產品的市場。1992年底，鏗騰總裁約瑟夫・卡斯特羅（Joseph B. Costello）任命他的得力助手徐建國（Gerald Hsu）負責對付阿卡薩斯的挑戰[25]。

徐親自帶領銷售人員走訪拋棄鏗騰轉用阿卡薩斯的用戶，詢問產品差異與轉換產品的原因，並提供優厚的條件以吸引客戶回心轉意。由於晶片設計技術開始進入次微米與超次微米的階段，舊的通道繞線技術會被新的面積繞線技術所取代。他要求研究與開發部門必須趕在阿卡薩斯之前完成技術革新。徐建國在市場上雖然打得阿卡薩斯公司難以招架，但是他的強勢作風卻引起公司內部工程師的反彈與眾怒。為了平息紛爭，卡斯特羅將他調職。1994年3月，他離開鏗騰到阿卡薩斯擔任總裁[25]。

1年後，阿卡薩斯公司在徐總裁領導下業績衝到1300萬美元，比前一年增加7倍，甚至出現盈餘。1995年6月公司上市成功，每股價格高達26.50元，總值達到2億4千萬元。11月，阿卡薩斯與做驗證技術的ISS合併，取名前達公司（Avanti corporation）。

由於工程師不斷地被阿卡薩斯公司挖腳，卡斯特羅忍無可忍，開始蒐集證據，試圖反擊。1995年8月，卡斯特羅發現阿卡薩斯早期的ArcCell產品直接抄襲鏗騰的軟體。當年11月，卡斯特羅對前達公司控告前達抄襲長達60,000列的軟體編碼，並利用離職員工盜取商業機密。1995年12月，警方與聯邦調查局聯合突擊前達公司總部，試圖搜索出該公司盜用鏗騰公司商業機密的證據。1997年，檢察官對董事長在內的8位前達公司的員工以罪犯名義提起公訴。這8位都是公司的鏗騰離職員工。

這個訟糾纏了6年之久。2001年7月25日，檢察官撤銷數項罪名、減輕大多項控訴之後，被告以不爭辯（no contest）方式承認罪行。4人必須服一到兩年的刑期，前達公司賠償鏗騰公司1億9500萬美元，創下矽谷歷史上智慧財產權訴訟中公司對公司間最高賠償紀錄[25,26]。

## （四）使用盜版軟體

2016年6月，台灣軟體聯盟（The Software Alliance, BSA）於《2016年全球軟體研究：透過授權遵循以抓住商機》中指出，未經授權軟體的使用率在台灣仍偏高，有高達26%的員工坦承曾經在企業內電腦網路上安裝盜版或未經授權的軟體。使用盜版軟體不僅違法，而且易於遭受惡意程式攻擊與中毒，甚至連自行開發與設計的產品都會暴露於風險之中。

2016年10月，桃園地檢署智慧財產犯罪專組與刑事警察大隊突擊鼎天國際公司搜索，查獲數十套盜版Autodesk、PTC繪圖軟體，侵權金額超過新台幣2億元。鼎天國際公司與無線通訊技術相關產品。鼎天國際是國內大型電腦集團子公司，主要業務為全球衛星定位與無線通訊技術，並生產「Royal Tek」衛星導航科技產品[27]。

新北市淡水區一名以販售、維修電腦為業的林姓女子，為了促進銷售，竟在電腦中安裝盜版的WIN7、XP等作業程式與 Office系列軟體。微軟公司發現後，控告林女違反《著作權法》，並求償2400萬元。2016年3月，士林地方法院判林女6個月有期徒刑、緩刑2年。由於微軟公司並未舉證實際損害，法院僅判林女賠償27萬多元，並須在報紙上刊登判決書，以儆效尤[28]。

## （五）盜版國家

表10-2列出2017及2021兩年中，全球軟體盜版國家排名；中國大陸仍然是盜版者的溫床，連續排名第一，美國穩居第二，俄國由第4名上升至第3名。最近幾年以來，美國軟體公司在海外應用各種手段，抑制盜版軟體的散佈，但卻無法解決國內問題。我國與韓國分別由2013年的第2與的4名退出10名之外，顯示兩國打擊盜版軟體的猖獗已有顯著成效。

## （六）盜版軟體

表10-3列出2010年盜版軟體排名，其中以自動驅動程式安裝軟體DriverPack Solution 11高居首位，Adobe Photoshop CS5.1與Microsoft Office 2010分居第二、三位[29]。

表 10-2　前 10 名軟體盜版國家

| 2021 年排名 | 2017 年排名 | 國家 |
|---|---|---|
| 1 | 1 | 中國 |
| 2 | 2 | 美國 |
| 3 | 4 | 俄國 |
| 4 | 5 | 印度 |
| 5 | 11 | 巴西 |
| 6 | 12 | 法國 |
| 7 | 9 | 土耳其 |
| 8 | 18 | 西班牙 |
| 9 | 14 | 印尼 |
| 10 | 3 | 伊朗 |

資料來源：

1. Golf,M.(2017)Top 20 countries for software piracy and license misuse,Revenera.
2. Liu,S.(2021) Leading 10 countries for the highest share of visits to software piracy sites worldwide from 1st quarter 2020 to 3rd quarter 2021.Statistica.

表 10-3　盜版軟體排名

| 軟體 | BT 種子數 |
|---|---|
| DriverPack Solution 11 | 17465 |
| Adobe Photoshop CS5.1 | 6484 |
| Microsoft Office 2010 | 3036 |
| Microsoft Word 2007 | 2378 |
| WinRAR 4.0 | 2154 |
| Nero Burning ROM 10.5 | 1986 |
| Adobe Illustrator CS5.1 | 1902 |
| ESET Smart Security 5 | 1691 |
| Windows 7 Ultimate SP1 | 1655 |
| Adobe After Effects CS4 | 1620 |
| Avast AntiVirus Home Edition | 1402 |
| Corel Draw X5 | 1360 |

　　如果以類別而論，則依序為生產力（57%）、應用程式（30%）、資料庫（24%）、電腦繪圖（15%）、創造力（11%）、會計（11%）、開發（10%）、文件管理（7%）、媒體管理（6%）與安全（2%）等。

## 二、電腦軟體失常

### （一）醫療設備

　　游離輻射設備與輻射性物質普遍應用於癌症的診斷與治療，國內每年約有110萬人次癌症患者接受輻射治療，150萬人次民眾接受電腦斷層掃描檢查，與50萬婦女接受乳房光攝影。2013年的醫療危害調查中，輻射劑量過量與灼傷高居第三名。由於輻射醫療設備早已自動化，如果軟體設計有瑕疵或硬體零組件損壞、失常，很可能危害病人的健康，甚至生命的安全。1985年6月至1987年1月間，就有6位患者受到Therac-25設備所產生高劑量輻射受傷或致命。

**關鍵說明**

Therac-25 事故

　　Therac-25 是加拿大原子能公司（Atomic Energy of Canada, Ltd., AECL）所生產的輻射醫療設備。早期機種是以硬體零組件所組合的互鎖機制以避免高劑量電子束的誤用，但是Therac-25卻改以軟體的互鎖機制。設計工程師卻沒想到當操作員的指令與設備控制程序之間相互競爭時，軟體互鎖機制可能失效。

　　美國德州泰勒市（Tyler, Texas）東德州癌症中心自1984年起。即使用Therac-25治療500位癌症病患。1986年3月，當一個背部長了腫瘤的病人接受第9次輻射治療時，設備一開始就自動停機。顯示板上出現一個在手冊找不到的54號失誤與輻射強度只有3%需求劑量的治療暫停訊息。由於治療尚未開始，操作重新啟動設備，但是設備不僅自動停機，而且顯像器也隨之失靈，操作員無法看到病人與他所受的高輻射衝擊。病人試圖由床上爬起時，又受到第二次的衝擊。據估計，病人所受的劑量皆於16,500至25,000雷得之間，約為他的正常劑量的90-140倍之間。更可怕的是高輻射劑量集中於1平方公分的範圍，而不是原先設計的170平方公分的面積，因而導致病人的死亡[30]。Therac-25輻射醫療設備的意外凸顯以軟體控制關鍵性安全系統的潛在風險。

　　此次造成意外的原因可分為組織性與工程性兩類[31]。組織性缺失為：

1. 過度相信公司所聘僱的軟體程式設計師，從未將程式碼交由第三方驗證。進行軟體設計評估時，僅考慮正常運轉狀況，從未考慮失效模式與最壞可能發生的情境。

2. 缺乏可靠度與風險管理。

3. AECL與設備操作者過於自信，不聽取使用者的抱怨。

4. Therac-25設備組裝前，未將軟體與硬體一起組合測試。

   主要工程性的缺陷為：

1. 未使用硬體互鎖系統，但仍然應用原有的軟體互鎖系統，因此未能發現軟體互鎖系統的缺陷。

2. 硬體沒有提供軟體因應方式，以確認感測器是否操作正常。

3. 設備的控制與操作人員介面未設置互鎖關係，當操作員執行指令的速度過快時，可能產生競爭危害的現象。

   其他工程上缺失牽涉到人機互動關係的機具設計細節，不在此贅述。

   此為軟體與醫學資訊工程的經典案例，值得所有軟體與醫學工程師警惕。為了避免類似事件發生，國際電工委員會(International Electro Technical Commission)公布IEC 62304國際標準，除導入醫療設備軟體的開發生命週期標準外，還包括對於應用未知譜系的軟體（software of unknown pedigree，意指應用未經已知標準程序或方法開發或未具備安全防護的軟體）時的特定建議[32]。

   2000年，美國國際多元數據系統（International Multidata Systems, Inc.）公司開發了一個醫療企劃軟體，可以計算接受輻射治療的病人所需的輻射劑量。這個軟體可以讓醫療人員在顯示銀幕上畫出所欲屏障的4個人體部位，以避免這些部位接受輻射線。由於一名巴拉馬籍醫生想要屏障五個部位，他自作聰明將這五個部位全部連接在一起，只在中間留一小孔，以便於輻射線通過。不幸的是，軟體有一個瑕疵，如果未依照標準方式畫出孔洞部位時，會產生兩倍的劑量。由於主治醫生未依據標準作業方式畫出所欲屏障的部位，結果造成20個病人因暴露於高劑量的輻射中而嚴重受傷。這個醫生以謀殺罪被提起公訴[33]。

## （二）國防系統

### 1. 愛國者飛彈喪失追蹤功能

愛國者導彈（MIM-104Patriot, 圖10-5）是美國雷神公司自1980年代中期所研發製造的全天候、全空域防空的中程地對空導彈系統。它不僅可在電子干擾環境下攔截高、中、低空來襲的飛機或巡弋導彈，也能攔截地對地戰術導彈。「愛國者」在1991年波斯灣戰爭中，曾多次擊落伊拉克的「飛毛腿」導彈而聲名大噪。

1991年2月25日，原預定發射攔截伊拉克飛毛腿飛彈的愛國者飛彈，因失去追蹤功能，導致伊拉克飛毛腿飛彈擊中沙烏地阿拉伯載赫藍（Dharhan, Saudi Arabia）的一個軍營，造成美國陸軍第十四軍需分隊28名士兵死亡與100多人受傷。據政府調查，此意外是因愛國者飛彈系統時鐘內的一個軟體錯誤所造成的。飛彈的軟體設計只限定飛彈可於開機14小時內準確發射飛彈；然而，意外發生時，愛國者飛彈已經連續操作100小時，導致飛彈的時鐘偏差三分之一秒，相等於600公尺的距離誤差。由於這個時間誤差，即使雷達系統偵察到飛毛腿飛彈，並且預計了它的彈道，系統卻找不到來襲的飛彈的位置。因此，早先所偵測到的目標被系統誤認為假警報，導致偵測到的目標從系統中移除。

早在意外發生之前，以色列軍方已發現這個問題，也於意外發生前兩週通知美國陸軍與愛國者計畫辦公室。以色列建議應重新啟動愛國者系統的電腦，然美軍卻不明白重啟系統的間隔時間為何。1991年2月16日，製造商向美國陸軍提供更新軟體，但是這個新軟體卻在飛毛腿飛彈擊中軍營後一天才運達[34]。

圖 10-5　愛國者飛彈

### 2. 蘇聯雷達系統誤判

1983年9月26日，蘇聯人造衛星誤將一個太陽光在雲端的反射判讀為美國發射的飛彈。由於軟體系統的瑕疵，電腦不僅未能將誤判的偵測過濾掉，反而發出美國已發射出5枚電導飛彈突擊的緊急警報。所幸系統值班主管帕特諾夫（Stanislav Petrov）中校認為這是錯誤訊息，及時將警報消除，才避免第三次世界大戰的發生。

事後，帕特諾夫說，他當時覺得這個警報有點好笑，因為美國攻擊蘇聯，不可能只發射5枚飛彈[33]。

## （三）航太系統

### 1. 亞利安 5 號爆炸

1996年6月4日，歐洲亞利安5號（Ariane 5）無人衛星發射火箭在發射後36.7秒爆炸，耗資80億美元的火箭與5億衛星化為烏有。爆炸的原因是設計者仍然應用亞利安4號的軟體，但卻不知此軟體有一個前所未知的瑕疵。5號火箭的引擎發動後，引發了這個瑕疵。由於軟體無法將一個64位元的數字填入一個16位元的空間中，導致系統溢流與電腦損壞。

### 2. 火星 1 號太空探測器

由於程式設計師將一個手寫的公式轉換成電腦程式時，遺漏一個上標符號，導航電腦將正常變化誤為嚴重的失誤，導致發射時系統產生異常反應，本應將火星1號太空探測器送至金星的太空船未照原定軌道飛行。237秒後，任務控制部門被迫將其在大西洋上空引爆。損失1千8百萬美元[34]。

圖 10-6　火星氣候探測者號

## （四）能源管理系統失誤

### 1.北美地區電力線路狀態評估軟體故障

　　2003年8月14日，美國東北部8各州與加拿大東部安大略地區連續停電10天，影響 5000萬人的生活，財物損失高達100-140億美元。此次意外是俄亥俄州阿克倫市（Akron, Ohio）第一能源公司高壓電線觸及路旁樹枝所引起。這種局部跳電狀況發生後，僅須操作員採取隔離動作，即可化解危機。然而，由於公司的電力監測與控制管理系統「XA/21」軟體設計有瑕疵，預警部分出現嚴重故障，負責預警服務的主伺服器與備份伺服器接連失控，使操作員沒有及時發現與處理跳電狀況。因電網未被隔離，負載失衡效應不斷擴散，造成鄰近發電廠跟著跳電，導致這場空前大停電[35]。

### 2.1982 年蘇聯天然氣管線爆炸

　　1980年代初期，蘇聯對美國應用於工業生產與管線輸送的數據取得與監控系統（supervisory control and data acquisition, SCADA）有興趣，但卻因美國政府反對而無法購置。美國中央情報局發現後，便派間諜進入一家加拿大公司，將一種特殊設計的SCADA軟體提供給被間諜滲透的加拿大公司，讓蘇聯間諜偷走問題軟體。這套軟體到達蘇聯後，立刻被送到泛西伯利亞天然氣管線上進行測試。1982年，泛西伯利亞天然氣管線開始運轉，將天然氣送往歐洲。1982年6月，北美防空司令部的一顆衛星偵察到西伯利亞荒原發生了一次大爆炸。一直到中央情報局的相關檔案解密後，世人才知道這次爆炸是中情局蓄意洩漏給蘇聯間諜的SCADA軟體所引發的[33]。

## （五）金融系統

### 1.黑色星期一紐約股災

　　1987年夏季，紐約股市連創新高。10月19日，紐約道瓊斯工業平均指數暴跌508點（22.6%）引發金融市場恐慌。造成股災的原因很多，如程式交易、股價過高、市場上流動資金不足與羊群心理等。然而多數人認為這次崩盤是由投資者應用電腦程式交易所引起。此類交易係應用電腦程式隨時計算股價變動與買賣策略，讓使用者同時在證卷或期貨市場上買賣股票或期貨。當股價下跌或上升到一定百分比時，電腦程式就會自動拋售或買進股票。這種設計容易形成惡性循環，造成股價急速下跌或上升。

## 2. 證卷交易高買低賣

武士資產集團（Knight Capital Group）是美國著名的做市商（market maker），是實力雄厚與具商譽的特許證券公司，不僅提供投資者市場資訊與價格，並承擔某證券買進與賣出。買賣雙方不須等待交易對手出現，只要做市商出面承擔交易對手方，即可達成交易。香港證券市場稱「莊家」，台灣則稱「做市商」。

2012年8月1日9點半至10點半間，負責交易的電腦軟體出現失誤，以高買低賣方式進行150支股票的交易，造成4.4億美元的損失。公司股價下跌62%[36]。

## （六）行政系統失靈

### 1. 英國兒童救濟署行政混亂

2004年，電子數據系統公司（Electronic Data System, Inc., EDS）替英國兒童救濟署（Child Support Agency, CSA）開發一套大型軟體系統。恰巧工作與養老部（Department of Work and Pensions）正在重組兒童救濟署的組織與工作。由於新的軟體與重組工作無法相容，導致整個兒童救濟署工作失序，將近3百萬兒童的救濟金發放受到影響，損失金額高達10億美元[33]。

### 2. 美國獄政失序

2005年10月，美國密西根州獄政局的電腦程式失誤，提前釋放23名罪犯。2011年，美國加州獄政機關電腦失誤，無故假釋450名暴力犯罪者[34]。

## （七）航空系統

### 1. 洛杉磯機場航管通訊系統失靈

2004年9月14日17時，美國洛杉磯機場航空管制中心聲音通訊系統失靈，飛航控制員無法與將降落或起飛的400架飛機的駕駛員連絡，造成全國800個航班失序[36]。

### 2. 美聯航系統故障 低價出售機票

2013年9月12日，美國聯合航空公司的售票網站出現問題，售出價格低於10美元的機票引發乘客搶購。15分鐘後公司發現錯誤，趕緊關閉網站並維護。兩個小時後購票網站恢復正常，並且承認已售出的票有效。一個月後，註冊常旅卡的用戶在取消過程中發現，只需花費幾美元即可購買實際價值為幾千美元的機票。然而此時美聯航公司惱羞成怒，不但指責用戶「蓄意」操弄網站，且不承認已售出的機票[37]。

# Review
## 重點整理

### 一、資訊倫理發展脈絡

| 年代 | 發展情形 |
|---|---|
| 1940 年代 | 諾伯特 · 維納教授開始探討資訊科技相關倫理議題，奠定基礎。 |
| 1960 年代 | 唐 · 派克開始研究電腦犯罪及不當使用議題，並在電子計算機協會上發表資訊處理倫理規範。 |
| 1970 年代 | 1973 年，電子計算機協會倫理守則委員會公布第一份與電腦應用與資訊管理相關的倫理守則。 |
| 1980 年代 | 個人電腦大量使用後，人類進入了資訊時代。資訊技術造成的犯罪、災害與爭執等大量出現，電腦倫理開始受到重視。 |
| 1990 年代 | 電腦與資訊倫理已成為應用倫理學的一個研究領域。 |

### 二、資訊倫理議題

| 議題 | 內涵 |
|---|---|
| 隱私權 | 「空間隱私」：保障個人生活私領域免於他人侵擾及個資之自主控制。<br>「私密隱私」：保障人民是否揭露其個人資料，且在何種範圍內、於何時、以何種方式、向何人揭露之決定權。 |
| 正確性 | 錯誤或過期的資訊，輕者造成使用者的困擾，重則導致錯誤的決策。資訊使用者最大的難題在於如何在眾多資訊中去蕪存菁，辨別資訊的正確性。 |
| 所有權 | 智慧財產權法律明文規定原創者的行銷與散佈的權利，但是電腦軟體與數據資訊的智財權卻存有很大的爭議。 |
| 使用權 | 使用權探討在何種條件下，個人、企業或組織對於資訊的取得及散佈權與資源的掌控權等。使用權不僅維護個人使用資訊與控制資訊資源的權利，還包括尊重他人的使用權與不以不道德手段竊取他人的資訊。 |

## 三、電腦倫理十誡

1. 不得應用電腦傷害他人。

2. 不得干擾他人在電腦上的工作。

3. 不得偷看他人的檔案。

4. 不得應用電腦偷竊財務。

5. 不得使用電腦造假。

6. 不得複製或使用未付費的軟體。

7. 未經授權,不得使用他人的電腦資源。

8. 不得侵佔他人的智慧成果。

9. 在設計程式前,應衡量其對社會的影響。

10.使用電腦時必須表現出對他人的尊重與體諒。

# 11 新興科技的衝擊

**老大哥正在注視你。**

——喬治·歐威爾（George Orwell）

　　自從原始人開始應用工具與發展技術之後，人類的生活得以不斷地改善與進步，逐漸造就現代多元化的文明社會。科技（科學與技術）可以說是人類文明發展與進步的原動力。科技的快速發展與應用固然提升人類的生活水準，但是也帶來了環境污染、生態破壞、核武擴散、溫室效應等負面影響，而且間接影響世人道德觀念與倫理思維。

　　從過去的歷史可知，一個新興科技的導入與普及可能對人類的道德與思維造成意想不到的後果。避孕藥的出現改變了人類對於性愛的態度。婦女不再將性行為與懷孕生產畫上等號，得以隨自己的意願享受性愛，而不必擔心懷孕的後果。1999 年，英國經濟學人雜誌將避孕藥視為二十世紀最重要的科學發明，認為其影響力遠超過抗生素、原子彈、電腦等 [1]。

　　展望未來，新興科技對人類文明的影響只增不減。冷凍胚胎、體外受精、急凍人、複製人、代理孕母、甚至同性生殖等將會成為人類繁衍人種的選擇。人工智慧的普遍應用可能會大幅取代人類的工作機會。這些技術將會對人倫秩序、家庭倫理、法律與社會觀點帶來前所未有的挑戰。傳統道德、倫理的思維與法律的規範遠遠不及科技發展與普及的速度。

　　吾人需要更佳的倫理反應以因應新興科技的來臨。在探討如何因應之前，首先應該辨識出對文明最具革命性的科技，並探討它們對於社會的影響。

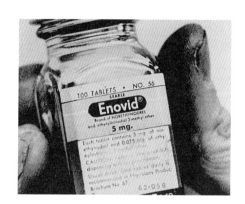

圖 11-1　圖左為世上第一款避孕藥—Enovid，圖右為口服黃體激素發明者—卡爾 · 傑拉西

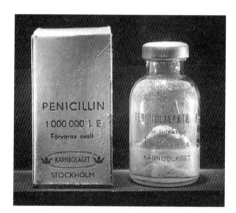

圖 11-2　圖左為抗生素—盤尼西林，圖右為其發現者—亞歷山大 · 弗萊明

圖 11-3　圖左為第一顆用於戰爭的原子彈—小男孩，圖右為原子彈之父—羅伯特 · 奧本海默

# 11-1
## 新興科技發展

任何一個新興科技的普及皆經過導入、滲透與爆發等三個階段。當一個新的科學觀念出現時，可能只是少數學者或技術專家的研究對象。新興理念即使在實驗室中證明其應用潛力，但由於規模太小或缺乏實用裝置，難以展現實際價值或經濟效益。對於絕大多數社會大眾而言，這些新興科技不僅深奧難懂，且無實用價值。因此在導入階段，新興科技尚未整合於既有的實用技術體系之中，對社會的影響不大。

當新興科技進入第二階段─滲透階段時，應用裝置與設備已由演化階段進入標準化階段，其設計與操作皆已符合產業共同的規範。由於其功能優異，使用者與相關教育訓練課程不斷地增加，它對於社會的影響力開始顯現出來。

當新興科技的應用裝置已經普遍整合於既有的技術系統中時，不僅價格開始大幅降低，而且應用面也大量普及於日常生活之中。在普及階段，能夠駕馭與應用此新興技術的人或組織不僅可以獲取大量的利益與便利性，而且還可提升他們的經濟與社會影響力。表11-1列出技術普及三階段的面相。

表 11-1　技術普及三階段面相 [2]

| | 導入 | 滲透 | 爆發 |
|---|---|---|---|
| 裝置 | 深奧 | 標準化 | 普及 |
| 使用者 | 少 | 選擇性 | 眾多 |
| 理解 | 少數 | 受過訓練者 | 社會大眾 |
| 費用 | 高 | 中等 | 低 |
| 用處 | 受限 | 普通 | 大 |
| 整合於社會中的程度 | 低 | 普通 | 高 |
| 對社會的衝擊 | 低 | 普通 | 高 |

任何一個新興技術的普及，可能須花費數十年的時間。以電腦為例，每個階段可能長達二、三十年。自從1941年夏天，世界第一台電腦─阿塔納索夫-貝瑞電腦問世後，一直到公元2000年，電腦才普及至每一個家庭與個人生活之中。

1960年代，快速、廉價與高可靠度的積體電路取代真空管，IBM360系列主機型電腦得以大量生產，並應用於大型企業、大學與政府機關之中，但是電腦仍然是少數專業人員執行公務的工具，與一般社會大眾日常生活無關。

1980年代，IBM相容與蘋果─麥金塔個人電腦出現後，電腦才由導入期進入滲透期。此時，辦公室與學校教室皆設置幾部電腦，供員工或學生使用。相關電腦教育訓練課程開始出現，以協助職場員工熟習電腦操作與程式語言撰寫。

公元2000年後，個人電腦開始進入家庭，成為娛樂、通訊與資訊取得的必備工具。由於半導體科技爆發，電腦硬體功能日益強大，各種套裝軟體也不斷地推陳出新。等到智慧型手機出現與平板電腦日益普及後，電腦相關裝置已成為人人日常生活不可或缺的工具。

# 11-2
## 革命性科技

革命性科技並無任何嚴謹的定義，它泛指一些對於社會衝擊重大的科技。日常生活中有許多設備雖然提升生活的便利性，而且也經過導入、滲透與爆發等三個階段後，整合於既有的系統中，但是對人類並未產生重大的影響。例如烤麵包機雖然普及於西方國家的家庭之中，而且是多數人早餐時必備的器具，但是它的存在與否對人類生活並不會產生太大的影響。縫衣機雖然已經不在二十一世紀家庭中出現，但是在二十世紀初期的美國與1950年代的台灣卻是家庭主婦必備的工具。縫衣機普及之前，一般家庭婦女除了準備三餐之外，絕大多數的時間花費在一針一線地縫製衣服上。由於縫衣機大幅提升縫製衣物的速率，使家庭婦女得以有更多的時間從事其他的活動或學習技能，間接促成女權運動的發展。因此儘管縫衣機早已從家庭中消失，但在歷史上它仍然是一個革命性機具，因為它對人類的影響力遠超過現在仍然存在的烤麵包機。

評斷革命性科技的效標為延展性與聚集性。延展原來是材料科學的用語，意指材料經加壓後的變形特性。玻璃的延展性高，因為它受熱後，可以被擠壓成不同形狀。延展性高的技術可以經過設計或演化擴充它原有的功能；聚集是分散的反義字，高聚集性技術可與其他既有技術整合，而分散性技術只能在特殊的領域內發揮功能，卻無法與其他技術配合。

電腦與資訊科技是一個近代典型的革命性科技，它不僅已經進入生產工廠、辦公室、交通系統之內，成為生產的主要工具，還成為個人日常生活不可或缺的生活用品，因此可以作為案例探討。

電腦是一個具有邏輯延展特性的設備，可以經過設計、訓練後，執行各種不同的邏輯任務。由於邏輯是所有科學與工程的基礎，它自然而然地逐漸被人類應用於執行各種不同的任務。電腦也具備聚集特性，它不僅可以協助其他技術的應用與發展，而且還可以成為其他設備或系統的元件，或整合於既有系統之中，以擴展其他技術旳功能。例如：醫生將電腦晶片植入病人的腦中以協助癱瘓病人行動，或幫助弱視者回復視力等。由於電腦具備這兩個特性，不僅可以單獨發揮功能，還可以與其它的技術整合以產生協同作用，產生1＋1大於2的效果。

二十一世紀快速發展的三個主要科技：基因、奈米與神經科技是革命性科技，因為它們不僅分別具備生命、材料與心智的延展性，而且還可與其它技術整合，產生協同作用。

## 一、基因科技

基因科技或遺傳科技是探討生物經由基因的傳遞，使後代獲得親代特徵的科學與應用技術，掌握遺傳的奧秘即可主導生命的延續、複製、生物的起源與特徵形成的關鍵因素。基因科技不僅具有延展生命的特性，而且也可與其他技術聚集或整合於既有的醫療或生命科學的系統之中。目前，DNA鑑定已經普遍應用於親子關係與犯罪者的辨識。

世界上第一個體外受精（In Vitro Fertilization）的嬰兒在1978年7月25日誕生，此技術已成為解決婦女不孕的標準療程。由於幹細胞研究具有再生組織器官的潛在功能，不僅可以修補與更新既有人體器官，還可作為人造器官與組織的來源，相關研究正在如火如荼地展開。1996年7月5日，全球首隻複製綿羊「桃莉（Dolly）」在蘇格蘭誕生（圖11-4）。這項科學創舉也震驚全球，掀起不少科學與道德爭議[3]。

李‧希爾沃（Lee M. Silver）在《複製之謎（BE0039）—性、遺傳和基因再造》（Eden：Playing God in a Brave New World）一書中，就大膽地推論兩、三個世紀之後，冷凍胚胎、體外受精、急凍人、複製人、代理孕母、甚至同性生殖等將會成為人類繁衍人種的選擇。這些技術將會對人倫秩序、家庭倫理、法律與社會觀點帶來前所未有的挑戰[4]。

圖 11-4　桃莉羊與伊恩‧威爾穆特（Ian Wilmut）教授

除了醫療外，基因科技的應用範圍也擴展至農業與工業生物技術上，例如洗滌劑、基因轉殖作物等。全世界基因轉殖作物耕地約2億公頃，生產玉米、小麥、棉花、油菜、南瓜等作物。2018年，開發中國家農民種植基因轉殖作物的經濟效益高達190億美元，平均每公頃約103美元，種子投資報酬率約4.42倍。基因科技已經邁過導入期，而進入了滲透期，但是距離爆發期仍有一段距離。

## 二、奈米科技

奈米是長度量測單位，為一米的十億分之一。奈米科技（Nanotechnology）泛指於探討在奈米規模下，物質及設備的設計、組成、特性與應用的科學、技術。美國國家奈米科技啟動計畫將奈米科技的範圍界定為「1至100奈米尺寸」。

早在1977年，美國麻省理工學院大學生埃里克‧德雷克斯勒（K. Eric Drexler）就已經預言未來奈米科技的願景：

1. 微型機器可以快速地移動分子，在幾個小時之內，將普通的原料倒入分子配機的設備中即可生產汽油、塑膠、鑽石等產品。

2. 微型機器可以在血管中移動，以切除腫瘤或治癒疾病。

3. 微型機器可以在環境中去除污染物。

德雷克斯勒的願景啟發大批化學家與工程師，投入這個新興科技的研究與開發。

奈米科技的世界為原子、分子、高分子、量子點與高分子的集合體，具有材料延展特性。由於表面積對體積的比例與直徑成反比，當物體的體積越來愈小時，表面積對於體積的比例急速增加。一個直徑為300奈米的粒子，其表面的原分子質量僅占總質量的0.5%；當直徑降至30奈米時，粒子表面的原分子質量升至5%；直徑3奈米的粒子表面上的原分子質量卻高達總質量的一半。表面效應如范德瓦耳力（Van der Waals force）、氫鍵、電荷、離子鍵、共價鍵、疏水性、親水性與量子穿隧效應（quantum tunneling effect）等成為主導奈米級物質物理與化學特性的主要因素，而慣性與亂流等宏觀效應反而不足為道。

**十億分之一有多大？**
■ 地球直徑的十億分之一　大約是一顆彈珠的大小
■ 地球到月球的距離不到十億米，38.4401萬公里

人高
20億奈米

指頭
100萬奈米

紅血球
1千奈米

分子及DNA
1奈米

氫原子
0.1奈米

圖 11-5　十億分之一有多大

這些在奈米範圍內的微觀世界所出現的許多異於宏觀世界中的新奇現象與特性，已應用於材料（陶瓷奈米粉體、奈米碳管）、潤滑劑、化學反應觸媒、醫療定點藥劑、藥品輸送、骨骼修護等。某些奈米粒子具有穿透細胞的能力，可以應用於疾病的診斷與治療上。

奈米科技與物理、化學、生物，機械、化工與材料工程等皆有密切的關係：

1. 生產製造：精密機械與製造、材料再生與在利用、小型化。

2. 醫藥領域：新藥、疾病醫療、奈米機械輔助手術。

3 環境：毒性物質清除、回收、降低資源消費。

奈米級材料或器具可以應用於不同的領域之中，提升既有系統的效能，奈米科技的發展也可帶動相關科技的進步，因此，奈米科技也具有聚集的特性與功能。

## 三、神經科技

神經科技（neurotechnology）探討人腦結構、思考與認知歷程及其應用。其掌握人腦思考、認知與發號司令的歷程與機制，不僅可以協助治療腦部或神經系統受傷的病患，還可進而控制人類的思想。因此，它不僅具有心神的延展特性，而且還具聚集性。目前，映像（imaging）、穿顱磁刺激（transcranial magnetic stimulation, TMS）、經顱直流刺激（Transcranial direct current stimulation）、植入、細胞醫療等技術逐漸應用於腦神經的醫療上，不僅幾乎所有腦部活動的影像皆可完整地呈現與記錄，而且還可控制腦部的功能，例如協助憂鬱症患者控制情緒、改善失眠、改善中風病人行動功能、增強腦部功能、降低癲癇症發作等。由於人類尚未完全理解人腦的機制，神經科技仍然有很大的發展空間。

# 11-3
# 科技革命與倫理的關係

　　革命性科技固然提升生產力與生活水準，但是由於新興、革命性科技允許或引導我們以嶄新的方式執行任務或活動，自然會產生許多意想不到的情況，這些情況的數量會隨著科技發展過程不斷地增加。由於過去我們並未思考或面臨過這些狀況，傳統的倫理思考模式、規範或政策未必能引導我們做出正確的決策，而讓我們陷入倫理兩難的困境。

## 一、電腦與資訊科技

　　電腦與資訊科技的發展和普及嚴重挑戰人類的自主性與隱私。大數據集中化固然協助使用者即時取得所需的資訊與數據，但也侵犯了人類的隱私權。由於我們所有的資訊皆隨時被蒐集與儲存於相互連接的雲端系統之中，任何有心人士皆可輕易得到它們。無線通訊、智慧型手機與監視器的普及，讓我們所處的位置、行動、通話可能暴露於政府或情治機關的監控之下。

　　早在1949年，喬治‧歐維爾（George Orwell）在《1984年》小說中，就已經警告這種狀況的出現。當1984年來臨時，幾乎所有的讀者與文學批評家不僅認為歐維爾多慮，而且還樂觀地否定這種情況的發生。然而，過去三十年的發展，卻讓我們陷入了歐維爾所預言的困境之中。不僅政府、醫療系統或保險公司擁有大量的人民隱私數據，臉書、谷歌、IBM等私人企業也不斷地蒐集與儲存大量的數據。我們的隱私資訊不僅暴露於政府、情治機關或私人公司的監視下，而且還暴露於網路駭客與詐騙集團。

　　人工智慧的發展可以協助人類做出較佳與較適化的決策，固然大幅提高經濟生產力，但也可能取代大多數人的工作機會。

## 二、基因科技

基因科技所帶來的風險可能遠超過人類過去的經驗，因為無論是實驗室內的基因組定序、基因剪接、細胞融合、複製、基因改造，或基因醫療、基因改造食品、醫療產品等應用成果，皆面臨前所未有的複雜性與不確定性[5]。

**┃關鍵說明┃**

基因科技與倫理

### （一）醫療風險

基因治療與DNA疫苗皆面臨共同的不確定性問題，兩者在施用時或施用後可能會發生傳遞效率的不確定、進入細胞後嵌入位置的不確定、重組機率的不確定與個體差異反應的不確定等缺失。同時，DNA疫苗尚可能因傳遞效率低而導致容許之相反狀況發生。1999年，美國賓州大學接受基因治療實驗的兒童意外死亡，使得此基因治療的安全性受到爭議，實驗也因此擱置。

### （二）生態風險

基因改造作物的支持者宣稱，基因轉殖作物的食品具有傳統食物所不具備的特性，可以解決饑荒、減少農藥使用、抗旱等問題；然而，基因改造作物的特定基因如抗除草劑基因等，可能會衝擊到原有生態鏈的平衡。美國伊利諾州種植抗除草劑基因作物後，卻意外地產生了大量新品種的雜草。

### （三）健康風險

基因改造食品會危及具有特定過敏體質的消費者。萬一消費者因食物中毒而送入醫院急救時，由於醫生不知道病患所食用的基因改造種原，無法迅速判斷與診療，可能會耽誤病情。

### （四）道德爭議

基因篩檢引發墮胎、胚胎保障的道德爭議，也引發人體細胞複製（人類無性生殖）所產生的研究倫理、社會倫理、法律人格爭議[6]。

複製的道德爭議有下列3點：

1. 違反人性的尊嚴：由於複製人的生存與發展的權利決定於基因干預，當複製人可以依照複製者所設定條件的訂製出來時，他是否具有基本的人性尊嚴與權利呢？

2. 複製行為所帶來的科技風險：例如，實驗胚胎所涉及的生命棄置與當事人如「代理孕母」、複製人的健康安全等。

3. 複製人的權利：由於複製人是由一個人複製而來，他的身份難以確定，因為他缺乏本身的獨特性、自主性與認同。

## （五）社會不平等

有錢人可以應用基因改造機會，改良下一代的品種，加深原先的社會差異與不平等。在文化中有性別歧視的地區，胚胎篩檢會引發性別選擇。換句話說，基因工程成為強化社會不平等與性別歧視的工具。

## （六）商業利益之操弄

基因改造技術是由強國、跨國公司與大財團所壟斷，落後國家只能受其支配，無力解決飢餓問題。孟山都公司（Monsanto）所生產的「絕育種子」，會造成種子市場的壟斷。任何農人只要使用絕育種子，即被它控制，無法脫身，就是一個顯明的例子。

# 三、奈米科技

奈米科技的潛在危害為：

## （一）健康危害

奈米粒子可以經由呼吸、吞咽、皮膚吸收或注入等方式進入人的身體之中。由於它的顆粒細小，進入人體後，可以隨著血液移動。它們可能引起噬菌細胞的「超載」，而引發防禦性的發燒與免疫力的降低。如果無法降解或降解速率緩慢時，它們會在器官內累積。由於奈米粒子的表面積大，暴露於組織與液體中的奈米粒子會吸附所遇到的酶或蛋白質分子，進而影響到這些分子的調整功能與機制。

## （二）環境危害

奈米材料會隨著使用時間而脫落。由於現有的廢水處理與過濾系統，無法處理這些脫落的奈米粒子。如果脫落的奈米粒子被細菌吞食而進入食物鏈，可能會危害環境與生態。

## （三）社會危害

奈米技術可能會被少數企業所壟斷，例如日本電氣（NEC）和IBM兩大公司持有奈米科技基石之一的奈米碳管的基礎專利。微型奈米機械或設備如被盜匪改裝成微型偵測器或致命性武器，不僅會侵犯隱私權，而且會引發嚴重的治安問題。

雖然大多數科學家認為德雷克斯勒（K. Eric Drexler）的灰塵情境（grey goo sceneario）：自我複製機由實驗室逃出後，不斷地吸收地球上的生物資源複製，最後導致世界末日的情境純屬危言聳聽，但是社會大眾仍然存著懷疑的態度。

## 四、神經科技

神經科技雖然拯救腦神經受損的病患，但是也可能會被應用於人類的身分與完整性的控制。早在1932年，赫胥黎（Aldous Huxley）在他的經典著作《美麗新世界》（Brave New World）中，即已預言人體增強、遊說與心理操控、個性改變等新興科技對人類社會的影響。表面上，在美麗的新世界中，人類的生活水準大幅提升，但是實際上文化急速倒退，人們並不幸福快樂。

神經科技的發展可以改變人的個性，例如精神藥物（psychoactive drugs）可以穿越血腦屏障，直接影響中樞神經系統，以改變大腦內神經傳導，產生興奮或抑制作用。如果連續使用，會導致如咖啡因、安鈉咖、去氧麻黃鹼（即冰毒）等麻醉藥品所產生的依賴性。精神藥物可以緩和與調節憂鬱症或精神病患者的精神狀態，大幅降低他們情緒或情感的變化。

腦深部電刺激術（Deep Brain Stimulation, DBS）可以改變在腦部流動的電磁信號，可減低帕金森氏症、特發性震顫、張力障礙以及圖雷特綜合症等衰竭性疾病對人體的影響，也可應用於憂鬱症與強迫症的治療，目前已有數萬人受益。DBS與精神藥物皆可能會被極權國家或黑幫應用於控制人的心智或精神狀態的工具。

2009年，美國福斯電視台所播出的《玩偶特工》科幻劇中就描述心智控制的可能性（圖11-6）。此劇描述一個名為玩具屋（doll house）的非法地下組織控制人心智的惡行。該組織每年製造出大量沒有思想與靈魂的人，供黑道富豪執行各種不同的秘密任務。任務完成後，這些人即會被送回玩具屋，被消除所有記憶後再重新利用[7]。

圖 11-6　《玩偶特工》電視劇海報

穿顱磁刺激技術應用金屬線圈對腦中特定的部位發出強烈且短暫的磁脈衝，使腦神經路線產生電位變化，進而引發生理作用。雖然此技術尚未完全成熟，小規模臨床研究發現，它不僅可以治療中風、癲癇病患，還可改變受測者的聰明才智、情緒與價值觀。然而，此技術也可能被野心家、極權國家或黑道做為控制人的心智的工具。

# 11-4
## 因應策略

由於新興科技不斷地被開發、擴散，而且還相互影響，產生協同作用，它們對於傳統的倫理與道德觀念勢必產生很大的衝擊。倫理與社會學者紛紛提出因應建議，以協助改善倫理的觀念。美國達特茅斯大學的詹姆斯・摩爾（James H. Moor, Dartmouth College）提出下列三點建議[2]：

圖 11-7　倫理學家—詹姆斯・摩爾

1. 我們必須理解倫理或道德觀念並非一成不變，而是動態的，且會隨著時代背景而不斷地變化。

2. 由於新興科技影響層面廣泛，倫理學家與社會學家應該加強與科學家、技術開發者之間的交流與對話。科學家習慣於秉持樂觀的態度與應用複雜艱深的術語，但卻未認真思考社會或哲學學者的看法，往往會引起外行人與社會大眾的疑慮，徒然增加困擾。

3. 發展出較複雜的倫理分析，因為目前倫理理論與分析過於簡化，而成本效益分析僅包含財務費用，但卻無法將道德價值考慮在內。

　　2015年，歐洲委員會（Council of Europe）的生物倫理委員會曾經委託挪威卑爾根大學（University of Bergen, Norway）的羅傑・史川德（Roger Strand）與馬提亞・凱薩（Matthias Kaiser）教授探討新興科技的倫理議題[8]。史川德等提出下列三點建議：

1. 對新興科技提供較佳的治理，以提高它們的倫理與社會穩健性。

2. 設法保障人的身分、完整性、尊嚴、隱私權與思想自由等的基本權利，以免被新興科技所侵犯。

3. 監控人體增強、遊說與心理控制與個性改善等技術發展，以避免它們被應用於醫療外的領域、干預人的基本權利與自由。

# Review

## 重點整理

### 一、新興科技普及三階段

| 階段 | 呈現情形 |
|------|----------|
| 導入 | 只是少數學者或技術專家的研究對象，由於規模太小或缺乏實用裝置，難以展現實際價值或經濟效益。且尚未整合於既有的實用技術體系之中，對社會的影響不大。 |
| 滲透 | 應用裝置與設備已由演化階段進入標準化階段，其設計與操作皆已符合產業共同的規範。由於其功能優異，使用者與相關教育訓練課程不斷地增加，它對於社會的影響力開始顯現出來。 |
| 爆發 | 新興科技的應用裝置已經普遍整合於既有的技術系統中，價格開始大幅降低，應用面也大量普及於日常生活之中。在此階段，能夠駕馭與應用此新興技術的人或組織不僅可以獲取大量的利益與便利性，甚至能提升他們的經濟與社會影響力。 |

### 二、二十一世紀的革命性科技

| 科技 | 內涵 |
|------|------|
| 基因科技 | 探討生物經由基因的傳遞，使後代獲得親代特徵的科學與應用技術，可與其他技術聚集或整合於既有的醫療或生命科學的系統之中，甚至農、工業生物技術上。 |
| 奈米科技 | 探討在奈米規模下，物質及設備的設計、組成、特性與應用的科學、技術。在奈米範圍內的微觀世界所出現的特性，已應用於材料，甚至疾病的診斷與治療上，且與物理、化學、生物、機械、化工與材料工程等皆有密切關係。 |
| 神經科技 | 探討人腦結構、思考與認知歷程及其應用，不僅可以協助治療腦部或神經系統受傷的病患，甚至可以控制人類的思想。由於人類尚未完全理解人腦的機制，神經科技仍然有很大的發展空間。 |

## 三、倫理觀念改善策略

1. 我們必須理解倫理或道德觀念並非一成不變,而是動態的,且會隨著時代背景而不斷地變化。

2. 由於新興科技影響層面廣泛,倫理學家與社會學家應該加強與科學家、技術開發者之間的交流與對話。科學家習慣於秉持樂觀的態度與應用複雜艱深的術語,但卻未認真思考社會或哲學學者的看法,往往會引起外行人與社會大眾的疑慮,徒然增加困擾。

3. 發展出較複雜的倫理分析,因為目前倫理理論與分析過於簡化,而成本效益分析僅包含財務費用,但卻無法將道德價值考慮在內。

4. 對新興科技提供較佳的治理,以提高它們的倫理與社會穩健性。

5. 設法保障人的身分、完整性、尊嚴、隱私權與思想自由等的基本權利,以免被新興科技所侵犯。

6. 監控人體增強、遊說與心理控制與個性改善等技術發展,以避免它們被應用於醫療外的領域、干預人的基本權利與自由。

# Index

## 文獻出處

### 第一章

[1] Peet, Rev. S.D. (1877)The Ashtabula Disaster.

[2] Prebble,J.(1975)The High Girders:The Story of the Tay Bridge Disaster,1956,Penguin Books.

[3] Martin, M.W., Schinzinger, R. (2017) Ethics in engineering, 4th edition, McGraw Hill.

[4] Baura,G.(2006)Engineering ethics：An industrial perpective,First edition,Academic press.

[5] 維基百科（2017）工程倫理。

[6] MBA百科（2017）工程倫理。

[7] 行政院公共工程委員會（2007）工程倫理手冊，台北市。

[8] AECPD (1941)Science, Vol. 94, 2446, p456. The Engineers' Council for Professional Development.

[9] Layton, E. (1986) The Revolt of the Engineers: Social Responsibility and the American Engineering Profession. Baltimore, Maryland, USA: The Johns Hopkins University Press.

[10] Edwards, P. Eric Postpischil's molasses disaster pages, Smithsonian articles. Eric Postpischil's domain (Smithsonian Institution). 2 4 November 2004, 14 (8).

[11] Unger, S. (1994) Codes of Engineering Ethics, in Controlling Technology: Ethics and the Responsible Engineer, Holt, Rinehart and Winston, nd ed., pp. 106-135.

### 第二章

[1] 孔子（公元前551年~479年）《禮記・大學》。

[2] Robertson,J.(1999)Crimes against Humanity,The Struggle for Global Justice Penguin Books,UK

[3] Fleddemann, C. B. (1999) Engineering Ethics. Prentice Hall, Upper Saddle River.

[4] 三浦藤作（1925），《西洋倫理學史》，謝晉青譯，上海：商務印書館。

[5] 壹讀，西方倫理思想的發展（2014）。

[6] 維基百科，亞里斯多德（2018）。

[7] 嚴家炎（1997）評五四、文革與傳統文化的論爭，二十一世紀，8月號，第129頁。

[8] 巫白慧(2000)印度哲學：吠陀經探義和奧義書解析，東方出版社，台北市。

[9] 姚衛群（2012）佛教的倫理思想與現代社會，北京大學學報，11月21日。

[10] Luben, G.（1974）The world of Islam civilization, Tudor Pub. Co.

[11] 伊斯蘭之光（2008）《古蘭經》的倫理道德思想，7月13日。

[12] 古旻陞（2015）專業服務：應用倫理學，新文京開發出版股份有限公司。

[13] Stewart, N. (2009) Ethics. Policy press, Cambridge, U.

[14] 林火旺（2009），《基本倫理學》，第一篇第二章〈彌勒的效益主義〉，台北：三民書局。

[15] 維基百科，亞斯文水壩（2017）。

[16] 林立（2010），檢視黑爾由「後設倫理學」導出「規範倫理學」之嘗試—「可普遍化原則」能否走向效益主義並解決個案爭議，《華梵人文學報》第十四期，第六期，p.95-124。

[17] MBA智庫百科，義務論（2017）。

[18] 林火旺（2009），《基本倫理學》，第一篇第三章〈義務論〉，台北：三民書局。

[19] Russel, B.A.W.（2003），《西方哲學史》何兆武、李約瑟譯，第二十章，第二節，商務印書館，台北市。

[20] 維基百科（2017），德性倫理學。

## 第三章

[1] Ricketts, B. (2017)Quebec Bridge Collapse, Mysteries of Canada.

[2] Center for studies of ethics in the profsionals (2017)Function of Codes of Ethics, Illnois Institute of Technology, Chicago, Illinois.

[3] Fleddemann, C.B. (2011)Engineering ethics, 4th edition, Prentice Hall, Upper Saddle river.

[4] 許震毅、陳昭榮（2013）工程倫理：工程、科技、法律、倫理，全威圖書。

[5] 行政院公共工程委員會（2007）工程倫理手冊，台北市。

[6] 王華弘（2009）工程倫理概述，98年度工程倫理講習會。

[7] Coase（2014）倫理規範不一定有道理，Competition Blog，1月5日。

## 第四章

[1] Donalduo (2017)Engineering Ethics - Rights of engineers, LinkedIn learning.

[2] Fleddemann,C.B.(2011) Engineering ethics, 4th edition,Prentice Hall,Upper Saddle river.

[3] Harris Jr., C.E., Pritchard, M.S., Rabins, M.J.(2000) Engineering Ethics, Concepts and Cases, Wadsworth Publishing Company, Belmont , CA , 2000.

[4] 3M(2017) 利益衝突準則，Minnsota Mining and Manufacturing Company, St. Paul, MN.

[5] ACFE(2016) Report to the nations on occupational fraud and abuse, 2016 Global fraud study, Association of Certified Fraud Examiners.

[6] Kumagal, J. (2004)The Whistle-blower's Dilemma, IEEE Spectrum, April 1.

[7] 馬志剛（2017）歐亞多國立法禁止僱主報復保密者，蘋果日報，1月3日。

[8] 吳佳蓉（2013）亞洲吹哨者法規制度與實務運作之介紹，證券服務654期，第41-49頁。

[9] Fielder, J.H., Birsch, D.(1992) The DC-10 Case, State University of New York Press, Albany, New York.

[10] Kruger, M. (2016)San Francisco: Taking Bay Area Rapid Transit transit (BART) from the airport, Travel Shop Girl.

[11] Friedlander, G.D. (1972) BART՚s Hardware from Bolts to Computer, IEEE Spectrum, Oct. p.60.

[12] Anderson, R.M. (1980) Divided Loyalties, Purdue University Press, West Lafayette, IN.

[13] Vandivier, K. (1972) The aircraft brake scandal Harpers magazine, April, NewYork, NY.

[14] Martin, K.S. (2011). The Whistleblower's Handbook: A Step-by-Step Guide to Doing What's Right and Protecting Yourself. pp.116–118. Globe Pequot Press.,Guilford, CT.

## 第五章

[1] Ramsey, H. R., Atwood, M.E.(1979)Human Factors in Computer Systems; A Review of the Literature, Sci. App., Inc, Englewood, CO.

[2] 羅秉祥（2006）道德兩難道德兩難，難在哪裡？科際整合之生命教育學術研文集，台灣生命教育學會，輔仁大學出版。

[3] Harris, Jr., C.E., Pritchard, M.S., Rabins, M.J. (2000) Engineering Ethics, Concepts and Cases, Wadsworth Publishing Company, Belmont, CA, 2000.

[4] Velasquez,M.,Moberg,D.,Meyer,M.J.,Shanks,T.,McLean,M.R.,DeCosse,D.,André,C.,Hanson, K.O. (2009) A framework of thinking ethically,Markkula Center for Applied Ethics,Santa Clara University,Santa Clara,CA.

[5] Davis, M. (1999) Ethics and the university, p. 166-167, Routledge , New York.

[6] 周卓輝（2014）工程倫理，第二版，高立書局，新北市。

[7] Andersen and Co.(1990),The Pace Program. Arthur Andersen and Company St. Charles, Illinois.

[8] 行政院公共工程委員會（2007）工程倫理手冊，第12頁。

[9] 陳勁甫、許金田（2010）《企業倫理：內外部管理觀點與個案》，前程文化，第一、三章，臺北縣。

[10] NSPE(2017)NSPE ethical reference guide, National Society of Professional Engineers, Alexandria, VA.

[11] Online Ethics Center for Engineering (2016) Obligation to Client or Employer? The National Academy of Engineering.

[12] Frey, W.J.(2010) Chemical A or B? Center for Ethics in the Professions at the University of Puerto Rico, Mayagüez, Puerto Rico.

# 第六章

[1] Langewiesche,W.,(1998)The lessons of Valujet 592,The Atlantic Monthly,March,1998, p81-98.

[2] Kollaru, R., Bartell, S.,Pitblaclo, R., Stricoff, S. (1996). Risk assessment and management handbook for environmental, health and safety professionals, McGrow Hill, NY, USA.

[3] Lees, F. P. (1986). Loss prevention in the process industries, Butterworths, London, UK.

[4] 張一岑（2013）安全工程，第二版，第一章，全華圖書，台北市。

[5] Fleddermann, C.B. (2011) Engineering ethics, Prentice Hall, Englewood Cliffs, NJ.

[6] Wilcox,A.D.(1990)Engineering design fro electrical engineers,Prentice Hall,Englewood Cliffs,NJ.

[7] Editor (2015)The 5E's for workplace safety, EHS Insight Resources, August 15.

[8] Corporate communication (2016) IATA forecasts passengers demand to double in 20 years, December 18, 2016.

[9] Statistic Brain (2017) Airplane Crash Statistics, , Airline Carrier, Plant Crash Report.

[10] Editor (2017) Causes of Fatal Accidents by Decade, Plane crash information.www.planecrashinfo.com/cause.htm.

[11] 編輯室（2014）【2014十大年度新聞】9.復興航空馬公空難48死10傷，Yahoo奇摩新聞12月16日。

[12] 飛航安全調查委員會（2016）復興航空公司GE 222飛航事故調查報告，1月29 日。

[13] 維基百科（2015）復興航空235號班機空難。

[14] 澳大利亞新聞網（2015）盤點復興航空ATR72事故。

[15] 維基百科（2021）麥道DC-10。

[16] Nationa1 Transportation Safety Bocrd (1973) Report of American Airlines Flight 96 incident,Department of transporation, February 23. NTSA AAR-73-2.

[17] French, P. (1982) What is Hamlet to McDonnell-Douglas or McDonnell- Douglas to Hamlet: DC-10, Business and Professional Ethics Journal, vol. 1, no. 2, pp. 1-19.

[18] WHO(2015) Global status report on road safety 2015, World Health Organization.

[19] Editor(2017)Automotive product liability, YourLegalGuide.com.

[20] The Ford Pinto http://fordpinto.blogspot.com/2010/03/topic-6.html

[21] Swarz, G.T. (1991)The Myth of the Ford Pinto case, Rutgers L. Rev., 43, p1013- 1068.

[22] Matt Ford Sales Inc（2014）Flashback Friday:The Life and Death of the Ford Pinto,Matt Ford Blog, August15.

[23] Munger, S. (2014)The Devil's Hatchback: The horrifying true story of the Ford Pinto, November 13, SeanMunger.com.

[24] 林公孚（2010）豐田問題車事件（Toyota Vehicle Recalls Crisis）的經驗與教訓，品質月刊，五月號。

[25] 編輯（2010）Toyota油門+煞車瑕疵召回事件簿，TW Motor Group.

[26] 李寧怡（2014）隱瞞油門卡死瑕疵，美司法部斥可恥，蘋果日報，3月21日。

[27] Rechtin, M. (2014) What Toyota learned from its recall crisis, Automotive News, May 24.

[28] Wikipedia (2017) List of structural failures and collapses.

[29] Editor(2016)14 killed,over 100 missing as strong quake rattles Taiwan,February 7th,Associated Press.

[30] 編輯（2016）維冠現場A區G區最慘重，I區C區零死亡，聯合新聞網，2月12日。

[31] 甘芝萁、黃立翔（2016）「場址效應」，震央美濃，重創台南，自由日報，2月7日。

[32] 張弦、江文賢、翁郁雯、許世良（2016）致命曝光！釐清維冠倒塌原因，土木公會列「6大缺失」，三立新聞，2月17日。

[33] 記者（2016）維冠大樓倒塌案，林明輝等5人被起訴，中央通訊社，4月7日。

[34] 王捷（2016）奪115命、傷殘96人，維冠負責人一審僅判5年，自由時報，2016-11-26。

[35] 李建興（2016）營建業五大荒謬：讓居住安全「大落漆」，遠見，359期。

[36] Horn, C. (2005)Paris air terminal collapse report, Architecture Week, April 27.

[37] 編輯（2017）結構倒塌案例發人深省，請心懷敬畏建築結構，建築結構，2月14日。

[38] Wiss,Janney,Elstner Associates,Inc(2017)Kansas City Hyatt Regency Hotel Elevated Walkway Collapse Investigation.

[39] Pfrang,E.O.(1982)Collapseof the Kansas City Hyatt Regency walkways,Civil Engineering,ASCE, July,p65-68.

[40] Wikipedia (2017)Dam failures.

[41] Rogers,D.(2017)Failure of The St. Francis Dam,Missouri University of Science and Techology, Rolla, Missouri.

[42] Associatioon of State dam safety Officials(2017)Case study:St. Frans Dam failure.

[43] State of California(2013)State and Regulations pertaining to Supervisision of Dams and Reservoirs.Retrieved 20131004.

[44] 記者（2005）30年後，世界最大水庫垮壩慘劇真相大白，新華社，11月26日。

[45] 李育成（2005）河南垮壩事件被列為世界十大科技災害第一名，獨立媒體。5月31日。

[46] 維基百科（2021）河南「75.8」水庫潰壩。

[47] 王友群（2021）1975年河南潰壩23萬人死亡之謎，大紀元，9月14日。

[48] 記者（2005）30年後，世界最大水庫垮壩慘劇真相大白，新華社，11月26日。

[49] Elmer-Dewitt(1985)What happened at Bhopal, Time, April1, p71.

[50] Editor(2010)Union Carbide's Disaster, The Bhopal Medical Appeal. 330

[51] Kalekar,A.(1988)Investigation of large-magnitude incidents-Bhopal as a caseStudy, A. D. Littile, Inc., London.

[52] Mullins, J. (2010)The eight failures that caused the Gulf oil spill, New Scientist, September 8.

[53] News Editor (2011)Case study: Gulf of Mexico oil spill and BP, BBC-GCSE Bitesize, British Broadcasting News. April 20.

[54] Mullins, J. (2010)The eight failures that caused the Gulf oil spill, New Scientist, September 8.

[55] Broder, J.M.(2011) BP Shortcutsled to gulf oil spill, Reports says, New York Times, September 14.

[56] 法新社（2015）BP墨灣漏油 和解金208億美元破紀錄，10月26日。

[57] Winston, A.(2010) Five lessons from BP oil spill, Harvard Business Review, June 3.

[58] 陳禹銘（2015）天津濱海爆炸地點3公里內超11處住宅區，新京報，8月14日。

[59] 王紅茹（2015）天津爆炸事故直接經濟損失或達700億，隱性影響難估量，中國經濟周刊。8月31日。

[60] 大陸中心（2015）天津爆炸公司經營危險化學品倉儲，蘋果日報，8月13日。

[61] 王吉（2016）天津港爆炸調查結果公布，新華社，2月6日。

[62] Li, J(2016)Has China failed to learn the lessons of deadly Tianjin explosions?, This week in Asia, August 12.

[63] 台電（2014）20140731高雄氣爆事件探索簡報。

[64] WorldAtas(2017) Top 20 countries by length of pipeline.

[65] 林明顯（2014）[「石」過境未遷 (一) ] 高雄與石化業之美麗哀愁，跨閱誌，10月9日。

[66] 葛祐豪（2015）清查完畢 高雄地下89條石化管線曝光，自由時報，1月16日。

[67] 陳文嬋、楊菁菁、張慧雯（2014）哪個單位、何時設置 高市府查無紀錄，自由時報，8月6日。

[68] 檢察官（2014）臺灣高雄地方法院檢察署檢察官起訴書，第6頁，12月18日。

[69] 黃馨儀（2014）扯！榮化管線逾20年無人管，蘋果日報，8月4日。

[70] 鮑建信、葛祐豪、王榮祥（2014）榮化明知異常沒通報，自由時報，8月6日。

[71] 高雄市經濟發展局（2015）從高雄氣爆事件探討石化管線的管理機制，城市發展半年刊，第十八期。

[72] IAEA (2017) Nuclear share of electricity generation in 2016.

[73] 林華偉(2016)IEA 和NEA 發布發電成本估計報告—提出2020 年發電技術均化成本和評估方法改善，工業技術研究院綠能與環境研究所。

[74] 原子能委員會（2017）國際核能事件分級制(INES)，5月30日。

[75] 編輯（2011）震驚全球 5大核能災難，大紀元，3月18日。

# 第七章

[1] 吳建中（1995）世界智慧財產權組織，圖書館學與資訊科學大辭典，1995年12月。

[2] 周延鵬（2006）虎與狐的智慧力 智慧資源規劃九把金鑰，遠見天下文化出版。

[3] 張貴閔（2017）模仿商標及產品，公交會開罰〈解說：張貴閔律師〉，法學補給站，聯晟法網。

[4] 魯明德（2000）如何避免著作權的侵權，臺北市政府主計處廉政電子報第31期，8月11日。

[5] 洪友芳、李宜儒、編譯劉千郁（2009）侵權官司與台積電和解/中芯割股賠款 張汝京下台，自由日報，2009年11月11日。

[6] 陳南君（2000）台積電完成合併德碁世大 前進全球十大半導體公司，就業情報雜誌，280期。

[7] 中芯國際新聞中心（2009）中芯截止2009年3月31日三個月業績公布，4月30日，中芯國際集成電路公司。

[8] CTIMES新聞（2002）台積電員工洩密再傳一樁，CTIMES報導，3月14日。

[9] 數位時代（2004）張汝京對決張忠謀，4月1月。

[10] 王曉玟（2011）智財權換中國半導體江山 台積電不消滅中芯的祕密，天下雜誌445期，5月16日。

[11] 編輯部（2016）兩大「教父」PK：中芯國際與台積電的IC恩怨錄，每日頭條，12月14日。

[12] 黃日燦（2013）黃日燦看併購：台積中芯大對決，經濟日報，1月17日。

[13] 黃鋰（2004）台積電控告中芯國際後的省思，拓墣產業研究所，1月9日。

[14] 舊事新說（2015）兩岸風雲：中芯國際與台積電恩怨，第003期。

[15] 編輯部（2016）兩大「教父」PK：中芯國際與台積電的IC恩怨錄，每日頭條，12月14日。

[16] 江禹（2000）洛佩斯之爭，《管理案例博士評點》代凱軍編著 中華工商聯合出版社。

[17] News staff (1992)GM closing more plants after 91's loss of 4.5 billons,Deseret News,February 24.

[18] 李琳（2015）汽車整車廠與供應商的價格之爭（二），3月15日，Obasic Net.

[19] Kurylko, D.T., Crate, J. R. (2006) Automotive News Europe,The Lopez affair,February 20.

[20] MBA LIB（2017）通用汽車公司。

[21] 鄧寧（2011）中石化與美商瑟蘭斯專利訴訟案，宣告和解，MONEY DJ理財網，精實新聞，6月30日。

[22] 維基百科（2014）乙酸。

[23] Lancaster,M (2002)Green Chemistry,an Introductory Text,Cambridge:Royal Society Chemistry,pp.262–266.

[24] 張澤平（2009）二審逆轉勝；中石化免賠20億元，高等法院判決未涉及侵犯瑟蘭斯醋酸專利，惟需經過三審。台灣專利智財部落格。

[25] 王憶紅（2012）專利戰 宏達電蘋果大和解，自由日報，11月12日。

[26] 陶曉嫚（2013）解析宏達電和蘋果的專利訴訟之戰，工業技術與資訊月刊，3月，36-39頁。

[27] 科技產業諮詢室（2016）蘋果與諾基亞 新一輪專利戰爭開打，財團法人國家實驗研究院，科技政 研究與資訊中心 資訊服務處科技產業諮詢室，12月30日。

[28] 吳凱琳（2012）蘋果、宏達電和解 追蹤報導2，互告七次，終換得和平十年，天下每日報，11月12日。

[29] 許鴻德（2010）Apple 控告HTC的真正目的，採訪報導，手機王，3月30日。

# 第八章

[1] 李世光、致廷、李舒昇（2013）學術研究與道德責任:進入學術領域的第一課，學術倫理宣導系列講座。

[2] Global Science Forum（2007）Best Practices for Ensuring Scientific Integrity and Preventing Misconduct, Organization for Economic Co-operation and Development(OECD).

[3] Langmuir,I.(1968)Pathological science,in General Electric Research and Development Report No.68-C-035, April.

[4] GAO(1993)Environmental enforcement:EPA cannot ensure the accuracy of self-reported compliance monitoring data, General Account Service, Diana Publishing.

[5] USEPA(2014)EPA Has Not Implemented Adequate Management Procedures to Address Potential Fraudulent Environmental Data,Office of Inspector General,EPA,14P020,May 29,2014.

[6] Association of public health laboratories (2014) Laboratory ethics and data Integrity, September 3.

[7] Van Strum,C.(2015)Failure to Regulate:Pesticide Data Fraud Comes Home to Roost ,New Analysis,Thursday, April 09.

[8] Davies, K. (2013) The rise of the US environmental health movement, p154-155, Rowman & Littlefield Publishers.

[9] Von Stackelberg, P. (1980)The use and buses of pesticides, leader Post.

[10] The Victoria Advocate(1992)Austin Lab.President indicted in federal pesticide testing case.

[11] Wash. Reporter（2005）Environmental Laboratory, , Vol 16, issue 6, March 24.

[12] DOJ（2013）Laboratory Operator Sentenced to 40 Months for Fabricating Industrial Wastewater Results, Department of Justice, Washington D,C., August 22.

[13] 海森威（2017）中國空氣污染比想像更嚴重，東網港澳版，1月5日。

[14] 李默迪（2017）一張圖告訴你中國陰霾多嚴重範圍多廣，大紀元12月08日。

[15] 洪寧（2016）中共環保數據頻造假 始作俑者誰監管？大紀元， 10月27日。

[16] 高敬（2017）環保部督查發現個別企業監測數據造假甚至出現負數，新華社，北京，4月4日。

[17] 劉瑩（2017）中共環保部：多家環保數據造假 4成企業有污染問題，希望之聲，3月31日。

[18] （2017）陸逾3千企業空氣數據造假，治污措施未落實，東網，4月5日。

[19] 希望（2015）中國10名涉嫌造假污染資料的公司官員被拘禁，自由亞洲電台普通話。

[20] 蘋果日報（2013）數據不實，南亞涉短繳空汙費，1月25日。

[21] 蘋果日報（2013）數據不實，南亞涉短繳空汙費，1月25日。

[22] 林和生（2016）不法獲利3000萬 短報空汙費 李長榮屏東廠長收押，中時電子報，6月15日。

[23] 夜書（2016）2015年福斯集團舞弊總整理，公民行動影音紀錄資料庫。

[24] Knapton,S.(2015)Volkswagen scandal:The men who cost VW$77billion,Drive.September 24.

[25] 乾隆來（2015）福斯環保數據造假衝擊全解讀，今周刊，980期，10月 1日。

[26] RainReader(2009) 國恥的產生：民族自卑下的迷失與瘋狂，泛科學，10月26日。

[27] 維基百科（2016）黃禹錫。

[28] 記者（2009）造假科學家！南韓法院輕判幹細胞之父黃禹錫，自由日報，10月27日。

[29] Wikipedia(2022)Schon scandal.

[30] Kintisch, E. (2006) Poehlman Sentenced to 1 Year of Prison, Science, June.

[31] Stemwedel,J.D.(2011)What about Dalibor Sames?The Bengü Sezen fraud and the responsibilities of the PI in the training of new scientists,Scientific American,August29, 2011.

[32] 方舟子（2009）孟德爾豌豆實驗是否有假？《愛因斯坦信上帝嗎？—方舟子解讀科學史著名謎團》，廣西科學技術出版社。

[33] 林宜靜（2014）日美女科學家論文造假，指導教授自殺身亡，中時電子報，2014年。

[34] 人民日報（2009）井岡山大學教師論文造假，人民日報， 12月30 日。

[35] 廖綺華（2011）學術造假在德國與中國，蘋果日報， 3 月15日。

[36] 黃霜紅（2013）德國教育部長因論文剽竊被取消博士頭銜，中國新聞社，2月06日。

[37] 陳曉莉（2003）偽造漢芯研究成果，上海交大院長被開除，IThome 網站，5月16日。

[38] 黃以謙（2016）史上最大宗! 大陸醫學論文被揭集體造假，中時電子報，9月21日。

[39] Staff Writers(2012) The 10 Greatest Cases of Fraud in University Research, Online University Blog.

[40] Grant, B. (2015) A costly case of grant fraud,The scientist, August 24.

[41] Basken,P.(2009),Ghostwriters haunt the integrity of medical journals,The Chroncle if Higher Education,September 8,pA10.

[42] 蕭白雪（2016）大陸人留英 竟創造「代寫」商機百億，聯合新聞網，3月14日。

[43] 東網台灣版（2016）大陸學術界造假風盛，博士論文代寫只需5萬，ON.CC，7月17日。

[44] 李仲維（2017）太丟人！大陸學者集體欺騙國際期刊，107篇論文遭撤，聯合報，4月27日。

[45] 綜合報導（2013）上任才6天，新國防部長閃辭 楊念祖抄襲爆醜聞，蘋果日報，8月17日。

[46] 邱紹雯（2011）論文涉抄襲 陳冠宇遭撤副教授職，自由日報，9月10日。

[47] 許敏溶（2016）明道女老師論文抄襲，遭教育部撤銷副教授資格，8月14日。

[48] 申慧媛、蘇孟娟（2001）論文涉抄襲，教育部檢聘彭作奎，自由電子新聞網，1月20日。

[49] 李名揚（2006）中興大學教授論文數據遭質疑造假，聯合報，12月21日。

[50] 潘靚緯、蔡信彰（2012）東森新聞，變造31篇論文，前逢甲女教授陳杏圓判刑4月18日。

[51] 楊忠翰(2019) 台灣不好嗎？女博士偽造留美學歷應徵大學教職被抓包，三立新聞網

[52] 生活中心（2017） 蘋果日報，2月25日。

[53] 科技報導（2014）陳震遠論文假審查事件全整理，科學月刊，392期。

[54] 綜合報導（2012）污點證人舉發檢方偵辦500教授假發票領公款，蘋果日報，5月26日。

[55] 鄭惠仁、修瑞瑩（2010）學生當人頭，教授被控詐研究費，聯合報，3月25日。

[56] 突發中心（2016）蘋果日報，踢爆 代寫論文，一篇12.5萬攬客，9月15日。

[57] 關鍵評論（2016）高等教育畸形化：一篇論文「掛名」一堆作者、千篇論文不如解「一道難題」，The NEWSLENS，12月17日。

[58] 鄭語謙（2016）長庚教授周成功：掛名文化，醫界潛規則，聯合晚報，11月18日。

# 第九章

[1] Harvey, G. (1976). Environmental Education: A delineation of substantive structure. Ph.D. Dissertation, Southern Illinois Univ., Illinois.

[2] Carson,R.(2002)Silent Spring, Anniversary edition,Houghton Mifflin Company,Boston,MA.

[3] Meadows, D.H., Meadows, D.L., Randers, J., Behrens III, W.W. (1972) The Limit to Growth,1972, Club of Rome, New American Library, New York.

[4] 戴華山、史濟元（2009），環境倫理與永續發展，大專防災教育教材第十章，教育部防災教育數位平台。

[5] Leopold,A.(1949) A Sand County Almanac, Random House Publishing Group, New York.

[6] Naess,A.(1973) The Shallow and the Deep,Long-Range Ecology Movement,Inquiry16: 95-100.

[7] WCED(1987), Out common future, The Brundtland Report, United Nations World Commission on Environment and Development, October, 1987.

[8] UNCED(1992)Agenda 21,UN Conference on Environment and Development(UNCED) united Nations,Rio de Janeiro,Brazil.

[9] 黃朝恩、鄭先祐，（2012）環境倫理與科學教材，環境教育網路課程，行政院環境保護署。

[10] Hall,R.P.(2002)Introducing the Concept of Sustainable Transport to the U.S. DOT through the Reauthorization of TEA-21.Thesis,Master of Science Department of Civil and Environmental Engineering,Massachusetts Institute of Technology,June,Cambridge,MA.

[11] Braat,L.(1991)The predicative meaning of sustainability indicators,in Search of indicators of sustainability development,(O.Kuik and H.Vergruggen Eds.)Dordrecht Academic press.

[12] Hall,R.P.(2002)Introducing the Concept of Sustainable Transport to the U.S.DOT through the Reauthorization of TEA-21. Thesis, Master of Science Department of Civil and Environmental Engineering,Massachusetts Institute of Technology, June, Cambridge,MA.

[13] 林憲德（2012）台灣第一座零碳綠建築 綠色魔法學校，成功大學建築系，台南市。

[14] 李宜儒、張書維（2011）赴瑞典、芬蘭考察「生態社區、生態城市 新與文化城市建構策略規劃實例」，台北市都市發展局。

[15] EXECUTIVE OFFICE (2007)Stockholm 一Vision 2030, CITY OF STOCKHOLM.

[16] 溫麗琪（2015）循環經濟概念介紹，中華經濟研究院，綠色經濟研究中心。

[17] 循環台灣基金會（2017）什麼是循環經濟。

[18] 編輯部（2010）寶特瓶回收製衣，台灣第一家環保公益企業，經理人月刊，12月24日。

[19] 回收綠報報 R-Paper （2017）旅外20年，打造60億資源回收商機，來自臺灣的歐洲回收王：洪慶齡，The News Lens，8月3日。

[20] Mihalcea,C.(2014)Gas Fermentation for fuel and chemical production at scale,LanzaTech,Chicago,USA.

[21] Hower, M. (2016) 8 companies to watch in the circular economy, Greenbiz, August 10.

[22] Dell (2016) Responsible Recycling: Dell Bans E-Waste Exports, Dell, Inc.

[23] 王韻筑（2017）綠色設計概念應用 ，財團法人塑膠工業技術發展中心，台中市。

[24] 工業局（2014）2014綠色工廠標章專輯：第二章綠色工廠案例，經濟部工業局。

[25] Bear（2016）Smart For two 享有兩人世界，無須百萬 ，CarStuff，3月25日。

[26] Erpelding, J. (2017)Dow Receives 11th U.S. EPA Presidential Green Chemistry Challenge Award, Dow Chemical Company.

# 第十章

[1] Mollenhoff,Clark R.(1988).Atanasoff:Forgotten Father of the Computer. Ames,Iowa:Iowa State University Press.

[2] Brey, P. (2009). 'Computer Ethics.' In Berg-Olsen, J., Pedersen, S., Hendricks, V. (eds.), Companion to Philosophy of Technology. Blackwell.

[3] Bynum,Terrell (21 December 2014)Computer Ethics: Basic Concepts and historical overview, Stanford Encyclopedia of Philosophy.Center for the Study of Language and Information,Stanford University.

[4] Wiener, N. (1948) Cybernetics: on Control and Communication in the Animal and the Machine, Paris, (Hermann & Cie) & Camb. Mass. (MIT Press).

[5] Wiener,N.(1950)1950,The Human Use of Human beings The Riverside Press(Houghton Mifflin Co.)

[6] Admin. (2016)Video Interview: Norbert Wiener, inventor of cybernetics, Uplink.

[7] Herold, R. (2017) Introduction to Computer Ethics, Information Security Today.

[8] Mason, R. 91986) MIS Quarterly, Vol.10, No.1, pp.5-12. March.

[9] Hughes, A. (2017) Workplace and Computer Ethics Abuse.

[10] Mobil Research Team (2017) How the CopyCat malware infected Android devices around the world, Check Point Software Technologies, July 6th.

[11] Nissenbaum, H. (2005). Where Computer Security Meets National Security. Ethics and Information Technology 7, 61-73.

[12] 王澤鑑（2007），人格權保護的課題與展望(三)--人格權的具體化及保護範圍(6)--隱私權(上)、(中)，臺灣本土法學雜誌96、97期，民國96年7、8月。

[13] 施威銘等（2015）資訊科技概論，第16章 資訊社會的倫理與法律議題，旗立資訊。

[14] US Secretary's Advisory Committee on Automated Personal Data Systems (1973) Records, Computers, and the Right of Citizens, , Chapter IV: Recommended Safeguards for Administrative Personal Data Systems, The United States Federal Trade Commission's.

[15] Anderson, R.E., D. G. Johnson, D.G., D. Gotterbarn, D., Perrolle, J. (1993) Using the New ACM Code of Ethics in Decision Marking,Communications of the ACM,36:2,pp.98-107.

[16] 朱家榮（2010）資訊倫理研究探討，台灣圖書館季刊，第六卷第一期 / 99年1月。

[17] Barquin,R.C.(1992)In Pursuit of a'Ten Commandments'for Computer Ethics,Computer Ethics Institute,May7.

[18] 楊安琪（2016）當工作被機器人奪走，我們將面對怎樣的未來？科技新報，1月25日。

[19] 資訊網路組（2017）正視P2P侵犯智財權，台灣大學，計算機及資訊網路中心。

[20] 資料室（2005）全球最大緝盜版 3網路俠盜被捕，蘋果日報，3月10日。

[21] 林河名、祁安國（2007）P2P非法下載 最重判2年，聯合報，6月15日。

[22] 編輯部（2014）2005年BT「古惑天皇」陳乃明侵權發佈電影被定罪，蘋果日報，10月24日。

[23] 綜合報導（2011）侵權被判刑 Foxy關站停止下載，聯合新聞網，10月23日。

[24] 鍾禎祥（2013）智財權走火入魔，美國民眾連署聲援網路神童史瓦茲，東森新聞網，1月18日。

[25] 烏云（2006）一個高科技業竊取商業機密的八卦，中山楓資羽翼BBS。

[26] Burrows, P.(2001)The Avant! Saga: Does Crime Pay? - Bloomberg, September 3.

[27] 吳秀樺（2016）鼎天國際使用盜版繪圖軟體，侵權金額達2億，蘋果日報，10月04日。

[28] 顏凡裴（2016）賣電腦兼灌盜版軟體　女遭微軟求償2400萬，蘋果日報，3月14日。

[29] Muchmore,M.(2012)Stolen Software:Piracy Hits More than Movies and Music,PC magazine, January25.

[30] Leveson,N.G.,Turner,C.S.(1993)An investigation of the Therac-25 accidents,IEEE Computer,v. 26,No.7,p18,July.

[31] Leveson,N.G.(1995) University of Washington.Medical Devices:The Therac-25 Accidents. Safeware:System Safety,and Computers Update of the 1993 IEEE Computer article(Addison-Wesley).1995.

[32] Hall, K.（2010）Developing Medical Software Device Software to IEC 62304. MDDI - Medical Device and Diagnostic Industry. June 1, 2010.

[33] Bourdeaux,P.(2016)Top Ten Most Infamous Software Bugs Of All Time, Sundog Blog,may 9.

[34] USGAO (1992) Patriot missile defense：Software problem failure at Dharhan, Saudi Arabia, GAO report IMTEC 92-26. US General Accounting Office.

[35] U.S.-Canada Power System Outage Task Force（2004）Final Report on the August 14, 2003 Blackout in the United States and Canada: Causes and Recommendations, April.

[36] Salonek, T. (2013)Top 15 Worst Computer Software Blunders, Intertech, July 15.

[37] Mooney,G.(2013)United Airlines Hands Out Free Tickets Due to Software Bug,SmartBear,September13,2013.

# 第十一章

[1] Editor(1999) Millennium issue:Oral contraceptives：The liberator,The Economist,Dec 23rd.

[2] Moor, J. H.(2005) Why we need better ethics for emerging technologies, Ethics and Information Technology, 7:111-119.

[3] 呂元容（2013）【歷史上的今天】科技與輪理的衝突：桃莉羊的誕生，史家周刊，2月27日。

[4] Silver,L.M.(1997)Remaking Eden:Playing God in a brave new world,Harper Collins Publishers,New York.

[5] 周桂田（2002）基因工程與社會：基因科技的全球化與在地社會風險，科技大觀園，9月5日。

[6] 胡昌智（2002）哈伯瑪斯最近對德國幹細胞爭議所作的觀察，人文與社會科學簡訊，頁85-87，第4卷第2期。

[7] Levin,G.(2009).Dollhouse unlocks different identities each week".USA Today. February 11.

[8] Strand, R., Kaiser, M. (2015) Report on ethical issues raised by emerging sciences And Technologies, Report written for Council of Europe, Committee on bioethics,University of Bergen, Bergen, Norway.

# Index
## 參考書、期刊與網站

### 一、參考書籍

1. 周卓輝（2018）工程倫理：100個個案故事，高立，台北市。

2. 周卓輝（2011）工程倫理：以工程、醫學、商業等個案解讀，高立，台北市。

3. 行政院公共工程委員會（2007）工程倫理手冊。

4. 行政院公共工程委員會（2020）工程倫理手冊（第二版）。

5. Baura,G.D.(2006)Engineering Ethics:An Industrial Perspective. Academic Press,Cambridge,MA.

6. Chaturvedi,D.K.(2018)Engineering ethics,consciousness and moral values,Routledge,london,UK.

7. Clancy,R.,Luegenbiegh,H.(2017)Global engineering ethics,Butterworth-Heinemann,Oxford,UK.

8. Fleddermann,C.B.(2012)Engineering Ethics,4th Edition,Prentice Hall,Upper Saddle River,NJ.張一岑、林玉興，中譯本，全華圖書。

9. Furey,H.T.,Bhatia,S.K.(2019)Exploring engineering ethics:a practical,Philosophical guide to the NSPE code,Routledge,London,UK.

10. Gorman,M.E.,Werhane,P.H.&Mehalik,M.M.(2000)Ethical and Environmental Challenges to Engineering.Prentice Hall,Upper Saddle River,N.J.

11. Harris,C.E.,Pritchard,M.S.,Rabins,M.J.(2018)Engineering Ethics:Concepts and Cases,6th Edition,Cengage Learning,Boston,MA.

12. Martin, M. W.& Schinzinger, R. (2017) Ethics in Engineering(4th edition). McGraw Hill Education, New York, NY.

13. Sakellariou,N.,Milleron,R.(2019)Ethics,Politics,and Whistle blowing in engineering,Taylor&Francis,Boca Raton,FL.

14. Sethy,S.S.(2015)Contemporary ethics issues in engineering, IGI Global, Hershey, Pa.

15. Starrett,S.,Lara,A.,Bertha,C.(2017)Engineering Ethics:Real World Case Studies,American Society of Civil Engineers,Reston,Va.

16. Van de Poel,I.,Royakkers,L.(2011).Ethics,Technology,and Engineering:An Introduction,Wiley-Blackwell,Hoboken,NJ.

17. Whitbeck,C.(1998)Ethics in Engineering Practice and Research.Cambridge University Press,Cambridge, UK.

## 二、參考期刊

1. Business & Professional Ethics Journal, Philosophy Documentation Center

2. Professional Ethics:A Multidisciplinary Journal,Center for Applied Ethics, University of Florida,Gainesvilles,FL,USA.

3. Science and Engineering Ethics, Springer Netherlands.

## 三、參考網站

1. 台灣學術倫理教育資源中心 https://ethics.moe.edu.tw/newuser/2/

2. Fresno State University Ethics Center http://www.fresnostate.edu/artshum/ethicscenter/

3. Inamori International Center for Ethics and Excellence - Case Western https://case.edu/inamori/

4. Institute for Ethics and Emerging technologies https://ieet.org/

5. Markkula Center for Applied Ethics. https://www.scu.edu/ethics/ethics-resources/

6. Online ethics center https://www.onlineethics.org/.

7. Texas A&M University Civil Engineering Ethics Site, https://ethics.tamu.edu/.

8. The center for Ethics and Technology. https://www.ethicscenter.ne/

9. Uppsala University Center for Ethics,Sustainability,and Technology http://www.it.uu.se/research/vi2/ethicsandsustainability/center

10. The Center for Study of Science and technology. https://www.csetonline.com/

11. 美國專業工程師協會工程倫理守則 https://www.nspe.org/resources/ethics/code-ethics

12. 美國電機電子工程師學會工程倫理守則 https://www.ieee.org/about/corporate/governance/p7-8.html

13. 美國化學工程師學會工程倫理守則 https://www.aiche.org/about/governance/policies/code-ethics

14. 美國土木工程師學會工程倫理守則 http://www.aice-it.org/en/certification/professional-ethics

15. 美國機械工程師學會工程倫理守則 http://www.ecs.umass.edu/mie/labs/mda/dlib/code_ethics.html

16. 英國皇家工程學院倫理守則 https://www.raeng.org.uk/policy/supporting-the-profession/engineering-ethics-and-philosophy/ethics

17. 日本土木學會工程倫理守則 .http://www.jsce.or.jp/rules/。

18. 美國電子計算機學會倫理守則 https://www.acm.org/...acm/acm-code-of-ethics-and-professional-conduct.

國家圖書館出版品預行編目資料

工程倫理 / 張一岑編著 . -- 二版 . -- 新北市：
全華圖書股份有限公司 , 2022.01
面； 公分
ISBN 978-626-328-048-9( 平裝 )
1.CST: 工程 2.CST: 專業倫理
198.44　　　　　　　　　　110022380

# 工程倫理 ( 第二版 )

作　　者 / 張一岑

發 行 人 / 陳本源

執行編輯 / 謝儀婷、張家琇

封面設計 / 楊昭琅

出 版 者 / 全華圖書股份有限公司

郵政帳號 / 0100836-1 號

印 刷 者 / 宏懋打字印刷股份有限公司

圖書編號 / 0913301

二版一刷 / 2022 年 01 月

定　　價 / 新台幣 430 元

I S B N / 978-626-328-048-9

全華圖書 / www.chwa.com.tw

全華網路書店 Open Tech / www.opentech.com.tw

若您對本書有任何問題，歡迎來信指導 book@chwa.com.tw

臺北總公司（北區營業處）
地址：23671 新北市土城區忠義路 21 號
電話：(02) 2262-5666
傳真：(02) 6637-3695、6637-3696

南區營業處
地址：80769 高雄市三民區應安街 12 號
電話：(07) 381-1377
傳真：(07) 862-5562

中區營業處
地址：40256 臺中市南區樹義一巷 26 號
電話：(04) 2261-8485
傳真：(04) 3600-9806（高中職）
　　　(04) 3601-8600（大專）

歡迎加入 **全華會員**

● 會員獨享
會員享購書折扣、紅利積點、生日禮金、不定期優惠活動…等。

● 如何加入會員
填妥讀者回函卡直接傳真 (02) 2262-0900 或寄回，將由專人協助登入會員資料，待收到
E-MAIL 通知後即可成為會員。

## 如何購買

**全華書籍**

**1. 網路購書**
全華網路書店「http://www.opentech.com.tw」，加入會員購書更便利，並享有紅利積點
回饋等各式優惠。

**2. 全華門市、全省書局**
歡迎至全華門市（新北市土城區忠義路 21 號）或全省各大書局、連鎖書店選購。

**3. 來電訂購**
(1) 訂購專線：(02) 2262-5666 轉 321-324
(2) 傳真專線：(02) 6637-3696
(3) 郵局劃撥（帳號：0100836-1 戶名：全華圖書股份有限公司）
※ 購書未滿一千元者，酌收運費 70 元。

OpenTech.com.tw 全華網路書店

全華網路書店 www.opentech.com.tw
E-mail: service@chwa.com.tw

※ 本會員制如有變更則以最新修訂制度為準，造成不便請見諒。

分數：＿＿＿＿＿

班級：＿＿＿＿＿＿＿

學號：＿＿＿＿＿＿＿

姓名：＿＿＿＿＿＿＿

**選擇題**（1題8分）

（　）1. 研習專業倫理可以提升　(A) 學術　(B) 道德　(C) 思辯　(D) 邏輯的水準。

（　）2. 二次世界大戰前，下列哪幾個國家的工程師學會已訂定倫理相關守則（可複選）　(A) 日本　(B) 美國　(C) 德國　(D) 中華民國？

（　）3. 下列哪些國家或地區的工程師組織尚未訂定倫理守則　(A) 日本　(B) 美國　(C) 德國　(D) 法國。

（　）4. 美國哪一個工程學會尚未制定倫理守則呢？　(A) 土木　(B) 電機電子　(C) 採礦　(D) 化工？

（　）5. 美國土木工程師學會哪一年才將「公共福祉」列入倫理守則呢？　(A)1925　(B)1947　(C)1960　(D)1965？

（　）6. 美國首先制定倫理守則的工程師學會是　(A) 土木　(B) 電機電子　(C) 機械　(D) 化工？

（　）7. 哪幾個國家的工程師相關組織在二十世紀時，尚未訂定倫理守則（可複選）？　(A) 日本　(B) 美國　(C) 德國　(D) 英國？

（　）8. 美國大學開設倫理相關課程的百分比約為　(A)30%　(B)70%　(C)17%　(D)50%。

（　）9. 下列哪一個國家所開設工程倫理相關課程的大學最多　(A) 日本　(B) 美國　(C) 中華民國　(D) 英國？

（　）10. 美國工程師普遍認為工程倫理守則對工程實務影響　(A) 低　(B) 中等　(C) 大　(D) 非常大？

（請沿虛線撕下）

**問答題（1題5分）**

1. 請寫出你對工程或專業倫理的看法。

2. 你認為修習工程或專業倫理相關課程，可以協助工程師解決所面臨的倫理衝突問題嗎？請寫出你的理由。

3. 本章中指出工程師在執行專業時，可能面臨的衝突有五類，請寫出一個實際的案例。

4. 請擇一蒐集美國俄亥俄州阿什塔比拉河、英國蘇格蘭丹地市泰河與魁北克大橋崩塌的相關資料，探討造成崩塌的原因。

分數：_____　　　　班級：_____

學號：_____

姓名：_____

**選擇題**（1題8分）

（　）1. 下列哪一項不是愛因斯坦說一個人的倫理行為的基礎呢？　(A) 同情心　(B) 教育　(C) 社會聯繫　(D) 知識。

（　）2. 德國哲學家康德視何者為對個人行為的要求？　(A) 知識　(B) 道德　(C) 倫理　(D) 財富。

（　）3. 下列哪一項屬於《禮記·大學》篇提到的道德的範疇呢？　(A) 修身　(B) 齊家　(C) 治國　(D) 平天下。

（　）4. 法律體系可以說是道德的　(A) 一般　(B) 最低　(C) 最高　(D) 中上　標準。

（　）5. 主張以謀取社會大多數人的最大幸福作為道德評判的標準是？　(A) 義務論　(B) 德行論　(C) 效益論　(D) 權利論。

（　）6. 公共政策的制訂多依據何種理論？　(A) 義務論　(B) 德行論　(C) 權利論　(D) 效益論。

（　）7. 下列何者是義務論的提倡者？　(A) 密爾　(B) 康德　(C) 邊沁　(D) 洛克。

（　）8. 下列何種理論強調動機的純潔性與至善性？　(A) 效益論　(B) 德行論　(C) 義務論　(D) 權利論。

（　）9. 下列何種理論以後果來評斷行為的對錯，原則非常單一明確，容易應用於道德難題上？　(A) 德行論　(B) 效益論　(C) 義務論　(D) 權利論。

（　）10. 下列何種理論主張不僅人人有基本權利，而且他人也有義務尊重這些基本權利？　(A) 德行論　(B) 效益論　(C) 義務論　(D) 權利論。

**問答題（1題5分）**

1. 請寫出你所知道的與道德理論有關的學者、學說與主義。

2. 你認為學習倫理相關理論與知識，可以提升人的道德水準嗎？請寫出你的理由。

3. 一個優良的工程師應該具備哪些與道德有關的優點？

4. 請擇一蒐集下列公共工程資訊，然後應用效益論、權利論與德行論分析興建的利弊得失。（A）台北大巨蛋　（B）台南鐵路地下化　（C）觀塘天然氣接收站（D）美濃水庫　（E）高雄第三條捷運線

分數：＿＿＿＿＿＿

班級：＿＿＿＿＿＿＿＿

學號：＿＿＿＿＿＿＿＿

姓名：＿＿＿＿＿＿＿

**選擇題（1題8分）**

（　）1. 下列工程師學（協）會的倫理守則不是以簡短、通則的方式呈現？　(A) 土木　(B) 國家專業　(C) 機械　(D) 化工。

（　）2. 下列哪一項不是廉正型守則的重點？　(A) 宣揚適當的倫理行為　(B) 應用嚴格的規範與紀律　(C) 鼓勵積極性的倫理行為　(D) 培養成員「道德自治」的能力。

（　）3. 下列哪一項不是承諾型或規範型守則的重點？　(A) 偵測　(B) 培養成員「道德自治」的能力　(C) 罰則　(D) 應用嚴格的規範。

（　）4. 下列何項責任不在工程倫理守則規定的範圍內？　(A) 個人　(B) 家庭　(C) 社會　(D) 顧客。

（　）5. 下列哪一個不是倫理守則所具備的功能？　(A) 組織紀律　(B) 正當性　(C) 提升專業形象　(D) 提升學術水準。

（　）6. 下列何者不是工程倫理守則的缺點？　(A) 缺乏罰則與強制力　(B) 未必能保護員工　(C) 守則條文相互衝突　(D) 降低專業公信力。

（　）7. 下列何者是倫理守則的功能？　(A) 啟發　(B) 禁止　(C) 阻擋　(D) 不鼓勵成員從事倫理行為。

（　）8. 中國工程師學會於民國何年公布學會信守規條？　(A)37　(B)22　(C)45　(D)95　年。

（　）9. 民國幾年行政院公共工程委員會出版第一版包含解說、實施細則與案例的工程倫理手冊？　(A)37　(B)22　(C)45　(D)95　年。

（　）10. 行政院公共工程委員會出版的工程倫理手冊中的倫理規範共分成幾個大構面？　(A)4　(B)8　(C)6　(D)5。

**問答題（1題5分）**

1. 以個人、專業、同僚、雇主/組織、業主/客戶、承包商、人文社會、自然環等8個構面，比較公共工程委員會倫理守則與中國（中華民國）工程師學會信條的差異。

2. 以社會責任、與顧客關係、對同事態度、個人操守及能力等4個構面，比較美國土木工程師學會、日本土木工程師學會與公共工程委員會倫理守則。

3. 以社會責任、與顧客關係、對同事態度、個人操守及能力等4個構面，比較美國專業工程師協會與公共工程委員會倫理守則。

4. 請寫出倫理守則的兩種類型及其特色。

分數：＿＿＿＿＿

班級：＿＿＿＿＿＿＿＿

學號：＿＿＿＿＿＿＿＿

姓名：＿＿＿＿＿＿＿＿

**選擇題**（1題8分）

（　）1. 下列哪一項不是工程師的專業權利？　(A)維護公共安全、衛生與利益　(B)專業良知　(C)應用低品質的原物料，以降低成本　(D)公開發表的自由。

（　）2. 當工程師發現公司或客戶的利益與「公共安全、衛生與福祉」衝突時，工程師應以何者為最高準則？　(A)公司利益　(B)客戶的意見　(C)法規　(D)公共安全、衛生與福祉。

（　）3. 企業普遍認為員工的檢舉行為如何？　(A)對企業不忠　(B)打擊犯罪　(C)見義勇為　(D)維護社會公義。

（　）4. 政府對公職人員檢舉者應（可複選）　(A)保護　(B)不聞不問　(C)懲罰　(D)鼓勵。

（　）5. 一個員工離職後，多久以後才能公開公司的機密呢？　(A)3年　(B)永遠不能　(C)5年　(D)1年。

（　）6. 下列何者不屬於上市公司機密？　(A)產品配方　(B)製程的設計圖　(C)營業額與盈餘　(D)測試數據。

（　）7. 工程師依據個人的專業判斷，公開發表對專業議題的意見、論文、專利時，應該如何應對雇主或客戶的利益？　(A)必須維護　(B)必要時，可以違背　(C)避免涉及　(D)以上皆非。

（　）8. 下列何者不是檢舉的必要條件？　(A)情勢需要　(B)身分接近　(C)激於義憤　(D)最終手段。

（　）9. 當檢舉人受到雇主打壓或騷擾時，專業組織與工會應該採取什麼態度呢？　(A)勸阻檢舉人妥協或放棄　(B)不聞不問　(C)提供法律與精神上的支援　(D)呼籲社會大眾抵制檢舉人的雇主。

（　）10. 目前「揭弊者保護法」進行到什麼階段？　(A)草案研擬完成，行政院審查中　(B)行政院已通過草案　(C)未來公投決定　(D)產官學界未形成共識。

**問答題（1題5分）**

1. 假使你是一個自己開業的環工技師，正接受市政府委託，負責一項隧道工程的環境影響評估。市政府希望盡快完成這項隧道工程，以紓解擁擠的交通現況。你發現這項工程對環境所產生的破壞很大，遠非它的效益可以相比。請問你是否應該據實報告呢？請寫出你的理由。

2. 一位結構工程師接受某處房屋屋主的委託，確認建築物的結構安全。他發現結構有問題，必須補強後才能出售。幾個月後，他發現房東並未補強，就公開出售。請問他是否有義務向第三者或媒體透露房屋結構的問題呢？請寫出你的理由。

3. 根據案例：舊金山灣區捷運事件，如果你是被舊金山捷運公司指派監督西屋公司的工程師，請問你應該如何監督西屋公司的工作團隊呢？是否會要求西屋公司定期提供設計、製造與測試數據呢？

4. 根據案例：百路馳公司A7-D煞車事件，勞森與范第菲爾的行為是否合乎文中的檢舉條件呢？他們倆人檢舉的後果是否與他們檢舉的方式有關呢？

分數：_____

班級：_____

學號：_____

姓名：_____

**選擇題**（1題8分）

（　）1. 解決倫理問題時，應以何者作為評估的效標？　(A) 成本效益分析　(B) 倫理理論或守則　(C) 風險分析　(D) 以上皆非。

（　）2. 解決日常生活上的問題與解決倫理問題的方法與過程　(A) 完全不同　(B) 類似　(C) 有點相同　(D) 以上皆非。

（　）3. 解決倫理問題之前，首先必須經過何種檢視？　(A) 科學　(B) 哲學　(C) 倫理　(D) 以上皆非。

（　）4. 拉姆塞（H. R. Ramsey）與愛特伍德（M. E. Atwood）所建議的解題步驟的第一步為？　(A) 設定目標　(B) 界定問題　(C) 發現問題　(D) 以上皆非。

（　）5. 研擬倫理問題的解決方案時，不應以何者為效標，分別檢視每一個替代方案？　(A) 法規　(B) 倫理理論　(C) 專業價值　(D) 後果分析。

（　）6. 研擬解決方案時，何項觀念無法協助改善使用者的解題能力？　(A) 腦力激盪　(B) 屬性表列　(C) 查核表　(D) 先入為主。

（　）7. 研擬解決方案時，解題者應該盡量提出怎麼樣的題解？　(A) 創意性　(B) 傳統性　(C) 保守性　(D) 以上皆非。

（　）8. 工程師在職業生涯中所可能面臨的倫理問題可能非常複雜，工程師必須具備什麼樣的能力？　(A) 熟讀倫理守則　(B) 解決倫理問題　(C) 專業知識　(D) 以上皆非。

（　）9. 解決問題時，目標的設定應該　(A) 愈高愈好　(B) 適當而且有希望達到　(C) 低　(D) 以上皆非。

（　）10. 行當決策者面臨幾項道德律令、價值觀或權利與義務相互衝突時，就會陷入左右為難的情境？　(A)1　(B)2　(C)0　(D) 以上皆非。

（請沿虛線撕下）

**問答題（1題5分）**

1. 一個長期被家暴的婦女，想帶著小孩獨立生活，因此故意隱匿財產所得以便取得低收入戶的資格。如果你是社工人員，面對這個案例，請分析你可能面臨哪些倫理兩難？你又將如何進行倫理抉擇？

2. 漢斯的妻子久病在床，再不吃特效藥，將會病死。這種藥很貴，即使他傾家蕩產也籌不出藥錢。他也曾向藥店老闆求情，但由於貨源不足，而且需求者眾，老闆不肯幫忙。妻子的身體日益虛弱，時日無多，情急之下漢斯潛入藥局偷走了藥物。請問你對漢斯的行動有什麼看法？理由是什麼？

3. 一個在兩年間，走遍4個國家、追查黑心海鮮的來源記者，當他經過印尼某小島時，巧遇一群被囚在籠中的漁奴。經過多次訪談，他得知他們的遭遇。他知道自己手上有一宗震撼全世界的大新聞，但如果公開新聞，可能會危及漁奴的生命。你認為這個記者應該公開報導這個新聞嗎？

4. 一個人類學者到一個獨裁國家中進行原住民的研究。其總統本來要將20名無辜的原住民處死，但是人類學者向他求情，總統決定接受他的部分請求：「如果你親手槍決其中一個人，我就釋放其他19個人」。如果你是這個學者，請問你將如何抉擇？

分數：_____

班級：_____

學號：_____

姓名：_____

**選擇題**（1 題 8 分）

( ) 1. 下列何項活動風險最高？　(A) 開小汽車　(B) 騎自行車　(C) 坐飛機　(D) 騎摩托車。

( ) 2. 下列何項活動的致命風險最高？　(A) 每天抽一包香菸　(B) 經常吃避孕藥　(C) 打美式足球　(D) 攀爬岩壁。

( ) 3. 普遍來說，公眾最喜歡買下列哪一種 50 元彩券？　(A) 獎金 2 億元，期望值 30 元　(B) 獎金 1 億元，期望值 33 元　(C) 獎金 5 千萬元，期望值 35 元　(D) 獎金 2 千萬元，期望值 40 元。

( ) 4. 下列何者的致命風險最高？　(A) 吃美國牛肉　(B) 騎摩托車　(C) 吃日本神戶牛肉　(D) 住在核電廠附近。

( ) 5. 美國環保署 (EPA)、食品藥品管理署 (FDA)、消費性產品安全委員會 (CPSC) 皆使用何者作為個人一生的可接受的參考風險值？　(A) 百萬分之一　(B) 兩百萬分之一　(C) 十萬分之一　(D) 千萬分之一。

( ) 6. 公眾對下列何者的關懷度最高？　(A) 交通事故統計數字　(B) 部分生物逐漸滅絕　(C) 惡漢當街持刀殺死幼童　(D) 少子化。

( ) 7. 跑馬場中，賭客最喜歡下注的馬是　(A) 得勝機率中等，賠率中等　(B) 得勝機率高，賠率低　(C) 得勝機率低，賠率高　(D) 以上皆非。

( ) 8. 公眾購買彩卷與賭馬的心態與判斷標準　(A) 相反　(B) 沒有關聯　(C) 相同　(D) 以上皆非。

( ) 9. 社會大眾比較恐懼　(A) 交通事故　(B) 突發性、劇烈性的人為或天然災害　(C) 地球暖化等緩慢變化但具長期效應　(D) 以上皆非。

( ) 10. 下列何者為天然氣、油品與石化產品管線密度最高的國家？　(A) 美國　(B) 荷蘭　(C) 我國　(D) 日本。

**問答題（1題5分）**

1. 請列出你曾經做過的高風險活動，並分析造成它們不安全的因素。

2. 請將下列風險活動以高向低排序：(1)跳傘、高空彈跳、騎摩托車 (2)吃美國牛肉、吃避孕藥、喝啤酒。

3. 根據案例：麥道DC-10飛機空難事件，麥道公司的管理階層已知道問題所在，但是未能解決所有問題，導致以後多次事故發生。請問他們應負哪些倫理責任呢？

4. 根據案例：台灣高雄地下管線氣爆事件，高雄市區許多人口稠密地區都有地下石化原料管線，有人認為應該不計經濟後果全部封閉；也有人認為只要適當管理，就不會再發生爆炸危險。你認為如何在大眾安全與經濟效益間取得平衡呢？

分數：＿＿＿＿＿＿

班級：＿＿＿＿＿＿＿＿

學號：＿＿＿＿＿＿＿＿

姓名：＿＿＿＿＿＿＿＿

## 選擇題（1 題 8 分）

（　）1. 專利保護期限為　(A)5-10 年　(B)1-5 年　(C)15-20 年　(D)5-15 年。

（　）2. 工業設計保護期限至少　(A)5　(B)20　(C)15　(D)10　年。

（　）3. 商標保護期限為　(A)10 年　(B) 無限期　(C)15 年　(D)20 年。

（　）4. 著作權所保護的是原創作人或著作人獨立創作的　(A) 思想　(B) 理論　(C) 形式　(D) 以上皆非。

（　）5. 我國是否有專屬的智慧財產權法？　(A) 有　(B) 沒有　(C) 正研擬中　(D) 以上皆非。

（　）6. 我國法律中有關「智慧財產權」的保護　(A) 有專法　(B) 分散在其他相關 法律中　(C) 沒有任何法律　(D) 有部分法律保護。

（　）7. 智慧財產權侵權案例可分為幾類？　(A)5　(B)3　(C)6　(D)4。

（　）8. 自行獨立發展但未申請專利權保護的技術，如果被人發現與其他企業具專 利權的技術相同時　(A) 不算侵權　(B) 照樣侵權　(C) 必須經法院判定是 否侵權　(D) 以上皆非。

（　）9. 如果兩個國家之間尚未簽訂國際公約或雙邊互惠協定時，該國企業侵犯另 一國家的智財權時　(A) 不違法　(B) 違法　(C) 必須由法院判定是否違法 (D) 以上皆非。

（　）10. 自行傳播、下載未經授權或許可著作、音樂、錄音、錄影等　(A) 不犯法 (B) 犯法　(C) 必須經法院判定是否犯法　(D) 以上皆非。

**問答題（1題5分）**

1. 當工程師到另外一家公司就職後，(1) 是否可以從事相關工作呢？(2) 是否可以應用在前雇主工作時所做的設計呢？(3) 你是否有義務保障先前雇主的商業機密呢？

2. 人人皆知盜版既不道德，也不合法，然而，正版的高價就合乎道德、法律了嗎？許多人認為法律保護的只是極少數人的利益，而漠視大多數人被剝削的現實。請應用倫理理論分析這個問題。

3. 幾個A公司的高層經理人離職後，成立一家X公司，預備生產與A公司相同產品。業界傳言X公司主要成員掌握了A公司的商業機密，可以在短時內開發出價廉物美的產品。A公司有意控訴，但苦無證據。假設你是A公司的客戶，你會購買X公司所生產的價廉物美的相關產品嗎？購買X公司的產品合乎倫理嗎？

4. 根據案例：洛佩茲事件－通用汽車與福斯汽車的訴訟，洛佩茲固然應為他的盜竊雇主的機密文件負法律的責任，但是如果沒有福斯公司的利誘，他也不可能犯罪。請問福斯公司的總裁是否也應該列為共犯呢？

分數：＿＿＿＿＿

班級：＿＿＿＿＿＿＿

學號：＿＿＿＿＿＿＿

姓名：＿＿＿＿＿＿＿

**選擇題（1題8分）**

（　）1. 依據長庚大學周成功教授的觀察，醫學界沒有任何貢獻，也未參與研究的高層主管強制在部屬與學生的論文上掛名的情況　(A) 絕無僅有　(B) 極少　(C) 司空見慣　(D) 偶有傳言。

（　）2. 學術界一再發生造假弊端與何者有關？　(A) 以教學表現　(B) 以產學服務　(C) 以研究經費多寡　(D) 以 SCI 論文數量　作為評鑑研究優劣的依據。

（　）3. 工程師的主要工作是設計、生產或維護，因此除了少數研究工程師之外，大多數工程師與研究倫理的關係為何？　(A) 無關　(B) 低　(C) 雖有關聯，但不必探討或研習　(D) 有關，應探討與研習。

（　）4. 導致中國大陸與台灣學位論文代寫與抄襲事件嚴重的主要原因為何？　(A) 大學強人所難　(B) 社會過分重視學位，導致許多人想不勞而獲　(C) 罰責太輕　(D) 以上皆非。

（　）5. 醫學界偽造實驗或醫療數據的情況為何？　(A) 非常嚴重　(B) 偶爾發生　(C) 從未發生　(D) 以上皆非。

（　）6. 發現不完美數據時　(A) 必須　(B) 不可以　(C) 視情況而定　(D) 可以　剔除。

（　）7. 依據研究倫理，研究計畫主持人是否應將研究成果與參與研究的同儕及部屬分享？　(A) 應該分享　(B) 可以考慮　(C) 不必考慮　(D) 不需提到。

（　）8. 誠實是否是研究工作中最重要的道德標準？　(A) 不是　(B) 是　(C) 視客觀情況才能決定是或不是　(D) 偶爾。

（　）9. 從事研究或測試工作時，是否可以預設立場？　(A) 必須　(B) 不可以　(C) 可以　(D) 視情況而定。

（　）10. 發表產品結論或數據時，是否應提及它的副作用與缺點？　(A) 可以隱藏　(B) 必須誠實說明　(C) 可提及但不必多談　(D) 盡可能避免提及。

**問答題**（1 題 5 分）

1. 違反學術倫理的學者不乏是學有專精的名教授，他們不可能不知道誠實是研究的基本要求。(1) 請問如何改善這個情況呢？ (2) 加強學術倫理的教育是否有用呢？

2. 某大學研究生轉換指導老師，卻遭原來的指導教授刁難。由於原指導教授認為他擁有共同著作權，因此學生更換教授，就必須更換論文題目。請以事實、概念與道德等三個角度，分析教授與研究生間的著作權爭議。

3. 依你所知，寫出幾個在媒體或網路上廣為傳播的偽科學與假技術。

4. 蒐集1980年代有關冷核融合的資料，並應用朗謬爾所提出的「病態科學」的特徵分析冷核融合。

分數：_____

班級：_____

學號：_____

姓名：_____

**選擇題（1題8分）**

（　）1. 太空船在太空飛行時必須自給自足，請問太空船與船員的關係就如同地球與何者之關係？　(A) 建築物　(B) 人類　(C) 科技　(D) 宇宙。

（　）2. 工業革命發生後，由於機器逐漸取代人力，生產力大為增加，人類對自然的態度變為　(A) 畏懼　(B) 尊重　(C) 可以利用與控制　(D) 順從。

（　）3. 研究「環境倫理」的學者專家們多認為　(A) 人定勝天　(B) 與自然協調　(C) 畏懼自然　(D) 以上皆非。

（　）4. 「成長的極限」報告中指出，人類社會的發展將因為　(A) 科技進步而發揚光大　(B) 移民太空而解決人口增加與資源限制的問題　(C) 資源限制等因素而趨於極限　(D) 以上皆非。

（　）5. 永續發展認為滿足當代人的需求，在以　(A) 犧牲　(B) 不犧牲　(C) 考慮犧牲　(D) 必要時犧牲　下一代人的需求為原則下進行。

（　）6. 在永續發展的層次上，最基層的為下列何者？　(A) 永續社會　(B) 永續生態環境　(C) 永續經濟　(D) 以上皆非。

（　）7. 下列哪一個是綠色生產與循環經濟仍未普遍的主要原因？　(A) 未能有效推廣　(B) 經濟可行性尚低　(C) 人類不重視環境倫理　(D) 以上皆非。

（　）8. 下列哪一個不是循環經濟的基本原則？　(A) 減量化　(B) 再利用　(C) 經濟效益　(D) 再循環。

（　）9. 循環經濟系統可分為　(A) 科技循環與工業循環　(B) 生物循環以及工業循環　(C) 科技循環與經濟循環　(D) 工業循環與科技循環。

（　）10. 下列哪一項不是綠色生產的特點？　(A) 應用再生能源　(B) 應用化石能源　(C) 提高資源使用效率　(D) 應用高能源效率設備與製程。

（請沿虛線撕下）

**問答題（1 題 5 分）**

1. 寫出常見的五件綠色科技產品，並比較它們與非綠色產品的價格、性能等。

2. 綠電泛指由太陽、風力、生質等再生能源所發的電，成本較以傳統天然氣、煤炭等化石燃料或核能所發的電高。請問你是否願每月購買20%的綠電呢？如果綠電的電費比一般電費高出30-50%，你還會承購嗎？

3. 蒐集綠色建築的資訊，比較綠色大樓與一般大樓的營造與維護成本。

4. 預計在不久後的將來，無人駕駛汽車便會融入我們的生活之中。試探討無人駕駛汽車普及後，會對社會產生什麼衝擊呢？

分數：_____

班級：_____

學號：_____

姓名：_____

**選擇題（1 題 8 分）**

（　）1. 購買盜版品，是否構成侵害著作權呢？　(A) 是　(B) 視情況而定　(C) 否　(D) 尚在爭議中。

（　）2. 將盜版軟體灌入電腦硬體的行為，是否侵害重製權呢？　(A) 是　(B) 視情況而定　(C) 否　(D) 尚在爭議中。

（　）3. 電腦軟體是否可以隨意下載？　(A) 是　(B) 視情況而定　(C) 否　(D) 尚在爭議中。

（　）4. 當專業工程設計軟體的瑕疵導致設計錯誤，最後造成化工廠爆炸或大樓、橋梁等建築物倒塌時，誰應該擔負責任呢？　(A) 設計工程師　(B) 移工程設計軟體開發者　(C) 業主　(D) 以上皆非。

（　）5. 下列何者受到著作權保障？（可複選）　(A) 公共軟體　(B) 免費軟體　(C) 自由軟體　(D) 共享軟體　下一代人的需求為原則下進行。

（　）6. 電子計算機協會的倫理守則的對象是電腦或資訊從業人員，一般非電腦或資訊的工程師是否需要遵守？　(A) 不必理會　(B) 開卷有益，可以考慮　(C) 視個人情況而定，沒有定論　(D) 應該理解與遵守。

（　）7. 美國電腦倫理學者彼得・蒂皮特認為企業是否應該建立電腦倫理文化？　(A) 視企業情況而定　(B) 是　(C) 否　(D) 沒有具體定論。

（　）8. 政府是否有權利管理或檢查網路上所傳播資訊的內容，以確保網路上資訊的真實性、合法性與安全性呢？　(A) 有　(B) 沒有　(C) 尚在爭議中，沒有定論　(D) 有權管理涉及違反法律的資訊。

（　）9. 網路資訊的內容的管理與檢查是否可能剝奪民主國家憲法所賦予人民的發表與接受言論自由基本權利？　(A) 有可能　(B) 對不涉及法律規範的資訊管理妨害言論自由　(C) 尚在爭議中，沒有定論　(D) 絕對沒有。

（　）10. 網路上言論自由是否可以超過現有法律的規範或約定俗同的標準？　(A) 可以　(B) 不可以　(C) 視情況而定　(D) 社會尚無共識。

**問答題（1題5分）**

1. 分別舉出你所熟悉的自由軟體、公共軟體、共享軟體與免費軟體。

2. 請你比較工程倫理守則與電子計算機協會倫理守則的差異。

3. 人工智慧的時代已經來臨，請舉出三種對日常生活最具影響的人工智慧產品，並列出哪類工作可能會被其取代。

4. 智慧型手機已經非常普遍，你認為企業應該如何預防員工應用智慧型手機，從事聊天、傳遞簡訊，甚至洩漏機密文件等違反公司規定的活動？

分數：＿＿＿＿＿

班級：＿＿＿＿＿＿＿

學號：＿＿＿＿＿＿＿

姓名：＿＿＿＿＿＿＿

**選擇題（1 題 8 分）**

（　　）1. 下列何者為革命性機具？（可複選）　(A) 烤麵包機　(B) 縫衣機　(C) 洗衣機　(D) 釘書機。

（　　）2. 下列何者為革命性藥品？　(A) 維他命　(B) 喉糖　(C) 避孕藥　(D) 感冒藥。

（　　）3. 下列哪一項不是革命性機具？　(A) 飛機　(B) 電腦　(C) 汽車　(D) 除草機。

（　　）4. 當下列哪一項不是二十一世紀快速發展的科技？　(A) 基因　(B) 神經　(C) 奈米　(D) 電腦。

（　　）5. 奈米的長度為　(A)$10^{-8}$　(B)$10^{-7}$　(C)$10^{-6}$　(D)$10^{-9}$　米。

（　　）6. 主導奈米級物質物理與化學特性的主要因素與一般物質是否相同？　(A) 相同　(B) 完全不同　(C) 部分相同　(D) 相似。

（　　）7. 下列何者被英國經濟學人雜誌評為二十世紀最重要的科學發明？　(A) 抗生素　(B) 避孕藥　(C) 原子彈　(D) 電腦。

（　　）8. 下列何者並非一個新興科技在普及的過程中會經歷的三個階段之一？　(A) 爆發　(B) 轉變　(C) 導入　(D) 滲透。

（　　）9. 新興科技與革命性科技的關係為何？　(A) 兩者完全相同　(B) 兩者完全不同　(C) 新興科技可能是也可能不是革命性科技　(D) 以上皆非。

（　　）10. 革命性科技對社會的衝擊　(A) 小　(B) 大　(C) 尚可　(D) 完全沒有。

（請沿虛線撕下）

**問答題（1題5分）**

1. 李西佛斯（Lee M. Silver）大膽推論二、三個世紀之後，冷凍胚胎、體外受精、急凍人、複製人、代理孕母、甚至同性生殖等將會成為人類繁衍人種的選擇。你認為這些技術將會對人倫秩序、家庭倫理、法律與社會觀點帶來哪些挑戰？

2. 你認為政府是否應該未雨綢繆，及早制定適當政策與法律，以降低基因科技的快速發展對人倫秩序與家庭倫理所造成的衝擊呢？請提出你的具體建議。

3. 無線通訊、智慧型手機與監視器已經非常普及，你是否擔心未來人民會暴露於政府或情治機關的監控之下呢？你認為人民應該如何因應與反制呢？

4. 請由喬治‧歐威爾的《1984年》，或阿道斯‧赫胥黎的《美麗新世界》兩本書擇一閱讀，並探討作者在書中情形是否值得我們擔憂其發生於現實生活中？